经济转型背景下市场营销的重大理论与实践问题研究丛书

移动互联网时代的
全渠道营销研究

刘　益　高　伟　王江哲等　著

科学出版社

北　京

内 容 简 介

随着移动互联网的跨越式发展，企业与消费者接触的渠道越来越多，人们的消费方式也发生了翻天覆地的变化。本书围绕移动互联网时代全渠道发展的新趋势，基于实验室实验数据、田野实验数据、问卷调查数据等多源数据，从企业、渠道商、消费者三方视角，展示了关于企业渠道管理策略、渠道商定位与功能以及消费者跨渠道迁徙行为等方面的研究成果。研究内容紧扣全渠道实践中的现实问题，旨在洞察全渠道情景中消费者的行为特点，揭示企业有效运行全渠道系统的内在规律。

本书适合全渠道营销、渠道管理、平台战略等领域的研究生和学者阅读，同时对于全渠道企业的营销实践也有一定的参考意义。

图书在版编目（CIP）数据

移动互联网时代的全渠道营销研究 / 刘益等著. -- 北京：科学出版社，2025.1

（经济转型背景下市场营销的重大理论与实践问题研究丛书）

ISBN 978-7-03-078196-3

Ⅰ. ①移… Ⅱ. ①刘… Ⅲ. ①网络营销－营销管理－研究
Ⅳ. ①F713.365.2

中国国家版本馆 CIP 数据核字（2024）第 052506 号

责任编辑：陈会迎 / 责任校对：张亚丹
责任印制：张 伟 / 封面设计：有道设计

科 学 出 版 社 出版
北京东黄城根北街 16 号
邮政编码：100717
http://www.sciencep.com

北京中科印刷有限公司印刷
科学出版社发行 各地新华书店经销

*

2025 年 1 月第 一 版 开本：720×1000 1/16
2025 年 1 月第一次印刷 印张：17
字数：330 000

定价：198.00 元

（如有印装质量问题，我社负责调换）

前　言

移动互联网和电子商务的迅速发展正深刻影响着人们的生活方式和购物习惯。在过去的十年，中国网络购物市场经历了最为快速的增长时期，增速保持在30%以上。越来越多的消费者使用移动端店、网店和实体店等进行多渠道购物。面对这种新的消费者渠道迁徙趋势，传统线下企业努力将线上和移动互联网作为企业战略发展方向，探索互联网转型之路。电商企业也凭借先天的技术优势和数据积累，竞相布局线下，开展线上线下深度融合的全渠道营销模式。

本书深入分析企业、渠道商、消费者三方的策略及行为，并在渠道商定位与平台管理，移动、线上、线下渠道间的竞争与协同，消费者跨渠道迁徙行为与隐私保护，全渠道消费者行为等方面展开针对性研究。这些研究成果不仅有利于全面洞察移动互联时代下消费者购买行为的跨渠道变化规律，剖析平台企业策略有效性的内在机理与边界条件，揭示全渠道系统中不同渠道之间的相互影响与溢出效应，帮助提升中国企业的全渠道绩效和市场竞争力，同时也有助于实现消费者、企业、政府多方共赢，提高全社会的福利水平，推动互联网治理与监管方面的政策改进，促进中国数字经济的持续健康发展。

围绕国家自然科学基金重点项目"移动互联网时代的全渠道营销研究"（71832008）与国家自然科学基金青年项目"全渠道中线上线下顾客体验（不）一致研究：基于资源编排和客户旅程视角"（72202185），本书提炼整理部分重要研究成果。本书一共12章，各章的作者如下：第1章，刘益；第2章，刘益、高伟；第3章，刘益、Daniel Q. Chen、高伟；第4章，何柳依、罗继锋、唐一淞、吴志艳、张晗；第5章，刘益、张恒源；第6章，刘益、薛佳奇、李垣；第7章，朱嘉伟、陈洁；第8章，陈洁、王惠玲、高伟；第9章，汪洋、陈洁、范雯健；第10章，宋锋森、陈洁；第11章，高伟、刘益、李雪；第12章，高伟、刘益、李雪。全书由上海交通大学刘益、西南大学高伟、江南大学王江哲统稿。

作者衷心感谢课题组所有教师和研究生在项目中的学术贡献与辛勤付出，感谢相关专家、学者以及合作者的帮助与指导，感谢国家自然科学基金委员会对项目研究工作的大力支持，感谢上海交通大学安泰经济与管理学院为完成项目提供的优良工作条件，感谢科学出版社为本书出版所做的大量工作。

目　录

第1章 中国营销学研究的使命、发展方向及问题思考

1.1 引　言

当今，中国企业和营销学者所处的营销环境有两大重要特征。一是信息技术、大数据、移动互联网技术和电子商务的迅速发展，深刻影响和改变了人们的生活方式和购物习惯。越来越多的消费者使用移动端店、网店和实体店等进行多渠道购物。面对这种新的消费者渠道迁徙趋势，传统线下企业努力将线上和移动互联网作为企业战略发展方向，探索互联网转型之路。电商企业也凭借先天的技术优势和数据积累，竞相布局线下，开展线上线下深度融合的营销模式。同时，企业也在多种社交平台（如微信和微博等）、视频平台（如抖音和快手等短视频平台或是哔哩哔哩等弹幕视频平台）上进行形式多样的营销活动，这些活动已深刻影响了消费者线上线下的购物行为，也改变了消费者对企业和产品的态度和信念的形成方式与路径等。二是政府出台了更多的规章制度来规范企业的绿色生产、排放、安全生产、员工保护等。同时，伴随着经济增长以及消费者受教育水平的不断提高，消费者对企业产品和服务的要求也不断向绿色、符合道德规范的方向发展。他们在关注产品使用功能和性价比的同时，也日益关注所购买产品的安全性、生产环境、生产厂家的碳排放以及社会公益等企业社会责任（corporate social responsibility，CSR）相关情况。这要求现代企业增强公民意识，履行更多的社会责任。此外，2019年末突现的新冠疫情打乱了国际社会的生产生活秩序，使人们不得不对重大公共卫生和社会突发事件对全球经济社会发展的巨大影响产生特别关注。特别是，伴随着中国金融市场的不断发展和对外开放，企业获得了更多的融资机会和渠道，这也为营销活动提供了新的营销目标，为营销研究提供了新的研究场景。如何对与融资相关的利益相关者进行有效的营销，帮助企业获得稀缺的金融资源，成为企业成功必须要面对的关键问题。面对这些新的营销环境变化特征，营销学研究的使命应该是不断开发和应用有效的营销战略、战术、方法论和手段，帮助组织获得稀缺资源，积极应对突发事件的不利影响，提升绩效，迎接新的社会进步及互联网营销环境带来的买方日益多元的需求变化，推动社会进步和经济发展。

在新的营销环境变化情况下，单纯地聚焦和应用以往的研究视角、方法和手段已难于应对和解决新出现的营销问题。营销学者需要突破现有的研究主题、理论和方法论制约，大胆走出舒适区，积极主动拥抱新的理论和方法论。特别是注重与其他领域研究交叉融合，相互借鉴，获得新的研究灵感和进展。具体可从以下几个方面展开思考：①移动互联时代的全渠道研究；②互联网平台上的信息沟通传播与消费者行为研究；③营销活动中的企业社会责任履行；④社会重大事件中的营销研究；⑤企业金融行为与营销研究的交叉融合等。

1.2　移动互联时代的全渠道研究

移动互联时代，越来越多的企业同时经营移动、线上和线下渠道。在此背景下，无论是传统线下企业还是线上电商企业均面临着一系列重大挑战。一方面，由于不同渠道的特征和属性不同，一种渠道销量的增加可能会导致其他渠道绩效受到负面影响。这种渠道间竞争及蚕食效应，使得越来越多的企业考虑进行全渠道整合以提升总体绩效。另一方面，线上和线下的渠道成员之间是相互独立的组织，拥有不同的目标，这可能导致渠道成员形成机会主义行为以及渠道成员间产生摩擦与冲突。因此，在厂商同时拥有移动、线上与线下等多种类型的渠道环境下，渠道治理问题不容忽视。而且，全渠道零售是零售企业未来的发展趋势，也是学术界研究的重要课题。

1.2.1　企业渠道蚕食概念及影响机制研究

关于渠道蚕食（channel cannibalization），目前尚没有统一的定义。Frazier（1999）认为,企业增加一种渠道会对现有渠道销量产生不确定性影响。Brynjolfsson 和 Smith（2000）则将渠道蚕食界定为，企业增加线上渠道导致线下渠道销量受到负面影响的过程。目前来看，较多学者将渠道蚕食界定为企业引入线上渠道后，线上渠道的便利性、低成本等特征，导致顾客转向线上渠道购买，进而对原有渠道产生负面影响的过程（Avery et al.，2012；Cao and Li，2015；Pauwels and Neslin，2015；van Nierop et al.，2011）。

现有学者从不同角度对线上线下渠道蚕食的前因变量进行了研究。例如，Deleersnyder 等（2002）认为，新增渠道与已有渠道相似程度越高，渠道之间的蚕食作用越强。Avery 等（2012）在研究企业新增实体渠道对已有目录渠道和线上渠道蚕食作用时发现，渠道蚕食效应在短期内和长期内会出现明显不同，短期内目录渠道被明显蚕食，长期内目录渠道和线上渠道蚕食效应显著降低。Brown 和

Dant（2014）认为，渠道垂直整合、渠道定位的差异化、免费运输是引发渠道冲突的三个原因。

上述研究更多的是从销量角度关注线上线下渠道间的蚕食问题，忽视了渠道间过度竞争导致的产品竞争状态、广告投放效果、价格竞争局面等深层次结果。没有明确揭示移动、线上、线下渠道间蚕食效应的影响机制，更没有探明怎样通过有效的渠道策略来降低它们之间的蚕食效应。未来研究可进一步从多个维度对渠道蚕食的概念进行界定，弄清渠道蚕食的形成机理，提出相应的渠道策略来减少渠道蚕食的负面影响。

1.2.2　全渠道整合策略与企业绩效关系研究

全渠道整合策略被认为是应对渠道间冲突及蚕食，提升企业整体绩效的关键策略。全渠道整合是指提供给消费者允许其在购买过程中根据自身偏好在渠道间进行"无缝"转移，以及线上和线下渠道间相互支持和可切换的程度（Chiu et al.，2011；Herhausen et al.，2015；McGoldrick and Collins，2007）。关于整合策略内涵方面，Berman 和 Thelen（2004）认为，为了给消费者提供更好的服务，线下线上一致的促销信息、产品信息、顾客信息、库存信息系统以及功能互补的线上下单线下取货的服务是一个较好的多渠道整合策略。Lee 和 Kim（2010）根据整合的实践效果，创造性地将零售商渠道整合分为五个方面：渠道选择自由度、邮件营销努力、信息一致、渠道交互和消费者评价。Cao 和 Li（2015）则将渠道整合分为整合营销沟通、整合订单履行、整合信息获取、基础项目（服务、促销、价格和忠诚计划）配置、后台中心化和组织转型，这一整合体现了多渠道整合的协同性，既提高了顾客体验，也有利于增加零售商的权益。此外，渠道整合策略的效果研究一直是国内外学者关注的重点议题，现有研究存在两种截然相反的观点。多数学者认为渠道整合能够带来消费者态度和行为的积极变化，从而带来企业绩效的提升。例如，Gallino 和 Moreno（2014）认为，线上线下渠道整合能增加顾客的感知价值。Dennis 等（2015）的研究表明，线下线上渠道整合能降低顾客对线上商店的风险感知和提高顾客对零售商线上商店的服务质量感知。然而，也有部分学者认为，渠道整合对企业绩效影响效果有限。例如，Falk 等（2007）的研究结果表明，渠道整合可能只是个零和游戏，一个渠道的优势可能被另一个渠道的不足给抵消。企业的各个分销渠道，由于彼此不同的特征，如价格、商品种类等，会天然地缺乏互补性，导致企业的整合效果大打折扣，从而不能形成协同性（Zhang et al.，2010）。

上述两种不同的观点表明，渠道整合策略与绩效关系较为复杂，这可能受渠道整合策略的内涵和所处的市场特征影响。未来研究可以考虑，从渠道整合导向、整合方式、整合范围、整合内容等方面对企业渠道整合策略内涵进行清晰界定，并进一步探究在不同市场特征（渠道属性、产品类型、顾客特质、竞争强度）下企业渠道整合策略对企业绩效的影响路径。

1.2.3　全渠道环境下厂商治理机制及组合效果研究

根据交易成本理论，渠道治理机制主要分为正式治理机制和非正式治理机制（Das and Teng，1998；Hoetker and Mellewigt，2009）。关于渠道治理机制，目前研究主要集中于传统的线下垂直渠道关系情景，而对于全渠道环境下的渠道治理问题研究则较少。在全渠道环境下，厂商同时拥有移动、线上与线下等多种类型的渠道需要治理，会面临一些全新的挑战。首先，传统的一些线下治理机制在线上渠道是否依然有效？其作用效果是否与线下渠道有显著的差异？其次，在全渠道环境下，当厂商对线上（或线下）渠道进行治理时，这种治理机制的使用是否会存在溢出效应，即对其他线下（或线上）渠道产生什么影响？最后，在全渠道环境下，厂商在同时治理线上与线下渠道时，什么样的线上治理机制与线下治理机制组合最能提升全渠道绩效？未来研究可以重点分析解决上述研究问题。

1.3　互联网平台上的信息沟通传播与消费者行为研究

随着信息技术与移动互联网技术的不断发展，新的信息传播媒介不断涌现，特别是社交媒体、短视频、直播等新媒体传播方式的出现，不仅为消费者创造了更多搜索和接收信息的渠道，也为企业的营销活动提供了更多的触点。

新传媒，或称数字媒体、网络媒体，是建立在计算机信息处理技术和互联网基础之上发挥传播功能的媒介总和。与传统媒体相比，新媒体具有交互、即时、延展和融合的新特征。用户既是信息的接收者，又是信息的提供和发布者（熊澄宇和廖毅文，2003）。新媒体传播模式表现为节点化的个人、媒介组织和机构在互联网中以互动方式形成交互链接的网状传播结构，实现包含单向、双向和多向的信息传播过程（李明德和王含阳，2021）。作为一种新的信息传播媒介，新媒体相关研究受到了信息管理领域学者的广泛关注。例如，学者研究了在新媒体环境下，如何利用新技术收集和处理数据信息从而进行决策（Abidin et al.，2019；Dham and Mishra，2018；Vaid and Kesharwani，2018），如何利用新媒体平台的特征和设计（Reibenspiess et al.，2022；于蓉蓉等，2012）以及新媒体技术所带来的影响（Ge et al.，2017；Singh and Verma，2020；Vaast et al.，2013）等。

上述在信息管理领域的研究已极大地影响着企业的营销实践。例如，利用大数据等新的信息技术，企业可以在新媒体环境下更精准地定位用户需求，并据此开展个性化广告推送等精准营销活动。与此同时，企业营销人员还可以通过对用户信息数据的深度挖掘，更加快速准确地分析和预测市场发展规律，更有针对性地制定营销策略。新媒体平台的设计和特征本身更是直接影响着企业营销活动的效果。例如，新媒体平台的导航设计就对消费者使用平台搜索营销信息的效率有着重要影响，进而影响着企业在平台上投放营销信息的方式和策略。新媒体平台本身的外观设计等特征，也在相当程度上影响着消费者的使用态度和满意度，还影响着企业在平台上举办的营销活动的最终效果。因此，将信息管理领域的研究与营销实践相结合，思考新媒体的发展会如何影响消费者的心理，继而对消费行为和企业绩效产生何种影响，将对我们进一步加深对消费行为的理解和企业开展营销实践活动产生重要的现实意义。

1.3.1　新媒体环境下，大数据等信息技术的发展与营销研究

社交媒体等新媒体传播方式的不断发展，为企业和消费者的信息沟通提供了更为丰富的选择，使得信息的传递交换更为便捷，也在传递过程中产生了大量结构化或非结构化的大数据文本、图像、音频信息等。如何借助新的技术处理和利用这些大数据信息以指导企业营销实践，受到了营销学界的广泛关注。相关研究涉及：大数据背景下的新营销模式和策略（如精准营销等）以及传统模式和策略受到的影响（Zheng et al.，2020；王克富，2015）；通过大数据（如互联网用户评论等）分析消费者行为和企业绩效（Liu，2020；Park et al.，2019）；企业对大数据等信息技术的接受和使用情况及其影响因素（Aversa et al.，2021；Cabrera-Sánchez and Villarejo-Ramos，2020；Sun et al.，2020）；如何更好地利用新技术（如新的数据分析方法、模型等）对与营销相关的大数据进行有效的分析利用（Kauffmann et al.，2020；Liu et al.，2016）等。

在此基础上，结合信息管理领域的相关研究，可以对以下几个方面进行进一步探索：①随着新媒体技术的不断发展，新的信息传播方式不断涌现，进一步改变了消费者和企业信息沟通交流的环境。近年来，直播带货、短视频营销等新媒体营销活动迅速地发展起来，成为买卖双方沟通交流的重要途径。在直播、短视频这类新媒体平台上，买卖双方的信息交流更具有实时性和互动性，形式也更为多样，可以通过弹幕、留言等多种不同的方式传递信息。从数据信息收集和处理的角度来看，这些新兴媒体平台上的营销数据信息在结构和内容上有哪些新的特征？这些特征会给消费者数据信息的收集、加工和处理带来哪些新的挑战？以及如何改进现有的技术、方法和模型以更好地处理这些新型的数据信息？这些问题都值得在未来的研究中加以探讨。②从技术方法层面上看，信息管理领域围绕数据信息的收集、分析和决策应用已有大量的研究，学者针对多种不同的数据信息

类型，不断革新分析方法和模型以进一步提升分析的精度和效率。因此，未来营销研究也可进一步借鉴信息管理领域最新的分析方法和模型，结合新媒体营销活动的需求和消费者的特征等，探索如何引入和改进这些前沿工具使其更好地应用于营销研究，更适应新媒体营销数据分析处理的需求，以及这些新方法和工具的引进将如何影响企业的营销决策等。

1.3.2　新媒体平台的设计和特征对营销活动的影响

作为营销活动的重要载体，新媒体平台的设计和结构对企业营销活动的效果有着重要的影响，现有的营销研究也从不同的角度对此进行了深入探讨。例如，新媒体平台的感知特征（如感知易用性、互动性等）、平台设计（如平台内容为图片格式或是文本格式等）对平台上消费者心理和行为的影响（Carlson et al.，2018；Hazari et al.，2017；Shahbaznezhad et al.，2021；Ben Yahia et al.，2018）；新媒体平台的选择和特征对企业行为（如企业社会责任行为等）、企业绩效及品牌形象的影响（Babić Rosario et al.，2016；Yang et al.，2020）等。

在前人研究的基础上，从平台的设计和特征角度入手，结合信息管理的相关研究，也有以下问题值得关注：①从平台技术设计相关视角，将信息管理领域对平台类型的划分以及对平台特征的提取等引入我们的研究，关注新媒体平台的特征（如平台内模块设计、智能推荐等）对消费者的心理、行为及对企业营销活动绩效的影响。在此基础上，结合企业自身的特征，分析不同类型、不同发展阶段企业的平台选择策略。②借助新媒体平台及其所提供的大量消费者数据，越来越多的企业开始尝试通过"定制化广告""智能推荐"等精准营销的形式迎合每个消费者独特的需求，提升自身的销售绩效。但这类新的尝试也使得隐私问题受到了消费者越来越多的关注，为企业营销实践带来了新的挑战。因此，未来可以结合信息管理相关研究，从平台的设计和特征等技术层面着眼，思考是否能从新媒体平台的设计本身（如平台内信息展示、信息搜集政策等）来削弱消费者的隐私顾虑，避免其产生抵触情绪，并进一步提升精准营销的有效性和可靠性。

1.4　营销活动中的企业社会责任履行

企业社会责任反映的是企业对广泛的社会公益的责任（Matten and Moon，2008）。Carroll（1979）将企业社会责任划分为经济责任、法律责任、伦理责任和自由裁量的责任。世界银行将企业社会责任定义为：企业与关键利益相关者（包括消费者、员工、股东、监管者等）的关系、价值观、遵纪守法以及尊重人、社区和环境有关的政策和实践的集。它指企业为改善利益相关者的生活质量而贡献于可持续发展的一种承诺。履行社会责任可以作为一种有效的营销工具，对提升企业的经营绩效具有积极作用（Godfrey，2005）。

目前，围绕企业社会责任与营销活动间关系的研究可划分为以下几个方面：一是企业渠道关系中对企业社会责任的关注，包括企业自身社会责任履行对供应链的影响和企业供应链伙伴社会责任管理；二是消费者视角下，企业社会责任承担对消费者行为的影响；三是基于社会责任的营销人员管理，培养和监督对企业营销活动和企业绩效的影响。

1.4.1　B2B 渠道下基于关系属性的企业社会责任管理

在 B2B 渠道视角下，现有研究发现，供应链上的每个节点（厂商、供应商、分销商、零售商等）通过履行社会责任能够促进企业自身资源的重构，同时提升供应链整体的产品质量，实现供应链的可持续发展（Klassen and Vereecke，2012；Sharma and Henriques，2005）。适当的社会责任承担能在一定程度上提升上下游企业的盈利水平，增加经营绩效（Huq et al.，2016；Homburg et al.，2013）。在渠道关系中的双方对于社会责任的认知和表现的差异在不同的关系属性下对供应链营销绩效的影响不尽相同（Gualandris et al.，2015）。渠道关系中上下游企业社会责任认知与承担的较高一致性有助于提升合作伙伴间的关系绩效。同时企业社会责任对供应链的影响又受到企业在供应链中所处的位置、对上下游企业的依赖程度、企业自身资源掌控能力以及伙伴信任不对称性的影响（Grimm et al.，2014；Marshall et al.，2015）。例如，有学者通过供应链网络中心性和异质性来度量焦点企业的网络属性，发现网络中心性加剧了供应链伙伴间企业社会责任不一致性对关系绩效的负面影响，而多元化的供应链网络能够有效规避供应链伙伴关系中企业社会责任不一致对关系绩效的负面影响（Meqdadi et al.，2019；Wolf，2014）。

此外，如何对供应链伙伴的社会责任进行管理是能否提升整体供应链质量的关键因素。这种管理包括针对厂商、供应商和客户的质量评估、产品开发、交付监控等活动的管理（Jacobs and Singhal，2017；Pagell et al.，2008）。供应链中某一成员的不承担社会责任行为会损害影响整个供应链中企业的声誉（Mangla et al.，2020）。上游企业的社会责任缺失会给下游企业造成损害，并使下游企业成为最终消费者和广大公众批评的焦点（Hartmann and Moeller，2014）。上游对下游企业的控制和监测可以正向改善上游企业绩效，同时下游企业对上游企业的社会责任的评估和检测也能改善下游企业的产品质量和社会效应（Escobar and Vredenburg，2011；Kolk and van Tulder，2010）。

　　未来研究可以关注供应链上交易伙伴的关系属性或网络属性如何影响企业间社会责任承担，进而影响上下游合作质量及供应链质量。例如，针对供应链上的企业，可从结构洞、网络密度和关系嵌入等方面来探究企业如何利用其不同网络或关系特性来促进交易伙伴的社会责任承担。考虑企业社会责任与供应链关系绩效之间的调节因素，包括治理机制（如过程控制和结果控制、特定交易投资）、监管环境和市场环境（如竞争强度和需求不确定性）以及企业市场营销能力等多种外在因素的影响（Luo and Zheng，2013；Mishra and Modi，2016；Wolf，2014），以考察企业社会责任与关系绩效背后的中介机制。对于供应链上合作伙伴社会责任的评估需要将关注点延伸到其内部人员管理、成本和质量控制、产品设计与开发、售后管理等环节中（Klassen and Vereecke，2012；Marshall et al.，2015）。关注拥有不同市场力量的主体对提升其合作伙伴（可以是上游对下游，也可以是下游对上游）社会责任承担的不同影响（Wang et al.，2017）。考虑是否将外部的利益相关者引入对合作伙伴的社会责任承担评价机制中，如行业集体评价或第三方评级机构，以更好地设计合作伙伴的社会责任管理模式，实现供应链网络中企业社会责任的嵌入与建构，推动供应链健康运作和发展。

1.4.2　企业社会责任承担对消费者行为的影响

　　许多研究从消费者心理机制出发，发现企业社会责任承担提升了消费者的购买意图（Chu et al.，2020）、品牌信任感（Lassoued and Hobbs，2015；周祖城和张漪杰，2007）和忠诚度（龙贤义等，2020）。企业面对消费者采用的不同的企业社会责任沟通策略对消费者的购买意愿有异质性的影响（Moreno and Capriotti，2009；Castelló et al.，2013）。如果企业表现出较高的社会责任承担，顾客也会反馈以公民行为，包括积极的口碑传播、参与企业调查、为企业改善产品质量提供建议、参加企业赞助的活动等。这种消费者参与（顾客契合或客户互动），以及积极地实施顾客公民行为，能够正面宣传企业的形象，营造良好的渠道关系（Pansari and Kumar，2017；Luo and Bhattacharya，2006）。企业的负面新闻或者漠视社会责任的行为，则直接降低了消费者对企业的评价，消费者会通过品牌抵制惩罚企业（高英等，2017）。即使企业后续通过其他的承担社会责任的方式进行弥补，对企业品牌造成的损害依然很难挽回（张婷和周延风，2020；Carrington et al.，2010）。企业社会责任通过不同路径传递给消费者可能会产生不同的后果。例如，通过互联网等信息传递手段传递的企业社会责任相关信息虽然增强了传播的便利性，但信息的泛滥和公众的有限理性可能反而会使企业形象受到负面的影响（Yu et al.，2008）。

未来研究可关注消费者对企业社会责任感知评价的收集渠道。例如，可通过企业调查、社交媒体用户生成内容、传统媒体访谈、研究者自行设计的实验、人工智能手段获取等多种渠道收集所需的数据和材料（吴继飞等，2020）。此外，未来也可关注企业通过何种方式，在何种时机下履行社会责任，才能够引导消费者建立对企业积极的认同关系，并保持这种关系的深度及稳定性（刘凤军等，2015）。最后，应继续从消费者心理机制和行为机制研究企业社会责任对消费者行为的影响机制（李敬强和刘凤军，2017），同时考虑消费者异质性、渠道关系质量、心理契约、顾客信任、顾客认同、消费者感知机制等多种因素在企业社会责任承担对消费者行为的影响中的作用，对丰富营销理论和指导营销实践具有重要的意义。

1.4.3　基于社会责任的营销人员管理、培养和监督

营销人员在工作中对外体现的社会责任认知能够在一定程度上反映所在企业的社会责任表现。因而，加强对营销人员的社会责任的管理变得尤为重要。企业中的营销人员既包括采购人员、销售人员，也包括组织中从事营销活动的边界人员，如职能部门主管、董事会成员、管理层等（Tushman and Scanlan，1981；Tachizawa and Wong，2014）。营销人员的社会责任承担涉及买方和卖方营销人员社会责任承担能力的培养（Schneider and Wallenburg，2012）。采购人员和销售人员一直是供应链上可持续性标准（社会责任标准）的被动使用者，这些人员在为企业选择合作伙伴时会自动带入个人对标准的理解。为了适应更广泛的社会责任的目标管理，公司需要审视采购人员的职责，并需要让他们认识到在工作中承担社会责任的重要性。因此，企业可以通过对采购人员和销售人员进行评估、培训和激励以建立起稳定、安全、可持续的供应网络（Villena and Gioia，2018；Grimm et al.，2016）。拥有一致社会责任认知的营销人员能够促进上下游企业的合作，有助于建立长期的合作伙伴关系。如果供应链上游企业营销人员未满足下游企业对其社会责任表现的要求，则会降低下游公司的合作意愿，反之亦然。买方和卖方在社会责任价值观上的冲突容易转化为买方和卖方之间实际合作中的矛盾与冲突（Harland et al.，2019；Tate et al.，2019）。

未来应深入研究营销人员的社会责任承担对加强营销渠道及供应链合作，提升企业经营绩效的作用。同时应在跨国供应链情境下，考虑东道国制度环境对营销人员社会责任承担的不同要求，以及其对企业关系绩效的差异化影响（Huq et al.，2016）。此外，营销人员在推动社会责任标准建设中的作用也值得深入研究。应着重探讨如何将营销人员的角色从可持续发展标准的被动适应者变为主动参与者，以促进供应链和营销渠道的健康发展。

1.5 社会重大事件中的营销问题研究

突发事件是指突然发生，造成或者可能造成严重社会危害，需要采取应急处置措施予以应对的自然灾害、事故灾难、公共卫生事件和社会安全事件。以往研究多基于此对突发事件进行定义，关注的突发事件为政府宏观视角下的突发公共事件。然而，焦点企业自身和其价值网络合作伙伴的突发事件也会影响企业的营销绩效和品牌声誉。因此，可以从企业价值网络上的突发事件和外在环境的突发公共事件两方面研究突发事件对企业营销活动与绩效的影响。

1.5.1 企业价值网络上的突发事件

企业价值网络是指价值链上的核心企业所构成的价值创造和传递的网络（Kothandaraman and Wilson，2001），包括供应商、渠道伙伴、客户以及竞争者（王琴，2011；余东华和芮明杰，2005）。企业价值网络上的突发事件可分为三个方面：①焦点企业自身引起的突发事件；②焦点企业价值网络伙伴造成的突发事件；③焦点企业竞争对手造成的突发事件。价值网络上的突发事件是指与企业相关的负面事件。焦点企业自身和其价值网络伙伴造成的突发事件通常会对焦点企业绩效造成负面影响（Jacobs and Singhal，2017，2020；Lo et al.，2018；Rasoulian et al.，2017），而竞争对手造成的突发事件对焦点企业产生的影响则是不确定的，是创造机会还是负面溢出取决于焦点企业和竞争对手的相似度（Desai，2011），因为相似度越高，买方会认为焦点企业出现同样事件的可能性也越高（Jonsson et al.，2009）。

为了缓解负面影响，企业需要采取营销手段来应对突发事件。首先，通常而言，企业会采取沟通策略（promotion，意为促销，后被引申为沟通与交流）（van Waterschoot and van den Bulte，1992）。利用企业公告进行申明（Hock and Raithel，2020），或在社交媒体上进行道歉等（Racine et al.，2020）。有些企业通过签订协议或加入联盟向消费者做出承诺。例如，2013 年孟加拉国服装工厂大楼拉纳大厦倒塌后，欧洲和北美服装零售商通过声明和社交媒体传播，积极宣传其签署和参加了保护孟加拉国员工安全的协定与联盟（Jacobs and Singhal，2017）。其次，当与产品相关的负面事件突发后，企业可能会通过调整产品战略（product strategy）进行应对。例如，2007 年，美国多家玩具厂商因为产品质量检测不达标，对产品进行召回（Bapuji and Beamish，2019）。2008 年，三鹿奶粉三聚氰胺事件后，三元乳业和蒙牛乳业采取更换包装、开发新产品和延长产品线等营销活动来刺激消费者购买（张淑萍，2014）。

　　然而，企业的营销活动是否能抵消负面影响受到多方面因素的影响。就企业与消费者和公众进行沟通而言，道歉的时机和形式（Hock and Raithel，2020；Zavyalova et al.，2012）、道歉原因的说明（Racine et al.，2020）以及拯救措施的承诺（Rasoulian et al.，2017）等都会影响到企业的财务绩效，并且这些因素会与企业特征和事件特征发生交互作用（Hock and Raithel，2020；Rasoulian et al.，2017），对不同的企业财务绩效产生不尽相同的影响。企业的声誉也会受到突发事件后企业营销活动的影响。例如，Zavyalova 等（2012）提出企业直接解决问题的策略称为技术性行为（technical actions），包括对问题产品进行召回、对消费者进行补偿等；企业强调其优点和转移消费者注意力的策略称为礼仪性行为（ceremonial actions），包括促销、抽奖、捐赠等。他们发现，前者对于企业的声誉有积极影响，而后者加剧了负面影响。

　　在未来的研究中，对于焦点企业自身引起的突发事件，需要着重关注如何消除突发事件对焦点企业带来的长期负面影响。例如，2020 年蒙牛乳业仍会因为乳蛋白含量问题而成为舆论的焦点。因此，焦点企业如何保持与消费者的长期沟通，如何调整产品组合和设计产品标准，如何扩展新渠道避免旧渠道的负面影响等，应作为未来研究关注的方向。对于焦点企业价值网络伙伴造成的突发事件，未来的研究需要着重关注焦点企业如何防止伙伴的负面影响溢出到自身。随着全球化和信息化程度不断加深，负面事件会沿着价值网络快速传导（Jacobs and Singhal，2020）。因此，焦点企业可以从沟通方式、沟通时机、沟通透明性、沟通信息内容等方面，研究沟通对负面溢出的速度和程度的影响；也可从产品策略、促销策略和定价策略如何配合沟通策略进行组合营销等方面进行研究。对于焦点企业竞争对手造成的突发事件，未来研究应关注企业如何通过营销手段减少焦点企业与竞争对手的相似性（Desai，2011），以减少负面波及。竞争对手造成的突发事件可以给企业带来危机，但同时也能为企业创造机遇。未来的研究应着重区分不同营销策略可能造成的不同影响。

1.5.2　外在环境的突发公共事件

　　突发公共事件可分为自然灾害、事故灾难、公共卫生事件、社会安全事件和经济危机等五种类型（薛澜和钟开斌，2005）。以往文献表明，不同的突发公共事件由于其特性的不同，会对不同的企业造成不尽相同的影响（彭志方和刘宽虎，2003）。例如，2020 年暴发的新冠疫情公共卫生事件对汽车产业有较大的冲击（PwC，2020），但某些医疗行业则因此获得了机遇。同样的例子也发生在 2011 年的日本"3·11"大地震自然灾害中，核电企业和保险行业的市值大幅下跌，但与重建相关的行业的企业价值则有所上升（Hendricks et al.，2020）。

　　同样，企业会根据其遭受的突发事件的冲击而采取不同的营销活动。就2020 年新冠疫情公共卫生事件而言，在餐饮行业，海底捞和西贝采取涨价的营销策略，而老乡鸡则采取事件营销的方式选择与消费者进行沟通和交流。由于新冠疫情传染病的特性，很多企业改变以往的分销方式，通过扩展线上渠道来促进销售（Arora et al.，2020）。还有的企业因此而推出了新的产品和服务，如汽车厂商比亚迪和五菱生产口罩，字节跳动线上首播电影等。再以经济危机为例，由于消费者可支配收入下降，企业相应调整了其产品战略，减少了奢侈品的生产，增加了功能性和实用性产品的供给（Dutt and Padmanabhan，2011）。有的企业也会调整其价格和促销战略，通过减价和折扣的手段刺激消费者的购买欲望（彭志方和刘宽虎，2003）。有的企业会对营销渠道做出调整，如进行国际化扩张进入新的市场（彭志方和刘宽虎，2003）等。

　　营销活动是否能帮助企业度过危机或成功扩张市场也受到多方面因素的影响。例如，在新冠疫情中，尽管海底捞采取了先涨价后降价的策略，但仍没有获得市场的认可。其年报显示，2020 年的利润下降达九成。汽车厂商比亚迪和五菱生产口罩、字节跳动线上首播电影等新产品策略，不仅为企业带来一定的收入，也赢得了口碑和获得了流量。

　　总之，对于突发公共事件后企业营销活动的研究多为案例性研究，缺乏实证性的验证和理论提炼。因此，企业缺乏在突发公共事件后，从事营销活动的理论依据，对其营销活动带来的实质影响也知之甚少。例如，在新冠疫情后，餐饮行业受到巨大冲击，有的企业选择涨价的价格策略，有的企业选择通过线上外卖平台积极拓展新的渠道，有的企业通过结合热点进行事件营销。这些营销策略看起来都可以缓解企业的损失，但是它们实际的收益需要未来研究进行更详细的评估。不仅如此，企业自身的特征也会对其营销策略效力产生影响。例如，高端餐饮企业是否适合在外卖平台进行销售，这是否会影响到品牌形象，是否应该推出新的产品专门在外卖平台销售等，未来研究需要对这些营销活动与企业特性的交互影响进行实证性分析。当然，不同的突发公共事件的特性不同，企业的营销方式也不可能一成不变，未来研究可以结合突发公共事件的特性研究不同营销活动的效果。

1.6　企业金融行为与营销研究的交叉融合

　　随着国内金融市场的不断发展，金融对于企业的重要性日益凸显。传统营销部门的目标顾客主要指买方群体，包括组织客户和消费者群体。然而，现代企业的发展，不仅依赖于买方端的拉动，也与另一个利益相关者——购买公司权益的投资者息息相关。企业需要同时注重向这两端的利益相关者进行营销。例如，Lovett

和 MacDonald（2005）提出，企业不仅应该向消费者进行营销，同时也应该向投资者进行营销。Hoffmann 等（2011）的研究表明，向投资者进行营销，培养良好的投资者关系，能够提升企业的经营表现，增加股东价值。Lukas 等（2005）指出，拥抱和整合股东价值原则和指标能为营销带来更多的机会。因此，关注金融市场和投资者，不仅能为股东带来价值，同时也能扩展营销的边界，此即营销和金融相融合的"平衡营销"。平衡营销就是企业不能只向消费者进行营销而不注重向资本市场营销。同样地，企业不应该只向投资者进行营销，盲目吸收投资而不注重提升顾客的消费体验，而是应同时考虑买方市场和资本市场的平衡营销。不应该把买方市场和资本市场割裂开来，买方市场和资本市场应该是两个相辅相成的都需要营销的市场。Aspara 和 Tikkanen（2008）指出，消费者和投资者可以是同一个人，个人对于公司产品的喜爱可以提高其购买公司股票的意愿，同样地，个人如果购买公司的股票，也会提高其购买公司产品的意愿。因此，平衡营销不仅意味着需要向买方市场和资本市场进行营销，同时也要注重两者之间的良性互动。这就为营销学科和金融的交叉结合提供了研究的内容与场景。金融与营销的结合可以从三个方向来考虑。

1.6.1　从金融到营销——金融部门如何影响企业营销表现？

营销和金融相融合的第一个方向就是在传统金融背景下从国家、企业、投资者三个层面来探究传统的金融变量（如金融发展水平、投资者特征等）如何影响企业在消费者市场上的表现（如广告研发投入）。从国家来看，企业的营销行为必然会受到其所在国家金融发展水平的影响，如 Bahadir B 和 Bahadir S C（2020）研究了国家层面的金融发展会促进整个国家的广告支出。从企业来看，企业的营销行为也必然会受到企业金融部门的影响，如 Malshe 和 Agarwal（2015）研究了企业的财务约束性与企业顾客满意度存在负向影响。从投资者来看，企业的最终目的是增加股东价值，因此企业的营销行为必然要符合投资者的利益，因而也会受到投资者特征的影响。例如，Chung 和 Low（2017）发现公司投资者的投资期限越短，企业将越有可能采取短视营销性的行为来满足投资者的短期回报要求。Currim 等（2018）研究表明，分析师的盈利预测压力会促使企业减少营销支出。

1.6.2　从营销到金融——营销部门如何影响企业金融表现？

营销和金融相融合的另一种方式就是在传统的营销视角下探究传统的营销变

量（如顾客满意度、广告、创新等）如何影响企业在金融市场上的表现（如股价、风险、成本）。许多学者已经在这方面做了许多探索性的研究。例如，Bharadwaj 等（2011）的研究发现品牌质量的非预期变化与股票收益正相关，与特质风险的变化负相关，品牌质量的提高能够增加股东财富。Luo 和 de Jong（2012）调查了广告支出对股东回报的影响，探究了广告创造企业价值的过程。Bendig 等（2018）的研究表明，在股票回购公司中削减营销投资的公司比例高于非回购公司，回购和短视营销同时发生时，会降低公司股价，并且产品召回增加。Cillo 等（2018）发现，公司的新产品组合创新对于企业大型投资者持有公司股票的影响会受到大型投资者文化类型的调节。Lim 等（2020）的研究表明，顾客满意度的提高能够减少企业未来销售成本。Wies 等（2019）证明了，增加广告投资能够减轻股东抱怨对公司股价的负面影响。Dotzel 和 Shankar（2019）研究了 B2B（business to business，企业对企业电子商务）和 B2C（business to consumer，企业对顾客电子商务）服务创新对企业风险和价值的影响等。此类研究的合理性在于，通过营销所产生的品牌、客户黏性、渠道等市场资产本身就应该是企业市场估值的一部分，因此金融市场在对企业进行估值时必然会考虑企业的市场资产，那么营销也将会影响企业在金融市场的表现。

1.6.3　在融资背景下寻找营销的企业价值

金融与营销相融合的另一个重要意义在于学者能够更加有说服力地证明营销部门对于企业的价值。学者能够在企业融资背景下研究营销投入能否影响股东的价值。其中，首次公开募股（initial public offerings，IPO）就是一个非常重要的企业融资背景，许多学者已经在这个背景下做了非常有意义的研究。例如，Luo（2008）证明了企业 IPO 前的营销支出能够有效降低企业的 IPO 抑价，帮助企业获得一个更加合理的估值。Xiong 和 Bharadwaj（2011）则是探究了年轻科技公司 IPO 前的社会资本关系对其 IPO 价值的影响。Kurt 和 Hulland（2013）在此基础上，将企业 IPO 背景扩展到企业所有的证券发行，并发现企业证券发行后营销支出的增加能够增加企业的价值。Wies 和 Moorman（2015）则是扩展了结果变量，研究了上市对企业创新行为的影响。这些研究从企业的融资估值上证明了营销是企业价值的重要组成部分，也为营销学科的研究意义提供了强有力的实证支持。

综上，我们可以看到，营销与金融相结合的研究可以是全方面的、多角度的。特别是在今天，中国资本市场正在不断地改革深化，通过营销来帮助企业在金融市场获取更多资源的需求将更加迫切。未来研究可以以上述研究为基础，深入探讨金融与企业营销活动的互动影响，从金融的角度揭示企业不同营销活动的价值，探索一些营销与金融相融合的问题。

参 考 文 献

高英，袁少锋，刘力钢. 2017. 消费者对企业伪善的惩罚机制研究[J]. 中南财经政法大学学报，（4）：140-148.

李敬强，刘凤军. 2017. 企业社会责任特征与消费者响应研究：兼论消费者-企业认同的中介调节效应[J]. 财经论丛，（1）：85-94.

李明德，王含阳. 2021. 新媒体传播模式及其对舆情治理的新要求[J]. 西北大学学报（哲学社会科学版），51（2）：151-159.

刘凤军，孔伟，李辉. 2015. 企业社会责任对消费者抵制内化机制研究：基于 AEB 理论与折扣原理的实证[J]. 南开管理评论，18（1）：52-63.

龙贤义，邓新明，杨赛凡，等. 2020. 企业社会责任、购买意愿与购买行为：主动性人格与自我效能有调节的中介作用[J]. 系统管理学报，29（4）：646-656.

彭志方，刘宽虎. 2003. 经济危机下的消费者行为和企业营销策略研究[J]. 商业经济与管理，（10）：21-24.

彭志方，刘宽虎，王蕾. 2003. 企业应对外部突发事件的营销策略调整[J]. 当代经济科学，（5）：55-58，94.

王克富. 2015. 论大数据视角下零售业精准营销的应用实现[J]. 商业经济研究，（6）：50-51.

王琴. 2011. 基于价值网络重构的企业商业模式创新[J]. 中国工业经济，（1）：79-88.

吴继飞，于洪彦，朱翊敏，等. 2020. 人工智能推荐对消费者采纳意愿的影响[J]. 管理科学，33（5）：29-43.

熊澄宇，廖毅文. 2003. 新媒体：伊拉克战争中的达摩克利斯之剑[J]. 中国记者，（5）：52-53.

薛澜，钟开斌. 2005. 突发公共事件分类、分级与分期：应急体制的管理基础[J]. 中国行政管理，（2）：102-107.

于蓉蓉，张俭，袁潮，等. 2012. 新媒体视频开放平台发展现状与关键技术研究[J].电信科学，28（12）：31-40.

余东华，芮明杰. 2005. 模块化、企业价值网络与企业边界变动[J]. 中国工业经济，（10）：88-95.

张淑萍. 2014. 多品牌危机事件对乳品行业信任的影响研究[D]. 北京：中国农业大学.

张婷，周延风. 2020. 消费者视角下企业社会责任缺失研究综述[J]. 管理学季刊，（2）：117-118，119，120，121-137，148-149.

周祖城，张漪杰. 2007. 企业社会责任相对水平与消费者购买意向关系的实证研究[J]. 中国工业经济，（9）：111-118.

Abidin D Z，Nurmaini S，Malik R F，et al. 2019. A model of preprocessing for social media data extraction[R]. Jakarta：2019 International Conference on Informatics，Multimedia，Cyber and Information System（ICIMCIS）：67-72.

Arora A，Boudet J，Bucy M，et al. 2020. Think fast：how to accelerate e-commerce growth[R/OL]. https://www.mckinsey.com/business-functions/mckinsey-digital/our-insights/think-fast-how-to-accelerate-e-commerce-growth[2023-12-11].

Aspara J，Tikkanen H. 2008. Interactions of individuals' company-related attitudes and their buying of companies' stocks and products[J]. Journal of Behavioral Finance，9（2）：85-94.

Aversa J，Hernandez T，Doherty S. 2021. Incorporating big data within retail organizations：a case study approach[J]. Journal of Retailing and Consumer Services，60：102447.

Avery J，Steenburgh T J，Deighton J，et al. 2012. Adding bricks to clicks：predicting the patterns of cross-channel elasticities over time[J]. Journal of Marketing，76（3）：96-111.

Babić Rosario A，Sotgiu F，de Valck K，et al. 2016. The effect of electronic word of mouth on sales：a meta-analytic review of platform，product，and metric factors[J]. Journal of Marketing Research，53（3）：297-318.

Bahadir B，Bahadir S C. 2020. Financial development and country-level advertising spending：the moderating role of economic development and national culture[J]. Journal of International Marketing，28（3）：3-20.

Bapuji H，Beamish P W. 2019. Impacting practice through IB scholarship：toy recalls and the product safety crisis[J]. Journal of International Business Studies，50（9）：1636-1643.

Ben Yahia I，Al-Neama N，Kerbache L. 2018. Investigating the drivers for social commerce in social media platforms：importance of trust，social support and the platform perceived usage[J]. Journal of Retailing and Consumer Services，41：11-19.

Bendig D，Willmann D，Strese S，et al. 2018. Share repurchases and myopia：implications on the stock and consumer markets[J]. Journal of Marketing，82（2）：19-41.

Berman B，Thelen S. 2004. A guide to developing and managing a well-integrated multi-channel retail strategy[J]. International Journal of Retail & Distribution Management，32（3）：147-156.

Bharadwaj S G，Tuli K R，Bonfrer A. 2011. The impact of brand quality on shareholder wealth[J]. Journal of Marketing，75（5）：88-104.

Brown J R，Dant R P. 2014. The role of e-commerce in multi-channel marketing strategy[C]// Martínez-López F J. Handbook of Strategic e-Business Management. Berlin：Springer：467-487.

Brynjolfsson E，Smith M D. 2000. Frictionless commerce？ A comparison of internet and conventional retailers[J]. Management Science，46（4）：563-585.

Cabrera-Sánchez J P，Villarejo-Ramos Á F. 2020. Acceptance and use of big data techniques in services companies[J]. Journal of Retailing and Consumer Services，52：101888.

Cao L L，Li L. 2015. The impact of cross-channel integration on retailers' sales growth[J]. Journal of Retailing，91（2）：198-216.

Carlson J，Rahman M，Voola R，et al. 2018. Customer engagement behaviours in social media：capturing innovation opportunities[J]. Journal of Services Marketing，32（1）：83-94.

Carrington M J，Neville B A，Whitwell G J. 2010. Why ethical consumers don't walk their talk：towards a framework for understanding the gap between the ethical purchase intentions and actual buying behaviour of ethically minded consumers[J]. Journal of Business Ethics，97（1）：139-158.

Carroll A B. 1979. A three-dimensional conceptual model of corporate performance[J]. Academy of

Management Review, 4（4）: 497-505.

Castelló I, Morsing M, Schultz F. 2013. Communicative dynamics and the polyphony of corporate social responsibility in the network society[J]. Journal of Business Ethics, 118（4）: 683-694.

Chiu H C, Hsieh Y C, Roan J, et al. 2011. The challenge for multichannel services: cross-channel free-riding behavior[J]. Electronic Commerce Research and Applications, 10（2）: 268-277.

Chu S C, Chen H T, Gan C. 2020. Consumers' engagement with corporate social responsibility （CSR）communication in social media: evidence from China and the United States[J]. Journal of Business Research, 110: 260-271.

Chung T S, Low A. 2017. The impact of investor impatience and environmental turbulence on myopic marketing management and stock performance[J]. International Journal of Research in Marketing, 34（3）: 660-677.

Cillo P, Griffith D A, Rubera G. 2018. The new product portfolio innovativeness—stock returns relationship: the role of large individual investors' culture[J]. Journal of Marketing, 82（6）: 49-70.

Coelho F, Easingwood C, Coelho A. 2003. Exploratory evidence of channel performance in single vs multiple channel strategies[J]. International Journal of Retail & Distribution Management, 31（11）: 561-573.

Currim I S, Lim J, Zhang Y. 2018. Effect of analysts' earnings pressure on marketing spending and stock market performance[J]. Journal of the Academy of Marketing Science, 46（3）: 431-452.

Das T K, Teng B S. 1998. Between trust and control: developing confidence in partner cooperation in alliances[J]. Academy of Management Review, 23（3）: 491-512.

Deleersnyder B, Geyskens I, Gielens K, et al. 2002. How cannibalistic is the Internet channel? A study of the newspaper industry in the United Kingdom and the Netherlands[J]. International Journal of Research in Marketing, 19（4）: 337-348.

Dennis A, Wixom B H, Tegarden D. 2015. Systems Analysis and Design: An Object-Oriented Approach with UML[M]. Hoboken: John Wiley & Sons.

Desai V M. 2011. Mass media and massive failures: determining organizational efforts to defend field legitimacy following crises[J]. Academy of Management Journal, 54（2）: 263-278.

Dham S O, Mishra P. 2018. Decrypting the antecedents of advertising budget allocation under the ascendancy of new media[J]. Global Journal of Enterprise Information System, 9（4）: 62-69.

Dotzel T, Shankar V. 2019. The relative effects of business-to-business （vs. business-to-consumer） service innovations on firm value and firm risk: an empirical analysis[J]. Journal of Marketing, 83（5）: 133-152.

Dutt P, Padmanabhan V. 2011. Crisis and consumption smoothing[J]. Marketing Science, 30（3）: 491-512.

Escobar L F, Vredenburg H. 2011. Multinational oil companies and the adoption of sustainable development: a resource-based and institutional theory interpretation of adoption heterogeneity[J]. Journal of Business Ethics, 98（1）: 39-65.

Falk L K, Sockel H, Warren H B. 2007. A holistic view of internet marketing[R]. American Society for Competitiveness: 9-20.

Frazier G L. 1999. Organizing and managing channels of distribution[J]. Journal of the Academy of Marketing Science, 27 (2): 226-240.

Gallino S, Moreno A. 2014. Integration of online and offline channels in retail: the impact of sharing reliable inventory availability information[J]. Management Science, 60 (6): 1434-1451.

Ge R Y, Feng J, Gu B, et al. 2017. Predicting and deterring default with social media information in peer-to-peer lending[J]. Journal of Management Information Systems, 34 (2): 401-424.

Godfrey P C. 2005. The relationship between corporate philanthropy and shareholder wealth: a risk management perspective[J]. Academy of Management Review, 30 (4): 777-798.

Grimm J H, Hofstetter J S, Sarkis J. 2014. Critical factors for sub-supplier management: a sustainable food supply chains perspective[J]. International Journal of Production Economics, 152: 159-173.

Grimm J H, Hofstetter J S, Sarkis J. 2016. Exploring sub-suppliers' compliance with corporate sustainability standards[J]. Journal of Cleaner Production, 112: 1971-1984.

Gualandris J, Klassen R D, Vachon S, et al. 2015. Sustainable evaluation and verification in supply chains: aligning and leveraging accountability to stakeholders[J]. Journal of Operations Management, 38 (1): 1-13.

Harland C, Telgen J, Callender G, et al. 2019. Implementing government policy in supply chains: an international coproduction study of public procurement[J]. Journal of Supply Chain Management, 55 (2): 6-25.

Hartmann J, Moeller S. 2014. Chain liability in multitier supply chains? Responsibility attributions for unsustainable supplier behavior[J]. Journal of Operations Management, 32 (5): 281-294.

Hazari S, Sethna B N, Brown C O M. 2017. Determinants of pinterest affinity for marketers using antecedents of user-platform fit, design, technology, and media content[J]. International Journal of Technology Marketing, 12 (3): 230-251.

Hendricks K B, Jacobs B W, Singhal V R. 2020. Stock market reaction to supply chain disruptions from the 2011 great east Japan earthquake[J]. Manufacturing & Service Operations Management, 22 (4): 683-699.

Herhausen D, Binder J, Schoegel M, et al. 2015. Integrating bricks with clicks: retailer-level and channel-level outcomes of online-offline channel integration[J]. Journal of Retailing, 91 (2): 309-325.

Hock S J, Raithel S. 2020. Managing negative celebrity endorser publicity: how announcements of firm (non) responses affect stock returns[J]. Management Science, 66 (3): 1473-1495.

Hoetker G, Mellewigt T. 2009. Choice and performance of governance mechanisms: matching alliance governance to asset type[J]. Strategic Management Journal, 30 (10): 1025-1044.

Hoffmann A O I, Pennings J M E, Wies S. 2011. Relationship marketing's role in managing the firm—investor dyad[J]. Journal of Business Research, 64 (8): 896-903.

Homburg C, Stierl M, Bornemann T. 2013. Corporate social responsibility in business-to-business markets: how organizational customers account for supplier corporate social responsibility engagement[J]. Journal of Marketing, 77 (6): 54-72.

Huq F A, Chowdhury I N, Klassen R D. 2016. Social management capabilities of multinational buying firms and their emerging market suppliers: an exploratory study of the clothing industry[J]. Journal of Operations Management, 46 (1): 19-37.

Jacobs B W, Singhal V R. 2017. The effect of the Rana Plaza disaster on shareholder wealth of retailers: implications for sourcing strategies and supply chain governance[J]. Journal of Operations Management, 49/50/51 (1): 52-66.

Jacobs B W, Singhal V R. 2020. Shareholder value effects of the Volkswagen emissions scandal on the automotive ecosystem[J]. Production and Operations Management, 29: 2230-2251.

Jonsson S, Greve H R, Fujiwara-Greve T. 2009. Undeserved loss: the spread of legitimacy loss to innocent organizations in response to reported corporate deviance[J]. Administrative Science Quarterly, 54 (2): 195-228.

Kauffmann E, Peral J, Gil D, et al. 2020. A framework for big data analytics in commercial social networks: a case study on sentiment analysis and fake review detection for marketing decision-making[J]. Industrial Marketing Management, 90: 523-537.

Klassen R D, Vereecke A. 2012. Social issues in supply chains: capabilities link responsibility, risk (opportunity), and performance[J]. International Journal of Production Economics, 140 (1): 103-115.

Kolk A, van Tulder R. 2010. International business, corporate social responsibility and sustainable development[J]. International Business Review, 19 (2): 119-125.

Kothandaraman P, Wilson D T. 2001. The future of competition: value-creating networks[J]. Industrial Marketing Management, 30 (4): 379-389.

Kurt D, Hulland J. 2013. Aggressive marketing strategy following equity offerings and firm value: the role of relative strategic flexibility[J]. Journal of Marketing, 77 (5): 57-74.

Lassoued R, Hobbs J E. 2015. Consumer confidence in credence attributes: the role of brand trust[J]. Food Policy, 52: 99-107.

Lee H H, Kim J. 2010. Investigating dimensionality of multichannel retailer's cross-channel integration practices and effectiveness: shopping orientation and loyalty intention[J]. Journal of Marketing Channels, 17 (4): 281-312.

Lim L G, Tuli K R, Grewal R. 2020. Customer satisfaction and its impact on the future costs of selling[J]. Journal of Marketing, 84 (4): 23-44.

Liu X. 2020. Analyzing the impact of user-generated content on B2B firms' stock performance: big data analysis with machine learning methods[J]. Industrial Marketing Management, 86: 30-39.

Liu X, Singh P V, Srinivasan K. 2016. A structured analysis of unstructured big data by leveraging cloud computing[J]. Marketing Science, 35 (3): 363-388.

Lo C K Y, Tang C S, Zhou Y, et al. 2018. Environmental incidents and the market value of firms: an empirical investigation in the Chinese context[J]. Manufacturing & Service Operations

Management，20（3）：422-439.

Lovett M J，MacDonald J B. 2005. How does financial performance affect marketing? Studying the marketing-finance relationship from a dynamic perspective[J]. Journal of the Academy of Marketing Science，33（4）：476-485.

Lukas B A，Whitwell G J，Doyle P. 2005. How can a shareholder value approach improve marketing's strategic influence? [J]. Journal of Business Research，58（4）：414-422.

Luo X M. 2008. When marketing strategy first meets wall street: marketing spendings and firms' initial public offerings[J]. Journal of Marketing，72（5）：98-109.

Luo X M，Bhattacharya C B. 2006. Corporate social responsibility，customer satisfaction，and market value[J]. Journal of Marketing，70（4）：1-18.

Luo X M，de Jong P J. 2012. Does advertising spending really work? The intermediate role of analysts in the impact of advertising on firm value[J]. Journal of the Academy of Marketing Science，40（4）：605-624.

Luo X M，Zheng Q Q. 2013. Reciprocity in corporate social responsibility and channel performance: do birds of a feather flock together? [J]. Journal of Business Ethics，118（1）：203-213.

Malshe A，Agarwal M K. 2015. From finance to marketing: the impact of financial leverage on customer satisfaction[J]. Journal of Marketing，79（5）：21-38.

Mangla S K，Kusi-Sarpong S，Luthra S，et al. 2020. Operational excellence for improving sustainable supply chain performance[J]. Resources，Conservation and Recycling，162：105025.

Marshall D，McCarthy L，McGrath P，et al. 2015. Going above and beyond: how sustainability culture and entrepreneurial orientation drive social sustainability supply chain practice adoption[J]. Supply Chain Management，20（4）：434-454.

Matten D，Moon J. 2008. "Implicit" and "explicit" CSR: a conceptual framework for a comparative understanding of corporate social responsibility[J]. Academy of Management Review，33（2）：404-424.

McGoldrick P J，Collins N. 2007. Multichannel retailing: profiling the multichannel shopper[J]. The International Review of Retail，Distribution and Consumer Research，17（2）：139-158.

Meqdadi O A，Johnsen T E，Johnsen R E. 2019. Power and diffusion of sustainability in supply networks: findings from four in-depth case studies[J]. Journal of Business Ethics，159（4）：1089-1110.

Mishra S，Modi S B. 2016. Corporate social responsibility and shareholder wealth: the role of marketing capability[J]. Journal of Marketing，80（1）：26-46.

Moreno A，Capriotti P. 2009. Communicating CSR，citizenship and sustainability on the web[J]. Journal of Communication Management，13（2）：157-175.

Pagell M，Krause D，Klassen R. 2008. Special topic forum on sustainable supply chain management: theory and practice[J]. Journal of Supply Chain Management，44（3）：76.

Pansari A，Kumar V. 2017. Customer engagement: the construct，antecedents，and consequences[J]. Journal of the Academy of Marketing Science，45（3）：294-311.

Park E, Jang Y, Kim J, et al. 2019. Determinants of customer satisfaction with airline services: an analysis of customer feedback big data[J]. Journal of Retailing and Consumer Services, 51: 186-190.

Pauwels K, Neslin S A. 2015. Building with bricks and mortar: the revenue impact of opening physical stores in a multichannel environment[J]. Journal of Retailing, 91 (2): 182-197.

PwC. 2020. COVID-19 actions in automotive industry[EB/OL]. https://www.pwc.com/jp/en/knowledge/thoughtleadership/coronavirus-actions-in-automotive-industry.html[2024-09-23].

Racine M, Wilson C, Wynes M. 2020. The value of apology: how do corporate apologies moderate the stock market reaction to non-financial corporate crises? [J]. Journal of Business Ethics, 163 (3): 485-505.

Rasoulian S, Grégoire Y, Legoux R, et al. 2017. Service crisis recovery and firm performance: insights from information breach announcements[J]. Journal of the Academy of Marketing Science, 45 (6): 789-806.

Reibenspiess V, Drechsler K, Eckhardt A, et al. 2022. Tapping into the wealth of employees' ideas: design principles for a digital intrapreneurship platform[J]. Information & Management, 59 (3): 103287.

Schneider L, Wallenburg C M. 2012. Implementing sustainable sourcing—does purchasing need to change? [J]. Journal of Purchasing and Supply Management, 18 (4): 243-257.

Shahbaznezhad H, Dolan R, Rashidirad M. 2021. The role of social media content format and platform in users' engagement behavior[J]. Journal of Interactive Marketing, 53 (1): 47-65.

Sharma S, Henriques I. 2005. Stakeholder influences on sustainability practices in the Canadian forest products industry[J]. Strategic Management Journal, 26 (2): 159-180.

Singh R K, Verma H K. 2020. Influence of social media analytics on online food delivery systems[J]. International Journal of Information System Modeling and Design, 11 (3): 1-21.

Sun S W, Hall D J, Cegielski C G. 2020. Organizational intention to adopt big data in the B2B context: an integrated view[J]. Industrial Marketing Management, 86: 109-121.

Tachizawa E M, Wong C Y. 2014. Towards a theory of multi-tier sustainable supply chains: a systematic literature review[J]. Supply Chain Management, 19 (5/6): 643-663.

Tate W L, Bals L, Marshall D. 2019. Supply chain management at the base of the pyramid[J]. International Journal of Physical Distribution & Logistics Management, 49 (5): 438-450.

Tukamuhabwa B R, Stevenson M, Busby J, et al. 2015. Supply chain resilience: definition, review and theoretical foundations for further study[J]. International Journal of Production Research, 53 (18): 5592-5623.

Tushman M L, Scanlan T J. 1981. Boundary spanning individuals: their role in information transfer and their antecedents[J]. Academy of Management Journal, 24 (2): 289-305.

Vaast E, Davidson E J, Mattson T. 2013. Talking about technology: the emergence of a new actor category through new media[J]. MIS Quarterly, 37 (4): 1069-1092.

Vaid J, Kesharwani S. 2018. Role of big data analytics in social media marketing of MICE tourism[J].

Global Journal of Enterprise Information System，10（1）：55-61.

van Nierop J E M，Leeflang P S H，Teerling M L，et al. 2011. The impact of the introduction and use of an informational website on offline customer buying behavior[J]. International Journal of Research in Marketing，28（2）：155-165.

van Waterschoot W，van den Bulte C. 1992. The 4P classification of the marketing mix revisited[J]. Journal of Marketing，56（4）：83-93.

Villena V H，Gioia D A. 2018. On the riskiness of lower-tier suppliers：managing sustainability in supply networks[J]. Journal of Operations Management，64（1）：65-87.

Wang C X，Wang W，Huang R B. 2017. Supply chain enterprise operations and government carbon tax decisions considering carbon emissions[J]. Journal of Cleaner Production，152：271-280.

Wies S，Hoffmann A O I，Aspara J，et al. 2019. Can advertising investments counter the negative impact of shareholder complaints on firm value？[J]. Journal of Marketing，83（4）：58-80.

Wies S，Moorman C. 2015. Going public：how stock market listing changes firm innovation behavior[J]. Journal of Marketing Research，52（5）：694-709.

Wolf J. 2014. The relationship between sustainable supply chain management，stakeholder pressure and corporate sustainability performance[J]. Journal of Business Ethics，119（3）：317-328.

Xiong G Y，Bharadwaj S. 2011. Social capital of young technology firms and their IPO values：the complementary role of relevant absorptive capacity[J]. Journal of Marketing，75（6）：87-104.

Yang J，Basile K，Letourneau O. 2020. The impact of social media platform selection on effectively communicating about corporate social responsibility[J]. Journal of Marketing Communications，26（1）：65-87.

Yu T Y，Sengul M，Lester R H. 2008. Misery loves company：the spread of negative impacts resulting from an organizational crisis[J]. Academy of Management Review，33（2）：452-472.

Zavyalova A，Pfarrer M D，Reger R K，et al. 2012. Managing the message：the effects of firm actions and industry spillovers on media coverage following wrongdoing[J]. Academy of Management Journal，55（5）：1079-1101.

Zhang J，Farris P W，Irvin J W，et al. 2010. Crafting integrated multichannel retailing strategies[J]. Journal of Interactive Marketing，24（2）：168-180.

Zheng K N，Zhang Z P，Song B. 2020. E-commerce logistics distribution mode in big-data context：a case analysis of JD. COM[J]. Industrial Marketing Management，86（1）：154-162.

第2章 惩罚还是激励？基于第三方 B2B 电子商务平台的研究

2.1 研究背景

随着计算机技术、互联网技术以及商业模式的快速发展，电子商务已经成为一个重要的产业。B2B 电子商务的规模也呈现出了指数级别的增长，越来越多的卖方企业与买方企业开始通过使用第三方 B2B 电子商务平台进行交易（Grewal et al.，2001，2010；Deng and Wang，2016；Li et al.，2018）。联合国贸易和发展会议公布的数据显示（UNCTAD，2017），全球电子商务的交易规模在 2015 年达到了 25.3 万亿美元，其中 B2C 电子商务的销售额刚超过 2.9 万亿美元，大约占全球总估计额的 10%，而 B2B 电子商务的销售额超过 22 万亿美元，是 B2C 电子商务销售额的近八倍。

在中国，伴随着国家"互联网 +"战略的提出，《电子商务"十三五"发展规划》的积极推动，产业互联网在各地纷纷落地，各种电子商务产业园区规模不断壮大。2015 年，中国（6170 亿美元）超越美国（6120 亿美元）成为全世界最大的 B2C 电子商务市场。但是，美国仍然是全世界最大的 B2B 电子商务市场，其销售额超过 6 万亿美元，远远超过排在第二名的日本（2.4 万亿美元），而中国排在世界第三，B2B 电子商务销售额大约为 1.4 万亿美元（UNCTAD，2017）。在 2015 年前 10 个最大的电子商务市场中，中国是唯一的发展中或转型经济体（UNCTAD，2017）。由此可见，电子商务在中国还具有巨大的发展潜力，尤其是 B2B 电子商务，其对经济的发展具有重要的推动作用。截至 2018 年，中国 B2B 电子商务的交易规模已经达到 22.5 万亿元人民币，同比增长 9.7%，而 B2B 电子商务的营收规模也已经达到 600 亿元人民币，同比增长 71.4%。

伴随着 B2B 电子商务的迅猛发展，第三方 B2B 电子商务平台也如雨后春笋般地大量出现。不同于传统的线下市场，第三方 B2B 电子商务平台是一个典型的双边市场（Grewal et al.，2010；Chakravarty et al.，2014；Fang et al.，2015）。在第三方 B2B 电子商务平台上一共包含了三个主体：平台企业、买家、卖家。其中，平台企业是一个交易中介，在吸引买家和卖家、管理买家和卖家关系、促进买家和卖家进行在线交易等方面发挥着重要的作用（Grewal et al.，2001，2010；Son and

Benbasat，2007；李小玲等，2014）。因此，平台企业有效地管理与卖家以及买家的关系对于提高第三方 B2B 电子商务平台的绩效就显得至关重要。

由于 B2B 电子商务和第三方 B2B 电子商务平台对经济具有重要的推动作用，越来越多的学者展开了相关研究。有部分研究从买家的视角，关注了影响买家使用第三方 B2B 电子商务平台进行交易的因素，如效率（Son and Benbasat，2007）、合法性（Chang and Wong，2010）、风险和收益（Rao et al.，2007）、技术因素和组织因素（Sila and Dobni，2012）。类似地，另外一些学者从卖家的视角关注了卖家在选择第三方 B2B 电子商务平台时所关注的因素，如技术（Voola et al.，2012）、成本（Cho and Tansuhaj，2013）、环境（Hamad et al.，2015）等。另外，有一部分学者也从平台企业的视角，探讨了平台企业的角色与作用。由于第三方 B2B 电子商务平台是双边市场，平台企业必须同时聚集众多卖家和买家，并促进它们之间进行交易才能够创造价值（Muzellec et al.，2015）。所以，学者重点关注了通过哪些手段或策略可以吸引买家或卖家加入平台，如平台制度（Pavlou，2002）、顾客导向（Chakravarty et al.，2014）、广告策略（Li et al.，2014）、营销策略（李小玲等，2014）。尽管这些研究成果十分丰富，对于管理平台和提升平台绩效都具有重要意义，但是较少有研究从平台企业的视角关注第三方 B2B 电子商务平台如何管理与卖家以及与买家的关系，并进而促进平台绩效的提高。

在现有的企业间关系管理研究中，学者主要关注了营销渠道中买卖双方之间的关系（Kim and Lee，2017）、供应链中供应商与制造商之间的关系（Chelariu et al.，2014）、战略联盟中合作伙伴之间的关系（Agarwal et al.，2010）、国际贸易中进口商与出口商之间的关系（Obadia et al.，2015）。这些研究主要探讨的是在传统线下环境中企业间的关系管理问题，同时大部分研究都是在企业与企业之间二元关系情境下展开的，较少有研究探索在第三方 B2B 电子商务平台上的企业间关系管理问题。第三方 B2B 电子商务平台作为双边市场需要同时聚集大量的卖家和买家（Fang et al.，2015），买家或卖家任何一方的缺失都会导致平台的失败（Cennamo and Santalo，2013）。所以，平台企业必须同时管理好与卖家以及与买家的关系。

交易成本理论是目前关注企业与企业之间关系管理问题最重要的理论之一（Rindfleisch and Heide，1997；Geyskens et al.，2006；Rindfleisch et al.，2010）。交易成本理论指出企业可以通过使用各种治理机制来管理与不同企业的关系，如合同（Zhou and Poppo，2010）、监督（Grewal et al.，2010）、社会规范（Cannon et al.，2000）、惩罚（Wang et al.，2013）、正式控制（Wallenburg and Schäffler，2014）、沟通（Crosno and Dahlstrom，2008）、社会控制（Lin et al.，2012）、激励（Kashyap et al.，2012）、信息共享（Sheng et al.，2018）等。其中，惩罚与激励作

为两种重要的治理机制在以往的研究中受到了广泛关注（Antia and Frazier，2001；Gilliland and Kim，2014；Chng et al.，2015；Kashyap and Murtha，2017；Li et al.，2018）。但是，较少有研究探讨惩罚与激励两种治理机制在第三方 B2B 电子商务平台上的作用。而且在第三方 B2B 电子商务平台的日常运营中，平台企业通常会惩罚卖家的违规行为，如延迟发货、隐藏信息、提供低质量的产品等。同时，平台企业也会对参与平台交易的企业（包括卖家和买家）进行激励。因此，在本章中我们将重点关注平台企业使用惩罚机制与激励机制的作用。

在第三方 B2B 电子商务平台对卖家的管理中，卖家的机会主义行为被认为是阻碍平台企业与卖家关系最主要的障碍（Crosno and Dahlstrom，2008；Grewal et al.，2010）。因为卖家对平台企业的机会主义行为不仅会直接降低平台绩效，同时也会破坏第三方 B2B 电子商务平台的声誉，使买家在平台上与卖家进行交易时感知到较高风险和不确定性（Pavlou et al.，2007），进而降低买家通过平台进行交易的意愿。另外，由于在线交易的性质，卖家掌握更多的信息优势，使得卖家的行为更难侦测和发现。所以，平台企业管理卖家对平台的机会主义行为不仅非常重要，同时也是一个十分艰巨的挑战。

在平台企业对买家的管理中，买家对平台的信任就变成了重中之重。信任在商业关系以及互联网交易中的关键作用已经得到了学者的一致认可（Pavlou，2002；Pavlou and Gefen，2004；Bart et al.，2005；Fang et al.，2014）。在没有形成足够信任的前提下，两个企业之间的交易是难以发生的（Pavlou and Gefen，2004；Poppo et al.，2016），尤其是对于在互联网交易环境中彼此并不熟悉和了解的卖家和买家之间。尽管买家并不是直接与平台企业进行交易，但是买家对平台企业的信任能够促进买家使用平台，并与平台上的卖家进行交易。这是因为买家对平台企业的信任可以通过信任传递机制促进买家建立对平台上卖家的信任（Chen et al.，2015），然后买家就会更愿意与平台上的卖家进行交易。因此，建立买家对平台企业的信任对于第三方 B2B 电子商务平台来说至关重要。

综上所述，本章将探讨在第三方 B2B 电子商务平台情境下，平台企业使用的惩罚机制和激励机制如何通过减少卖家对平台企业的机会主义行为、提升买家对平台企业的信任来提高平台绩效。

2.2　第三方 B2B 电子商务平台

2.2.1　第三方 B2B 电子商务平台的定义

第三方 B2B 电子商务平台作为中介为卖家和买家通过互联网进行交易创造了机会、提供了保障（Jap，2003），然而过往的研究对第三方 B2B 电子商务平台的定义并没有形成一致的观点。Segev 和 Beam（1999）把第三方 B2B 电子商务平台定义为一个保持中立的虚拟市场，并同时向买卖双方企业提供服务。Fortino 等（2004）认为第三方 B2B 电子商务平台是一种为卖家和买家提供高效物品或服务交易的渠道和商业模式。Hadaya（2006）则把第三方 B2B 电子商务平台定义为一个以互联网为基础，同时满足买卖双方交易需求，并提供价值增值服务的交易中介。Kwon 等（2009）认为第三方 B2B 电子商务平台是一个组织卖家与买家之间进行经济交易的虚拟市场。Grewal 等（2010）认为第三方 B2B 电子商务平台是一种管理卖家与买家企业之间关系，并保障和促进双方完成交易的治理方式。Matook（2013）认为第三方 B2B 电子商务平台是一个没有时空限制，同时促进买卖双方企业在产品、信息、服务等方面进行交易的虚拟中介。

从以上这些定义来看，第三方 B2B 电子商务平台主要具有以下几个方面的特点。第一，第三方 B2B 电子商务平台在整个交易过程中需要保持中立的立场，同时将卖家和买家的利益考虑在其治理范畴之内。第二，第三方 B2B 电子商务平台是一个以互联网技术为支撑的虚拟市场，在交易过程中买卖双方企业无须进行面对面的接触。第三，第三方 B2B 电子商务平台扮演着交易中介的重要角色，需要把众多卖家企业和买家企业聚集起来，并促成买卖双方通过平台完成交易。因此，本章认为第三方 B2B 电子商务平台是一个为卖家和买家提供服务，促成买卖双方进行交易，并保持中立的虚拟市场中介。

2.2.2　第三方 B2B 电子商务平台的功能

根据 Bakos（1998）的观点，传统市场与电子市场（包括第三方 B2B 电子商务平台）在经济体系中都有三个基本的功能。第一，将买卖双方聚集在一起；第二，促进信息、商品、服务的交换；第三，建立交易制度和规则以确保买卖双方的交易可以顺利地进行。在大多数情况下，市场扮演了前两个角色，而政府负责提供法律法规等制度上的保障。但是与传统市场相比，第三方 B2B 电子商务平台的功能更多样化（表 2-1），在管理卖家与买家交易的过程中发挥着重要作用。

表 2-1　第三方 B2B 电子商务平台的功能

功能	描述
创造与管理内容	创造原创内容
	提供和整合相关第三方的内容
	提供第三方的内容链接

续表

功能	描述
匹配买家与卖家	实施营销战略吸引潜在客户加入平台
	激励平台客户，使平台成为他们主要的销售或购买渠道
	设计询价的标准形式
	提供安全措施以防止黑客和病毒的入侵
	促进买家搜索卖家、卖家搜索买家
	开发和维护支付系统
管理机会主义行为	提供平台客户的交易历史
	对平台客户进行评价与排名
	执行规则
	惩罚违规客户
	确保客户会遵守合同
设计价格机制	制定竞价过程的规则
	维护并定期升级实时拍卖以及询价系统
提供附加服务	物流配送
	对平台客户的培训
	提供信用贷款
	提供保险以防止其他客户的不法行为

资料来源：Grewal 等（2010）

Rossignoli 等（2009）指出，第三方 B2B 电子商务平台已经从简单的交易型中介逐渐升级为战略型中介。最本质的区别体现在第三方 B2B 电子商务平台并不只是促成了买卖双方企业通过平台完成交易，更为重要的作用是改变了买卖双方交易的过程以及整个平台市场上参与者的结构。第三方 B2B 电子商务平台作为交易中介仅仅依靠降低买卖双方企业的交易成本并不能取得长期的竞争优势，因为拥有不同功能与目标的新平台会不断涌现出来以弥补市场结构上的不完整。所以，第三方 B2B 电子商务平台作为战略型中介会加速交易的过程、降低信息的不对称性，其关注的重点不应该只是价格，服务同样至关重要。换句话说，第三方 B2B 电子商务平台需要提高交易过程中的服务质量，为平台上的所有卖家和买家提供更多的服务与选择。

2.2.3　第三方 B2B 电子商务平台研究

第三方 B2B 电子商务平台由平台企业、卖家以及买家三个主体共同组成

（Chakravarty et al.，2014；Fang et al.，2015），所以学者一般从不同类型的企业视角出发对第三方 B2B 电子商务平台进行研究。

1. 买家视角研究

随着第三方 B2B 电子商务平台的快速崛起与不断发展，越来越多的买家逐渐意识到通过平台进行交易所带来的优势，第三方 B2B 电子商务平台已经成为一个重要的购买渠道（Mallapragada et al.，2015）。因此，许多学者从买家的视角探讨了哪些因素会对买家选择第三方 B2B 电子商务平台进行交易产生影响。Grewal 等（2001）以制度理论和交易成本理论为基础，关注了合法性动机与效率动机两方面的因素对买家使用第三方 B2B 电子商务平台进行交易的活跃程度（消极、探索和专家）的影响。随后，Son 和 Benbasat（2007）在此研究的基础上进一步细化了与买家的效率动机以及合法性动机有关的因素，研究结果发现无论是正在使用平台的买家还是可能使用平台的潜在买家，都更加重视使用第三方 B2B 电子商务平台进行交易所带来的效率提升。类似地，Chang 和 Wong（2010）也从合法性与效率两方面的因素进行分析，发现拥有电子化采购经验的买家会更愿意使用第三方 B2B 电子商务平台进行交易。

另外，有一些学者从风险-收益视角，探讨了买家为什么会通过第三方 B2B 电子商务平台进行交易。Rao 等（2007）指出期望收益会提高买家对第三方 B2B 平台的使用意愿，而感知的风险则会降低买家对第三方 B2B 电子商务平台的使用。类似地，Mishra 和 Agarwal（2010）的研究也发现威胁因素会减少买家使用第三方 B2B 电子商务平台进行采购的意愿，而收益因素可以促使买家更多使用平台进行采购。除了对风险与收益因素的探讨之外，一些学者也关注了环境、组织、技术等方面的影响。Sila 和 Dobni（2012）的研究指出，技术因素（网络可靠性、技术复杂性、技术成本、数据安全性以及可扩展性）、组织因素（合作者和竞争者的压力、高层管理的支持以及组织间的信任）、环境因素（环境复杂性、动态性以及敌对性）都是影响买家使用第三方 B2B 电子商务平台进行交易的重要因素。综合以上研究来看，驱动买家通过第三方 B2B 电子商务平台进行采购的主要原因是收益与效率的提升。

2. 卖家视角研究

在以卖家为研究对象的研究中，也有不少学者探索了影响卖家使用第三方 B2B 电子商务平台的因素。Saprikis 和 Vlachopoulou（2012）的研究认为企业内部、外部以及平台企业三个方面的因素都会影响卖家对第三方 B2B 电子商务平台的使用。类似地，Voola 等（2012）的研究发现，卖家的市场导向，以及所遇到的技术机会都可以促进卖家使用第三方 B2B 电子商务平台。Cho 和 Tansuhaj（2013）从交易成本的视角进行研究,发现搜寻成本、监控成本以及谈判成本的降低都会促使卖家更多地使用第三方 B2B 电子商务平台进行销售。Hamad 等(2015)的研究指出,环境、技术、组织三个方面的因素会影响卖家使用第三方 B2B 电子商务平台的程度,从初级到高级包括信息搜索、简单交易、复杂交易和电子合作四个层次。

另外,由于卖家需要在电子市场这种新的互联网环境中进行销售,因此有一些学者关注了卖家如何提高其在第三方 B2B 电子商务平台上的运营绩效。Lee 等(2010)关注了卖家从第三方 B2B 电子商务平台获取的市场知识如何提高其在平台上的绩效。Lanzolla 和 Frankort(2016)的研究指出,在第三方 B2B 电子商务平台上卖家的地理位置以及拥有的法律地位会影响买家联系卖家的可能性。Wang 等(2012)的研究指出市场机会、服务能力和组织能力都影响卖家在第三方 B2B 电子商务平台上的绩效。类似地,Wang 和 Cavusoglu(2015)也从能力的视角进行研究,发现卖家的 IT(information technology,信息技术)能力可以通过提升内容管理能力、柔性生产能力以及线上营销能力,并最终促进卖家在第三方 B2B 电子商务平台上绩效的提高。Kim(2014)对中国中小企业的研究指出,中小企业运用第三方 B2B 电子商务平台的能力会影响其出口营销能力,并进而影响中小企业出口绩效。综合以上这些研究来看,卖家需要拥有与第三方 B2B 电子商务平台紧密相关的知识与能力才可以在虚拟环境中的在线交易市场中更胜一筹,才能在平台上的经营中取得较高的绩效水平。

3. 买家与卖家互动视角

现有研究除了单独关注买家与卖家以外,也有少数研究者关注了在第三方 B2B 电子商务平台上买卖双方企业之间的关系。Chien 等(2012)的研究发现在第三方 B2B 电子商务平台上买卖双方企业之间的关系嵌入会促进买卖双方关系绩效的提升。类似地,Mallapragada 等(2015)的研究也探讨了在第三方 B2B 电子商务平台上卖家与买家的相互依赖对相互之间信任度与满意度的影响。虽然相关的研究还相对比较少,但是我们可以发现在第三方 B2B 电子商务平台上提升买卖双方企业之间的关系对于在线交易以及作为中介方的平台企业来说同样非常关键。

4. 平台企业视角研究

第三方 B2B 电子商务平台作为典型的双边市场,与传统市场最本质的区别就在于第三方 B2B 电子商务平台上除了卖家企业和买家企业以外,还有发挥着重要中介作用的平台企业(Grewal et al.,2010;Chakravarty et al.,2014;Fang et al.,2015)。平台企业只有把相互需要的卖家企业与买家企业聚集起来才能够实现价值创造(Muzellec et al.,2015)。所以平台企业面临着一个巨大的挑战:如何增进买家与卖家之间的信任，使它们都愿意通过第三方 B2B 电子商务平台进行交易。买家对卖家的信任主要来源于第三方 B2B 电子商务平台，由于买卖双方之间在互联网交易环境中较难直接建立信任，买家更多地希望平台企业可以通过设计有效的制度机制来保护自身利益免遭卖家侵害。Pavlou（2002）探讨了平台企业的制度如何影响买家对卖家的信任，研究结果显示包括平台监控、合作规范以及反馈机制都可以促进买家对卖家的信任，而第三方认证的作用并不显著。Grewal 等（2010）研究了平台企业的自我参与、社区氛围的建设以及监控三种治理机制在拥有不确定性的交易环境中的作用。通过使用不同的治理机制，平台企业可以规范买卖双方企业的行为，增进买卖双方之间的信任，降低交易的风险，最终促使买卖双方达成交易。另外，Kwak 等（2019）通过对阿里巴巴案例的分析指出，平台企业想要立于不败之地，需要建立市场合法性、关系合法性以及社会合法性。从上述研究来看，平台企业作为平台市场的管理者与组织者需要发挥好自己的监管作用，通过设计和使用治理机制来管理平台上的卖家和买家，获得市场和社会的认可，建立自己的合法性，从而促进平台绩效的提高。

平台企业不仅需要通过有效的制度设计和管理来保证卖家和买家能够公平地进行交易，同时还需要使用不同的策略来吸引买卖双方企业使用第三方 B2B 电子商务平台进行交易。Chakravarty 等（2014）将顾客导向运用到平台-买方-卖方的三边关系中，探讨了平台企业对卖家与买家顾客导向的不对称，以及平台企业总的顾客导向对平台绩效的影响。研究结果发现，平台企业总的顾客导向会提升平台绩效，顾客导向的不对称在顾客集中度更高时对平台绩效的影响更明显。Li 等（2014）关注了平台企业的广告策略对买卖双方企业的影响，研究结果发现平台企业的广告策略通过影响卖家更能够促进可持续竞争优势的提升。Fang 等（2015）的研究探索了平台企业激励不同类型的买家与卖家是如何吸引买卖双方并促进平台企业广告收入的增加的。类似地，李小玲等（2014）探讨了平台企业对卖家与买家使用的营销策略是如何吸引买卖双方并进而提升平台绩效的。

总的来说，关于平台企业的研究主要从以下两个方面展开。一是关于平台管理的研究，二是关于平台营销策略的研究。由于平台企业是双边市场区别于传统市场的最重要特征之一，对平台企业的研究也是第三方 B2B 电子商务平台研究领域不可或缺的重要组成部分。

5. 小结

第三方 B2B 电子商务平台迅速成长，对经济发展起到了重要的推动作用。虽然越来越多的学者已经开始关注第三方 B2B 电子商务平台，但是相关的理论研究还是相对较少，并且现有研究存在以下几个方面的不足。

首先，现有关于第三方 B2B 电子商务平台的研究对于平台企业如何管理与买卖双方企业的关系较少进行探讨。在第三方 B2B 电子商务平台上，平台企业作为独立的第三方需要有效地管理整个平台市场，只有促进卖家与买家之间通过平台进行交易才能获得收益（Grewal et al.，2010；Chakravarty et al.，2014）。所以，平台企业如何有效地管理与卖家和买家的关系就成为平台企业在管理实践中所关心的问题。然而，相关的理论研究还相对较少，而且关于平台企业如何管理与卖家和买家的关系的文章以定性分析为主（Chelariu and Sangtani，2009）。

其次，有关平台企业策略的相关研究还需进一步深化与丰富。对于平台企业而言，如何能够同时吸引卖家和买家，将买卖双方聚集在同一平台，使它们通过平台进行交易，这一直都是平台企业以及学术界所关心的问题。尽管现有研究对此问题有一定的探讨，关注了广告策略（Li et al.，2014）、顾客导向（Chakravarty et al.，2014）、搜索策略（Fang et al.，2015）等营销策略对卖家和买家的影响，但是相关问题仍需进一步深入研究。例如，平台企业所采用的营销策略对买卖双方企业的影响效果是否一样? 平台企业对买卖双方企业是否应该采取相同的营销策略?

最后，虽然第三方 B2B 电子商务平台上与卖家和买家相关的研究已经比较丰富了，但是在互联网这种新的交易环境中可能会有一些新的现象出现，如买卖双方企业的单归属或多归属问题。因此，对买卖双方企业的研究应该更多地关注在新的情境中所表现出来的新问题，这对了解第三方 B2B 电子商务平台的本质特征具有重要意义。

2.3　惩罚机制与激励机制

2.3.1　惩罚机制

惩罚是一种被广泛应用于经济（连洪泉等，2013）、信息安全（Xue et al.，2011）、市场营销（Wang et al.，2012；Mooi and Gilliland，2013；黄娜，2017）、组织管理（Butterfield et al.，1996；Podsakoff et al.，2006）等领域的治理机制。惩罚的目的是规范、否定、改变受罚者的行为，使受罚者的行为能够按照施罚者的预期与需求进行（Trevino，1992）。因此，在企业管理实践中，企业通常会使用惩罚机制来管理组织内部与员工的关系以及组织之间与其他企业的关系。

1. 惩罚机制的概念

惩罚是指施罚者通过使用负面手段或者减少正面措施来改变受罚者的行为

（Trevino，1992）。在组织管理内部员工的过程中，负面手段包括言语训诫、罚款、停职、解雇等，而减少正面措施包含取消特权、不加薪、延迟升职等（Arvey and Ivancevich，1980）。在企业管理与合作企业的关系时，负面手段包括罚款、起诉、终止合作关系，而减少正面措施则包含降低折扣、减少广告支持、减少培训等（Antia et al.，2006）。通过使用以上这些强化手段，施罚者可以向受罚者说明违反义务或者合同时所面临的严重后果，同时规范与纠正受罚者的不当行为，确保受罚者按照其意愿采取行动，从而使双方的合作关系可以继续保持。

在营销学研究中，惩罚一般包含了惩罚强度与惩罚速度两个维度（Antia et al.，2006）。但是，大部分学者在研究中并未严格地区分惩罚强度与惩罚速度，而是将二者视为同一个概念（Antia et al.，2006），即探究惩罚机制的作用时都是关注惩罚强度的作用。惩罚强度是指施罚者对于违反合同或规范的受罚者所采取的惩罚力度大小（Antia and Frazier，2001）。惩罚强度能够直接提高受罚者采取不当行为的成本，减少受罚者采取违规行为所获得的额外收益（Antia et al.，2006）。例如，施罚者可以提高受罚者在做出违反合同行为时所接受的罚款金额，起诉受罚者，或者终止与受罚者的合作关系。这些措施都可以增加受罚者采取不当行为的成本，迫使受罚者按合同或规范履行义务。因此，惩罚强度被认为是规范合作伙伴行为的重要治理机制（Kumar et al.，1998；Antia and Frazier，2001；Wang et al.，2012；张广玲和王凤玲，2018）。

在关于惩罚机制的研究中，以往大部分学者只关注了惩罚强度的作用。Gray等（1982）将速度作为一个重要的维度引入到惩罚机制的研究中。惩罚速度是指施罚者从发现违规行为到采取惩罚措施所花费的时间（Antia et al.，2006）。当施罚者快速地采取应对措施时，受罚者想通过不当行为获得额外收益的时间就会被缩短（Tedeschi and Lindskold，1976）。相反，如果施罚者迟迟未能对不良行为采取相应的措施，受罚者就会把握机会、继续利用这段时间持续获取高额的不正当收益。因此，延迟对受罚者的制裁和惩罚使得受罚者有更大的空间来调整自己的行为以避免或减少施罚者采取惩罚措施所带来的成本。此外，加快惩罚速度可以强化惩罚给受罚者带来的制裁与威慑效果（Antia et al.，2006）。所以，惩罚速度在纠正不当行为方面也同样发挥着重要作用。

2. 惩罚机制相关研究

惩罚作为一种管理企业间合作关系的重要治理机制受到了众多研究学者的关注（表2-2）。现有研究主要关注惩罚机制的两方面问题：第一，哪些因素会影响惩罚机制的使用；第二，惩罚机制是否能够起到威慑作用并有效地规范合作伙伴的不当行为。

表 2-2 惩罚机制研究总结

作者（时间）	研究情景	研究主体	研究理论	主要研究结论
Kumar 等（1998）	营销渠道	供应商-经销商	威慑理论、冲突理论、权力依赖理论	相互依赖的总和负向影响经销商的惩罚行为； 惩罚能力的总和正向影响经销商的惩罚行为； 相互依赖不对称对经销商惩罚行为的影响不显著； 经销商惩罚能力相对供应商惩罚能力更高时更有可能采取惩罚行为； 经销商在惩罚能力和依赖程度占优时，更可能采取惩罚行为回应供应商的惩罚行为
Kashyap 和 Murtha（2017）	特许经营	特许者-特许经销商	治理理论	惩罚强度正向影响敷衍顺从； 惩罚强度正向影响完美顺从
Zhao 等（2008）	供应链	制造商-顾客	权力-关系承诺理论	惩罚权力的使用会降低规范型关系承诺； 惩罚权力的使用会提高工具型关系承诺
Wang 等（2013）	营销渠道	制造商-分销商	社会学习理论、公平启发理论、社会网络理论	惩罚强度负向影响观察者分销商的机会主义行为； 受观察者分销商的网络嵌入性正向调节惩罚强度与观察者分销商机会主义行为之间的关系； 惩罚公平性正向影响观察者分销商的信任； 制造商监控能力正向调节惩罚公平性与观察者分销商信任之间的关系
Antia 和 Frazier（2001）	营销渠道		交易成本理论、社会交换理论、社会网络理论	专项投资正向影响惩罚强度； 环境波动性对惩罚强度影响不显著； 职责的重要性正向影响惩罚强度； 网络中心性负向影响惩罚强度； 网络密度负向影响惩罚强度； 相互依赖程度正向影响惩罚强度； 相互依赖不对称正向影响惩罚强度； 渠道成员相互关系负向影响惩罚强度
Antia 等（2006）	灰色市场	制造商-分销商	威慑理论	惩罚强度和惩罚速度不能减少灰色市场行为； 惩罚强度与监控能力的交互作用可以减少灰色市场行为； 惩罚强度、惩罚速度与监控能力的三项交互可以减少灰色市场行为
Wang 等（2012）	营销渠道	渠道成员之间	制度理论、信号理论	当营销渠道制度化程度较高时，企业对强势的渠道成员更有可能使用惩罚策略； 当营销渠道制度化程度较低时，企业对弱势的渠道成员更有可能使用惩罚策略
Ishida 和 Brown（2011）	特许经营	特许者-特许经销商	委托代理理论	惩罚强度负向影响双方的关系团结
Mooi 和 Gilliland（2013）	IT 交易	IT 购买企业-IT 服务提供企业	治理理论	惩罚相容时买家对问题解决的满意度比惩罚不相容时更高
Lee（2001）	营销渠道	IJV 供应商-分销商		供应商对分销商使用的惩罚权力会增加双方的冲突水平； 供应商对分销商使用的惩罚权力会降低双方的关系满意水平

续表

作者（时间）	研究情景	研究主体	研究理论	主要研究结论
Chen 等（2018）	建筑项目	建筑项目合作企业		合作企业之间以往的联结会降低惩罚机制的使用； 善意信任会降低惩罚机制的使用； 能力信任会降低惩罚机制的使用； 合作企业之间以往的联结会通过信任降低惩罚机制的使用
Zhuang 等（2014）	营销渠道	供应商–分销商	威慑理论、冲突螺旋理论	在权力不对称的渠道关系中，权力优势方对权力弱势方采取惩罚措施的可能性较低
Kumar 和 Sadarangani（2019）	营销渠道	供应商–分销商	权力理论	供应商惩罚权力会降低分销商信任； 供应商惩罚权力对分销商情感承诺影响不显著； 供应商惩罚权力会增加分销商对供应商的信任； 供应商惩罚权力对分销商环境应对能力的影响不显著
Quanji 等（2017）	建筑项目	建筑项目合作企业	交易成本理论	惩罚强度正向调节合同控制与义务性合作的关系； 惩罚强度正向调节合同协调性与义务性合作的关系； 惩罚强度对合同适应性与义务性合作关系的调节作用不显著； 惩罚强度负向调节合同控制与自愿性合作的关系； 惩罚强度负向调节合同协调性与自愿性合作的关系； 惩罚强度负向调节合同适应性与自愿性合作的关系
Yiu 等（2014）	企业财务欺诈	公司治理	社会学习理论	惩罚负向影响观察者企业的财务欺诈行为； 受罚企业的地位负向调节惩罚与观察者企业财务欺诈行为的关系； 观察者企业与受罚企业的相似性负向调节惩罚与观察者企业财务欺诈行为的关系； 法律成熟程度正向调节惩罚与观察者企业财务欺诈行为的关系
Xiao 等（2019b）	营销渠道	供应商–分销商	社会学习理论、社会网络理论	惩罚强度与观察者分销商机会主义行为之间呈倒"U"形关系； 观察者分销商的网络密度对惩罚强度与观察者分销商机会主义行为之间倒"U"形关系的调节作用不显著； 观察者分销商的网络中心性越高，惩罚强度与观察者分销商机会主义行为之间的倒"U"形关系越平坦； 观察者分销商对供应商的依赖程度越高，惩罚强度与观察者分销商机会主义行为之间的倒"U"形关系越平坦
Kashyap 等（2012）	特许经营	特许者–特许经销商	委托代理理论	惩罚强度对顺从行为的作用不显著； 惩罚强度与行为监控的交互作用会减少顺从行为； 惩罚强度与结果监控的交互作用会增加顺从行为； 惩罚强度对机会主义行为的作用不显著； 惩罚强度与行为监控的交互作用会增加机会主义行为； 惩罚强度与结果监控的交互作用对机会主义行为的影响不显著

注：IJV 表示 international joint venture，国际合资企业

　　Antia 和 Frazier（2001）对营销渠道关系的研究发现，渠道系统变量（包括专项投资、环境波动性、职责的重要性）、渠道网络相关的变量（网络中心性、网络

密度）、渠道成员之间的变量（相互依赖程度、相互依赖不对称、相互关系）都是影响渠道成员之间惩罚机制使用的重要因素。类似地，Wang 等（2012）也对渠道关系进行探究发现，当营销渠道制度化程度较高时，企业对强势的渠道成员更有可能使用惩罚策略；相反，当营销渠道制度化程度较低时，企业对弱势的渠道成员更有可能使用惩罚策略。Mooi 和 Gilliland（2013）的研究指出，合同中的交易保护条款、服务条款、特约担保条款都会促使企业采用惩罚机制。Zhuang 等（2014）的研究指出在权力不对称的渠道关系中，拥有权力优势的渠道成员认为权力弱势方对其进行攻击的可能性较低，所以权力强势方会减少使用惩罚措施；相反，权力弱势方由于担心受到权力强势方的报复，也会降低对权力强势方使用惩罚措施的可能性。Chen 等（2018）在对建筑承包关系进行研究时发现，合作企业间以往的联结会通过提升企业之间的能力信任与善意信任进而降低企业对惩罚机制的使用。

除了探究惩罚机制使用的前因以外，绝大多数的研究都关注了惩罚机制的使用效果。Antia 等（2006）对灰色市场行为的研究发现，惩罚强度与惩罚速度并不能直接减少分销商的不当行为，但是当企业提高监控能力时，惩罚强度与惩罚速度的威慑效果都会得到有效增强。Zhao 等（2008）对供应链情境下制造商与顾客关系的研究发现，顾客使用惩罚权力虽然会降低制造商的规范型关系承诺，但是却可以提高制造商的工具型承诺。Kashyap 等（2012）对特许经营关系的研究发现，惩罚对顺从行为和机会主义行为的影响不显著，但是惩罚与结果监控的交互作用可以增加顺从行为，而惩罚与过程监控的交互作用却会减少顺从行为并增加机会主义行为。Kashyap 和 Murtha（2017）进一步探究了特许者与特许经销商之间的关系，研究发现惩罚强度可以促进敷衍顺从和完美顺从。另外，Quanji 等（2017）探讨了惩罚机制的调节影响，研究结果指出惩罚强度正向调节合同控制、合同协调性与义务性合作的关系，负向调节合同控制、合同协调性、合同适应性与自愿性合作的关系。

在现有相关研究中，大部分学者直接探究了使用惩罚机制对受罚者的直接作用，但是也有一部分学者开始关注惩罚机制是否会对观察者产生影响。观察者是指与受罚者处在同一个环境中，能够大致清楚和了解受罚者被惩罚的前因和后果的企业。即便作为观察者的企业不能够知晓整个惩罚事件的每一个细节，但是它们也会对惩罚事件有基本的了解，从而利用从惩罚事件中获得的信息来改变自己接下来的行为（Trevino，1992）。所以，惩罚机制也会对观察者产生某种影响。惩罚对观察者的影响关注的是惩罚机制的溢出效应，也被称为观察者效应。Wang 等（2013）探讨了制造商惩罚分销商对其他观察者分销商的作用，研究结果显示惩罚强度会减少观察者分销商的机会主义行为，但是受惩罚分销商的网络嵌入性会正向调节惩罚强度对观察者分销商机会主义行为的影响；另外，惩罚公平性可以有效地提升观察者分销商的信任，而制造商的监控能力能够正向调节惩罚公平性与观察者分销商信任之间的关系。Yiu 等（2014）通过对中国上市公司的研究发现，中国证券监督管理委员会对违规企业采取的惩罚措施可以减少观察者企业的财务欺诈行为，受罚企业的地位以及观察者企业与受罚企业的相似性都会负向调节惩罚与观察者企业财务欺诈行为之间的关系，而法律成熟程度会正向调节惩罚与观察者企业财务欺诈行为之间的关系。Xiao 等（2019b）对供应商与分销商关系的研究指出，供应商使用的惩罚强度与观察者分销商机会主义行为之间呈倒"U"形关系，而且观察者分销商的网络中心性越高，惩罚强度与观察者分销商机会主义行为之间的倒"U"形关系越平坦；观察者分销商对供应商的依赖程度越高，惩罚强度与观察者分销商机会主义行为之间的倒"U"形关系越平坦。

3. 惩罚机制的研究小结

通过总结以上这些研究，我们可以发现惩罚机制作为一种重要的治理机制受到了学者的广泛关注，而且相关的研究也比较丰富，但是现有研究仍然存在一些不足之处。

首先，从研究情境来看，大部分研究关注了惩罚机制在传统线下环境中二元企业关系间的作用效果，如供应商/制造商与经销商（Kumar et al.，1998；Wang et al.，2013）、特许者与特许经销商（Ishida and Brown，2011；Kashyap et al.，2012）、买家与卖家（Mooi and Gilliland，2013）。随着相关研究的不断发展，一些学者开始关注惩罚机制针对观察者的溢出效应（Eriksson et al.，2017）。尽管这些研究非常重要，但是较少有研究探讨惩罚机制在线上环境中的作用机制与影响效果。特别是在第三方 B2B 电子商务平台情境下，平台企业需要同时管理与卖家和买家的关系（Grewal et al.，2010）。因此，弄清楚第三方 B2B 电子商务平台企业对卖家使用的惩罚机制是如何影响卖家以及买家的就显得至关重要。

其次，从惩罚机制的效果来看，现有文献指出惩罚通过增加受罚者的成本，减少受罚者采取不当行为获得的收益，使受罚者采取不当行为的可能性降低（黄娜，2017）。但是，我们发现关于惩罚机制使用效果的研究结论并不完全一致。Wang 等（2013）发现惩罚强度负向影响观察者分销商的机会主义行为。Antia 等（2006）却发现惩罚强度与惩罚速度并不能直接有效地减少分销商的灰色市场行为。Ishida 和 Brown（2011）发现惩罚强度反而会破坏合作双方的关系团结。Xiao 等（2019b）也指出供应商使用的惩罚强度与观察者分销商机会主义行为之间呈倒"U"形关系。所以，现有研究并不能清晰一致地解释惩罚机制的使用效果，还需要进一步深入探讨惩罚机制发挥作用的内在机理。

最后，从惩罚机制的内涵与维度来看，大部分现有研究认为惩罚与惩罚强度代表同一概念（Antia et al.，2006），并没有深入细致地划分惩罚机制的不同维度，也较少探究不同维度的作用差异。这使得现有的研究忽略了惩罚机制的丰富内涵，缺乏对惩罚速度等其他维度的探讨。另外，这也有可能是导致惩罚机制作用效果不一致的一个重要原因。因此，同时考虑惩罚机制不同维度的作用，并区分不同维度之间的差异就变得十分有必要。

2.3.2　激励机制

激励作为一种重要的治理机制在众多研究领域，如经济（Holmstrom and Milgrom，1994；Frey and Oberholzer-Gee，1997；陈其安等，2018）、市场营销（Raju et al.，2010）、组织管理（Baker，2002；Barney and Hansen，1994；刘智强等，2018）、社会学（Deci et al.，1999；James，2005）、信息系统（Burtch et al.，2017；秦芬和李扬，2018）等，都受到了广泛的关注。在市场营销领域中，企业使用激励的目的不仅仅是促使客户或合作伙伴按照事先约定的合同或协议办事（Murry and Heide，1998），同时也是吸引和促进客户使用自己的产品或服务（Anderson et al.，1987；Li et al.，2018）。因此，在企业管理实践中，激励机制经常被用来管理企业之间的关系（Gilliland，2003）。

1. 激励机制的概念

激励一般是指通过经济或非经济手段来影响人们的态度与行为（Deci et al.，1999；Baker，2002）。以往的研究认为激励是管理企业间关系与交易的重要手段（Gilliland，2004；Agarwal et al.，2010）。在营销渠道的研究中，激励被定义为供应商为了促进分销商支持供应商的计划而采取的行为或政策（Gilliland，2003）。激励的核心要义在于供应商提供的激励能够补偿或匹配分销商的付出与努力程度（Zenger and Marshall，2000）。供应商激励补偿分销商的形式包括销售折扣、返现、广告支持、技术支持、培训、销售红利、提供销售信息等（Gilliland and Bello，2001；Gilliland，2003）。由于供应商激励是直接与分销商绩效表现相关的，因此供应商的激励不仅可以推动分销商采取期望的行为（Williamson，1991），同时也能够阻止分销商为了短期利益采取不当行为（Kumar et al.，2011）。而在 B2B 电子商务平台情境中，平台企业同时与卖家、买家存在合作关系，因此我们把平台激励定义为平台企业为了能够鼓励或改变卖（买）方企业在平台上的态度或行为而采取的激励补偿措施（Zhang et al.，2012；Li et al.，2018）。

无论是何种形式的激励方式，激励机制的影响都可以从经济视角和心理视角进行解读。交易成本理论、委托代理理论以及产业经济学都认为激励是一种经济机制，通过使委托人和代理人的目标一致来调整代理人的行为（Williamson，1991；Gilliland and Kim，2014）。但是，经济视角并没有关注激励是如何影响代理人的行为动机的。从心理视角来看，激励会影响代理人的内在动机或外在动机，如果激励无法有效地促进代理人的内在动机提高，代理人可能将这种激励视为一种操控并对委托人采取报复行为（Gilliland and Kim，2014）。在营销学领域，学者整合经济与心理两种视角，认为激励是一种控制和影响渠道成员态度与行为的机制（Gilliland and Bello，2001；Gilliland，2003），通过经济或非经济的方式促使供应商与分销商之间的关系变得更加紧密（Gundlach and Cadotte，1994）。因此，我们认为在 B2B 电子商务平台情境下，激励是平台企业管理与卖家、买家之间关系的重要治理机制。

2. 激励机制的相关研究

对于激励机制而言，一些学者进行了大量的研究（表 2-3），主要的研究焦点是使用激励机制的效果。无论是何种激励方式，学者重点关注的都是激励是否能够有效地改变态度与行为，并带来绩效的提升。Gilliland 和 Bello（2001）在对制造商与分销商关系的研究中发现，激励机制可以促进经济绩效的提高。类似地，Agarwal 等（2010）也发现在联盟关系中激励机制的使用能够提高联盟获得成功的可能性。Gilliland 和 Kim（2014）发现供应商激励对分销商的顺从行为并没有显著影响，而且激励反而会降低分销商的代理强度。另外，Chelariu 等（2014）发现在供应链关系中，激励并不能有效地协调买卖双方的关系，反而会加剧双方的冲突水平。Kumar 和 Sadarangani（2019）对营销渠道中供应商与分销商之间的关系研究发现，供应商使用奖励权力可以提升分销商对供应商的信任与依赖，但是对分销商的情感承诺和环境应对能力都没有显著影响。Maestrini 等（2018）对上游供应商与下游企业关系的研究指出，下游企业对上游供应商的激励可以提高上游供应商的运营绩效，提升上游供应商与下游企业之间的目标一致性，但是也会增加上游供应商的机会主义行为。

表 2-3　激励机制研究总结

作者（时间）	研究情境	研究主体	研究理论	主要研究结论
Maestrini 等（2018）	供应链	上游供应商-下游企业	委托代理理论	激励可以直接提高供应商运营绩效； 激励可以提高企业与供应商之间的目标一致性； 激励会增加供应商的机会主义行为
Gilliland 和 Bello（2001）	营销渠道	制造商-分销商	治理理论	基础性激励正向影响经济绩效； 公平性激励正向影响经济绩效
Chng 等（2015）	企业绩效衰退期	企业经理	管理补偿理论	激励正向调节绩效衰退与营销战略过程全面性之间的关系； 激励正向调节绩效衰退与决策时间之间的关系； 激励对绩效衰退与短期营销决策之间的关系不起调节作用； 激励正向调节绩效衰退与战略性变化之间的关系； 激励正向调节绩效衰退与风险投资之间的关系

续表

作者（时间）	研究情境	研究主体	研究理论	主要研究结论
Obadia 等（2015）	国际营销渠道	出口商-外国分销商	动机理论	低权力的激励正向影响关系质量； 低权力的激励正向影响外国分销商专项投资； 出口商监督对激励与关系质量之间关系的调节作用不显著； 出口商监督负向调节激励与外国分销商专项投资之间的关系
Chang（2017）	营销渠道	供应商-分销商	资源基础观、委托代理理论	经济激励与任务参与的交互作用不影响新产品知识获取； 经济激励与联合制订计划的交互作用正向影响新产品知识获取； 经济激励与任务参与的交互作用负向影响终端客户知识获取； 经济激励与联合制订计划的交互作用正向影响终端客户知识获取
Li 等（2018）	B2B 电子商务平台社区	平台参与者	交易成本理论	平台企业激励正向影响平台参与者的社区参与行为； 卖家激励正向影响平台参与者的社区参与行为； 当卖家不确定性较高时，平台企业激励比卖家激励更有效； 当买家不确定性较高时，卖家激励比平台企业激励更有效
Gilliland 和 Kim（2014）	营销渠道	供应商-分销商	委托代理理论、现代管家理论	激励对顺从行为的作用不显著； 激励负向影响代理强度； 行业波动性正向调节激励与顺从行为之间的关系； 行业波动性负向调节激励与代理强度之间的关系； 代理人依赖性正向调节激励与顺从行为之间的关系； 代理人依赖性负向调节激励与代理强度之间的关系
Kim 和 Lee（2017）	营销渠道	供应商-分销商		激励强度与监控的交互作用正向影响顺从行为； 激励强度与监控的交互作用不影响机会主义行为； 激励及时性与监控的交互作用负向影响顺从行为； 激励及时性与监控的交互作用正向影响机会主义行为； 激励强度与变通性的交互作用负向影响顺从行为； 激励强度与变通性的交互作用正向影响机会主义行为； 激励及时性与变通性的交互作用正向影响顺从行为； 激励及时性与变通性的交互作用负向影响机会主义行为
Liu 等（2015）	供应链	供应商-制造商	权力-信任理论	奖励权力对能力信任影响不显著； 奖励权力对善意信任影响不显著； 奖励权力对合同信任影响不显著
Zhang 和 Wang（2019）	P2P 平台	政府-P2P 平台	博弈论	政府对 P2P 平台的激励虽然增加成本，但却不一定降低政府治理的效果； 政府应该首先激励绩效较好的 P2P 平台
Zhao 等（2008）	供应链	制造商-顾客	权力-关系承诺理论	奖励权力的使用会提高规范型关系承诺； 奖励权力的使用会提高工具型关系承诺
Kashyap 等（2012）	特许经营	特许者-特许经销商	委托代理理论	激励正向影响过程监控； 激励正向影响结果监控
Davis 和 Hyndman（2018）	供应链	供应商-分销商		关系激励可以提高产品质量和供应链效率； 在关系激励存在的前提下，低效的金钱激励会挤出关系激励的作用，导致供应链效率降低；高效的金钱激励会与关系激励形成互补效应，促进产品质量和供应链效率提升

作者（时间）	研究情境	研究主体	研究理论	主要研究结论
Kumar 和 Sadarangani（2019）	营销渠道	供应商-分销商	权力理论	供应商奖励权力可以提升分销商信任； 供应商奖励权力对情感承诺的影响不显著； 供应商奖励权力会提高分销商的依赖程度； 供应商奖励权力对分销商环境应对能力的影响不显著
Chelariu 等（2014）	供应链	买方-卖方	制度理论	激励对协调的作用不显著； 激励正向影响冲突
Agarwal 等（2010）	战略联盟	联盟合作伙伴	产权理论	经济激励正向影响联盟成功； 沟通正向调节经济激励与联盟成功之间的关系
Wang 等（2019）	项目管理	项目合作伙伴	交易成本理论、社会交换理论	激励正向调节资产专用性与关系质量之间的关系； 激励正向调节不确定性与关系质量之间的关系； 激励正向调节善意信任与关系质量之间的关系； 激励在能力信任与关系质量之间的调节作用不显著； 激励正向调节依赖与关系质量之间的关系； 激励在关系质量与项目成功之间的调节作用不显著

注：P2P 表示 peer-to-peer，点对点

　　除了探讨激励机制的直接作用以外，有一些研究也关注了激励机制的调节作用。Chng 等（2015）探究了在企业绩效进入衰退时期企业激励是如何影响经理人的营销战略决策的，研究结果显示，激励正向调节绩效衰退与营销战略过程全面性之间的关系，正向调节绩效衰退与决策时间之间的关系，正向调节绩效衰退与战略性变化之间的关系，正向调节绩效衰退与风险投资之间的关系。Chang（2017）对渠道关系的研究发现，经济激励正向调节联合制订计划与新产品知识获取之间的关系，正向调节联合制订计划与终端客户知识获取之间的关系，但是负向调节任务参与和终端客户知识获取之间的关系。Wang 等（2019）对建筑项目合作关系的研究指出，激励机制可以正向调节资产专用性与关系质量之间的关系，正向调节不确定性与关系质量之间的关系，正向调节善意信任与关系质量之间的关系，正向调节依赖与关系质量之间的关系。

　　另外，随着互联网技术的发展，越来越多的消费者开始使用线上渠道，企业也越来越重视对线上渠道的开发与管理。因此，许多学者也关注了激励机制在互联网渠道中的作用效果。Burtch 等（2017）的研究指出经济激励可以提高网络社区成员的评论数量，但是会降低网络社区成员每条评论的长度。Sun 等（2017）对在线评论社区的研究发现，激励会降低社区成员的评论意愿，而社区成员的社会联结会强化激励与社区成员评论意愿的关系。Li 等（2018）对 B2B 电子商务平台社区的研究发现，平台企业激励与卖家激励都可以促进所有商家的社区参与行为的增加；当卖家不确定性较高时，平台企业激励比卖家激励更有效；当买家不确定性较高时，卖家激励比平台企业激励更有效。Riazati 等（2019）通过数学分

析模型对电子商务平台的研究指出，平台企业可以通过调整市场费率或佣金支付比率来激励卖方提高诚信水平。

3. 激励机制的研究小结

虽然激励机制的效果受到了非常多研究者的关注，但是现有研究依然存在一些不足之处。第一，从研究情境来看，现有研究探讨了激励机制在营销渠道、供应链、战略联盟、网络社区等情境中的作用。然而，我们发现这些研究大部分都只是关注了激励机制在二元关系中的作用。正是由于以往关于激励机制的研究大多在二元关系中展开，所以对于激励对象的关注一般都围绕某一类主体，如分销商（Kumar and Sadarangani，2019）、供应商（Maestrini et al.，2018）或特许经销商（Kashyap et al.，2012）等。因此，现有研究也无法解释激励机制针对不同的激励对象时所发挥的作用差异。第三方 B2B 电子商务平台是一个双边市场（Fang et al.，2015），发挥重要中介作用的平台企业需要同时管理卖家和买家，所以平台企业可以同时利用激励机制来激励卖家与买家以达到管理目的。然而，现有研究并没有明确地探讨第三方 B2B 电子商务平台企业使用的激励机制对卖家以及买家的影响效果。因此，有必要深入探究平台企业使用的激励机制针对不同客户群的不同作用。

第二，从激励机制的治理效果来看，现有研究并未取得一致的研究结论。尽管现有研究认为激励可以降低风险以及对未来收入不确定性的感知（Chelariu et al.，2014），但是我们发现激励机制并不总是能够达到预期的效果。Kim 和 Lee（2017）就发现供应商对分销商的激励对分销商的顺从和机会主义行为都没有显著的影响。部分学者也认为激励不是一种有效的治理机制（Akerlof and Kranton，2005），有时候甚至会增加机会主义行为而不是顺从行为（Gibbons，1998）。有的学者也指出，激励有时候反而会降低人们采取行动的动机（Ryan and Deci，2000；Reimer and Benkenstein，2016）。Burtch 等（2017）的研究发现激励虽然使社区成员更愿意发表评论，但是每一条评论的长度和质量反而下降了。因此，虽然激励机制已经受到了广泛的关注，但是其作用效果仍然有待进一步考察，特别是在第三方 B2B 电子商务平台这种全新的研究情境中。

2.4　机会主义行为与信任

2.4.1　机会主义行为

机会主义行为在企业与企业之间关系的各领域研究中已经得到了广泛的关注（Um and Kim，2018），包括营销渠道（Luo et al.，2009；Zhu et al.，2017；

张钰等，2015）、供应链（Huo et al.，2018，Liu et al.，2009）、服务外包（Handley and Benton，2012；Handley and Angst，2015）等。机会主义行为的存在，使得企业之间交易的难度增加、交易成本上升，经济活动的效率降低（Williamson，1975）。因此，如何能够有效地抑制合作伙伴的机会主义行为一直是学者关注的重点研究问题。交易成本理论重点关注了企业应该如何设计和选择合适的治理机制来减少机会主义行为。

1. 机会主义行为的概念

Williamson（1985）把机会主义行为定义为"通过狡诈的手段寻求自身利益的行为"。通过这些狡诈的手段，包括提供不完整或有偏差的信息、扭曲正确的信息、欺骗等，企业可以误导和迷惑合作伙伴（Williamson，1985；Crosno and Dahlstrom，2008）。在现有研究中，机会主义行为主要表现为瞒报信息、不遵守合同规定、逃避职责和义务、不履行承诺、搭顺风车、灰色营销、泄露商业机密等（Heide et al.，2007；曾伏娥和陈莹，2015）。总的来说，机会主义行为反映了违背正式契约和社会契约的一系列行为（Wathne and Heide，2000）。

在对机会主义行为的研究中，有一些学者对其进行了分类。Luo（2006）将机会主义行为分为强机会主义（strong opportunism）行为和弱机会主义（weak opportunism）行为。强机会主义行为主要是指违反明确合同条款、规定的行为。弱机会主义行为主要是指违背那些没有明确在合同中规定，但是嵌入在合作关系中的关系规范的行为。Wang 和 Yang（2013）将机会主义行为分为客观机会主义（objective opportunism）行为和感知机会主义（perceived opportunism）行为。客观机会主义行为是指偏离企业之间合同明确规定的行为。主观机会主义行为是指偏离双方规范的行为。此外，Seggie 等（2013）根据企业是蓄意为之，还是忽视逃避，将机会主义行为分为积极机会主义（active opportunism）行为和消极机会主义（passive opportunism）行为。积极机会主义行为是指企业为了自身利益蓄意采取违背明确或隐含规定的行为。消极机会主义行为是指企业为了自身利益逃避自身义务或者拒绝适应新的环境。虽然有不少研究对机会主义行为进行了分类，但是绝大多数研究还是把机会主义行为看成一个整体概念进行分析（Rokkan et al.，2003；Sheng et al.，2018；Trada and Goyal，2017）。所以，本章也将采用以往研究的惯用做法将机会主义行为作为一个统一的整体概念进行探究。

2. 机会主义行为的前因

总的来说，影响企业机会主义行为的因素多种多样，大体上可以分为两大类：外部不确定性和内部不确定性（Luo，2006）。不确定性会增加企业对未来风险的预期，降低企业对未来收益的期望。所以，当企业面对较高的内外部不确定性时，采取机会主义行为的可能性就会提高。因为，在不确定性较高的情况下，每个企业所掌握的信息有限，导致对合作伙伴缺乏信心，都会认为自己的合作伙伴会拒绝率先投入所需要的资源，而对自己采取机会主义行为，所以双方之间合作的可能性降低，发生机会主义行为的可能性上升（Luo，2006；庄贵军和刘宇，2010；张闯和徐佳，2018）。

外部不确定性主要涉及与外部环境相关的因素，如环境的不确定性，包括行业结构不稳定性、市场波动性、信息不可验证性、法律不健全性、规则的变动性（Luo，2006）。因为，随着环境的快速变化，企业采取机会主义行为的可能性也在上升（Wu et al.，2007）。Lee（1998）对进出口企业联盟关系的研究发现，不确定性、进出口企业之间的文化距离以及经济差距都会增加机会主义行为的可能性。Skarmeas 等（2002）对跨国企业合作的研究发现，环境波动性和文化敏感性都会促进机会主义行为的增加。Luo（2007）对中外合资企业的研究发现，信息不可验证性和法律不健全性会增加机会主义行为，而行业结构不稳定性对机会主义行为的影响不显著。Crosno 和 Dahlstrom（2008）对企业交易关系中的机会主义行为进行了元分析，结果指出市场不确定性会增加合作伙伴的机会主义行为，但是其作用在单个行业的研究中比在多个行业的研究中更大。Wang 等（2013）的研究发现，合作伙伴的行为不确定性会增加企业采取机会主义行为的可能性。类似地，Huo 等（2018）对第三方物流服务企业的研究指出，供应不确定性则会增加机会主义行为。Um 和 Kim（2018）对新产品开发项目的研究发现，产品复杂性、技术先进性、任务相互依赖性会提高新产品开发项目的复杂度，从而增加合作伙伴采取机会主义行为的可能性。张闯和徐佳（2018）通过对营销渠道中机会主义行为的综述指出，市场不确定性增加了渠道双方预测未来的难度，不利于双方合同的签订，从而增加了渠道成员双方采取机会主义行为的可能性。

内部不确定性反映了合作伙伴之间双边关系的不稳定性，主要体现在双方之间交易规则、标准、正式的结构、冲突、联盟文化等的变化程度上（Luo，2006）。内部不确定性主要是企业双方之间在目标、资源、文化、谈判权力等方面不稳定的相互依赖关系所导致的。所以，企业双方之间的因素如规范、目标、资源等也会影响企业的机会主义行为（Williamson，1985）。

Joshi 和 Arnold（1997）的研究发现处于依赖劣势的分销商由于希望与占据依赖优势的制造商进行长期合作，因此会减少其机会主义行为。Villena 和 Craighead（2017）在研究不对称的买家与供应商关系时发现，当买家相比供应商拥有规模优势时，供应商感知到买家的机会主义行为会增加，而买家感知到供应商的机会主义行为会减少；当买家相比供应商拥有更多的社会资本时，供应商感知到买家的机会主义行为也会增加；当供应商相比买家拥有更多的社会资本时，供应商感知到买家的机会主义行为会减少，而买家感知到供应商的机会主义行为会增加。

Rokkan 等（2003）认为企业之间形成的社会规范有助于合作双方关注共同的利益，因此可以限制机会主义行为。Wang 和 Yang（2013）通过元分析指出，企业之间的沟通、关系规范、文化敏感性以及目标一致性都可以减少机会主义行为，而相对的依赖性却会增加机会主义行为。Liu 等（2009）对供应商与采购商关系的研究也进一步证实关系规范可以有效地抑制机会主义行为。Wang 等（2013）对买方与供应商关系的研究指出，双方之间共同的价值观与社会互动都可以有效地减少机会主义行为。类似地，李苗等（2013）的研究指出，渠道成员之间通过共同制订计划和共同解决问题也能有效抑制机会主义行为。Wong 等（2005）的研究发现当合作伙伴与企业目标越一致，企业越不可能采取机会主义行为。类似地，Crosno 和 Dahlstrom（2008）指出企业之间的沟通可以降低双方之间的信息不对称性、促进双方之间的目标一致性的增加，进而减少合作伙伴之间的机会主义行为。张闯等（2012）对家具行业渠道关系的研究指出，程序公平和分配公平可以显著地降低渠道伙伴的机会主义行为。

3. 机会主义行为的影响

尽管在短期内，采取机会主义行为的一方可能获得一定的额外收益，但是从长期来看机会主义行为会阻碍价值创造，使双方从关系中所获得的收益减少（Wathne and Heide，2000；Crosno and Dahlstrom，2010；Hawkins et al.，2009）。因此，无论最终的表现形式是什么样的，机会主义行为都会给企业之间的合作与绩效带来严重的负面影响（Wathne and Heide，2000；Luo，2006；Hawkins et al.，2008；Crosno and Dahlstrom，2008；张闯和徐佳，2018）。首先，机会主义行为会增加交易成本，因为寻求自身利益的隐秘行为很难被发现和证实（Luo，2006）。当企业感知到合作伙伴采取机会主义行为的风险较高时，就需要投入额外的资源与精力去监控、扫描、分析合作伙伴的行为（Dahlstrom and Nygaard，1999）。其次，机会主义行为追求短期自我利益的最大化，激化了合作企业之间的冲突，破坏了双方合作的基础（Luo，2006；Wang and Yang，2013）。最后，机会主义行为阻碍了合作伙伴之间长期互利互惠关系的发展（Luo，2006）。

大量的实证研究也已经证实机会主义行为的确会导致各种负面结果。Wathne 和 Heide（2000）指出机会主义行为最初也许会增加采取机会主义行为一方的收益，但是却阻碍了双方共同的价值创造，降低了双方从合作关系中所获得的收益。Luo（2007）的研究发现，机会主义行为会降低企业不同类型的绩效，包括财务收入、销售增长以及整体满意度。Luo 等（2009）对营销渠道的研究也发现机会主义行为会降低买卖双方之间的双边绩效。Wang 等（2013）的研究指出，机会主义行为不仅会减少企业的营业收入，同时还会增加交易成本。随后，Trada 和 Goyal（2017）的研究也发现，机会主义行为会降低关系绩效，提高治理成本。Wang 和

Yang（2013）通过元分析指出，机会主义行为会降低企业绩效、满意度、承诺、信任，同时也会提高企业的成本。所以，机会主义行为对企业之间合作关系的危害是十分明显的，而如何管理机会主义行为就成为学界与业界共同关注的重要问题。

4. 机会主义行为的治理

从现有关于机会主义行为的研究来看，大多数学者都在关注如何有效地使用治理机制减少机会主义行为（表 2-4）。治理机制大致可以分为经济型治理机制和社会型治理机制（Luo，2006）。经济型治理机制主要是通过明确的规定、条款等来治理机会主义行为，主要包括合同、惩罚、监督、控制等。社会型治理机制主要是通过在合作伙伴之间建立共同的价值观、创造和谐的关系等来治理机会主义行为，主要包括关系规范、社会互动、关系治理、公平、沟通等。大量的研究探讨了不同的治理机制在不同的情境下对机会主义行为的作用。

表 2-4　机会主义行为治理研究总结

作者（时间）	研究情境	研究主体	治理机制
Handley 等（2019）	服务外包	买家-供应商	调节权力（+）； 非调节权力（−）
Wang 等（2013）	营销渠道	供应商-制造商	社会互动（−）； 信任（−）； 共同的价值观（−）
Luo 等（2009）	营销渠道	制造商-分销商	关系专项投资（−）
Zhu 等（2017）	营销渠道	供应商-分销商	商业联结（−）； 政治联结（−）
Handley 和 Angst（2015）	离岸外包	买家-供应商	合同治理（−）； 关系治理（−）
Dahlstrom 和 Nygaard（1999）	特许经营	特许者-特许经销商	企业间合作（−）； 正式化（−）
Nunlee（2005）	营销渠道	渠道成员	沟通（−）
Handley 和 Benton（2012）	外包	买家-供应商	调节权力（+）； 非调节权力（−）
Yang 等（2018）	供应链	买家-供应商	专项投资（n.s.）； 法律保护（−）； 关系（−）
Wang 等（2016）	国际供应链	国际买家-本地供应商	合同（−）； 信任（−）
Liu 等（2009）	供应链	制造商-分销商	合同（−）； 专项投资（−）； 信任（−）； 关系规范（−）

作者（时间）	研究情境	研究主体	治理机制
Sheng 等（2018）	营销渠道	买家-供应商	合同治理（-）； 关系治理（-）
Heide 等（2007）	营销渠道	买家-供应商	结果监控（-）； 行为监控（+）
Zhou 和 Xu（2012）	外包	国际买家-本地供应商	合同（n.s.）； 集权控制（+）； 关系治理（-）
Yang 等（2017）	营销渠道	制造商-分销商	合同完备性（n.s.）； 合同强制性（-）； 关系规范（-）

注："+"代表正向作用，"-"代表负向作用，"n.s."代表作用不显著

　　Handley 和 Benton（2012）对外包关系的研究发现，外包服务提供商使用调节权力会增加买方的机会主义行为，而使用非调节权力会减少买方的机会主义行为。Zhou 和 Xu（2012）探讨了外国企业如何管理本地供应商的机会主义行为，研究结果显示详尽的合同对机会主义行为的影响不显著，集权控制会增加机会主义行为，而关系治理可以有效地减少机会主义行为。Sheng 等（2018）对渠道关系的研究发现，合同治理和关系治理都可以减少机会主义行为，而政府支持会增强合同治理的作用，减弱关系治理的作用。Nunlee（2005）发现渠道成员之间的沟通可以有效地减少机会主义行为。Yang 等（2018）在供应链情境下的研究指出，法律保护和双方关系都可以有效地抑制买家的机会主义行为。Yang 等（2017）对制造商与分销商关系的研究指出，合同完备性对机会主义行为的影响不显著，而合同强制性和关系规范则可以减少机会主义行为；另外，关系规范可以强化合同强制性的作用，但是对合同完备性与机会主义行为的关系则没有显著的调节作用。Liu 等（2009）对供应链关系的研究发现，合同、专项投资、信任、关系规范都可以有效地治理机会主义行为，而且合同与专项投资对机会主义行为的抑制作用比信任和关系规范的抑制作用更大。Heide 等（2007）探究营销渠道中买家与供应商的关系发现，结果监控可以减少机会主义行为，行为监控会增加机会主义行为，而社会契约会增强结果监控的作用，减弱行为监控的作用。Huo 等（2019）对买家与供应商关系的研究发现，买家使用强制权力会增加买家和供应商的机会主义行为，买家使用非强制权力会减少买家和供应商的机会主义行为；而供应商使用强制权力也会增加买家和供应商的机会主义行为，供应商使用非强制权力则对买家和供应商的机会主义行为没有显著影响。张闯和徐佳（2018）对关于渠道关系中机会主义行为的研究进行综述发现，影响策略、契约治理与关系治理对机会主义行为的作用并不是一成不变的，而是受到某些情境因素的影响。

5. 机会主义行为的研究小结

从现有研究来看，关于机会主义行为的研究主要分为三个方向，一是关注导致机会主义行为的原因或前因；二是机会主义行为的影响；三是如何有效治理机会主义行为（图 2-1）。各个研究领域（包括营销渠道、供应链、服务外包）的学者对机会主义行为的探究已经比较丰富了。而且，现有研究已经形成了普遍统一的认识，即机会主义行为会阻碍企业与企业之间的合作，破坏企业之间的价值创造与长期利益（Luo，2006；Wang and Yang，2013；Wathne and Heide，2000；Hawkins et al.，2008；Crosno and Dahlstrom，2008）。因此，如何治理机会主义行为就成为企业和学者重点关注的问题。

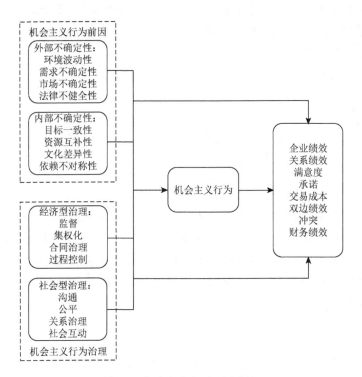

图 2-1　机会主义行为研究框架

以往关于机会主义行为治理的研究已经取得了丰硕的成果，但是现有相关研究依然存在一些不足之处。首先，现有研究探讨了合同、权力、关系规范、信任、专项资产等一系列不同治理机制对机会主义行为的治理作用。但是从研究结果来看对机会主义行为的治理效果并不一致，有的治理机制可以有效减少机会主义行为（Liu et al.，2009；Dahlstrom and Nygaard，1999；Sheng et al.，2018），有的治理机制则对机会主义行为没有显著作用（Yang et al.，2017；Yang et al.，2018），而有一些治理机制反而会增加机会主义行为（Handley and Benton，2012；Zhou and Xu，2012；Handley et al.，2019）。所以，关于治理机制对机会主义行为的治理效果还有待进一步检验。

其次，现有关于机会主义行为的研究主要是在制造商-分销商、买家-供应商、特许者-特许经销商、供应商-分销商等传统线下企业与企业之间二元关系情境中展开的（Dahlstrom and Nygaard，1999；Handley and Angst，2015；Huo et al.，2019；Liu et al.，2009），较少有研究关注在第三方 B2B 电子商务平台上的机会主义行为治理问题。第三方 B2B 电子商务平台作为典型的双边市场（Fang et al.，2015），需要有效地管理卖家的机会主义行为，只有这样才能够降低买家感知到的交易风险，从而吸引买家使用平台进行交易，并最终提高平台绩效。因此，在第三方 B2B 电子商务平台上，平台企业如何治理卖家的机会主义行为就显得格外重要，需要相关研究予以重点关注。

2.4.2　信任

信任作为一个重要的变量，长期以来在心理学（Rotter，1967）、社会学（Granovetter，1985）、经济学（Williamson，1993）、营销学（Bart et al.，2005；寿志钢等，2011；Ke et al.，2016；刘益等，2009）等各个领域都受到了学者的关注。信任在我们的日常生活中无处不在，不论是人与人之间、人与组织之间，还是组织与组织之间。在整个社会中信任发挥着至关重要的作用，不仅可以促进社会关系和谐，同时也可以提升经济交易效率。交易成本理论指出企业通过使用合适的治理机制可以建立企业之间的信任，从而降低交易成本（Zhong et al.，2017）。因此，信任也被部分学者纳入了交易成本理论的研究框架（Chiles and McMackin，1996；Woolthuis et al.，2005）。

1. 信任的概念

从个人特征的视角来看，信任是指人们根据自己对其他人行为的正面预期，愿意暴露在风险中的一种心理状态（Rousseau et al.，1998）。从工作关系的视角来看，信任反映了一方能够被另一方相信的一种信念（Anderson and Narus，1990）。这种信念主要是关于被信任方的可信度（Ke et al.，2016）、仁爱心（Ganesan，1994）以及诚实度（Kumar et al.，1995）。从相互关系的视角来看，信任被定义为对个人或组织的能力、仁爱心、正直程度的一种主观信念，它反映了愿意依赖被信任方的程度（Mayer et al.，1995；McAllister，1995；McKnight et al.，1998）。信任有如此多的定义主要有两个原因。第一，信任是一个抽象的概念，并且经常与相关的类似概念互用，如可信性、可靠性或者相信（Wang and Emurian，2005）。因此，区分信任与类似概念的差别就成为学者的一大挑战。第二，信任是一个包含多维度的概念，包含了认知、情感、行为等多方面（Lewis and Weigert，1985）。而且信任受到多个不同研究领域学者的关注，不同领域对信任的关注重点和理解也有一些差异。所以，针对信任并没有得出一个完全统一的定义（Wang and Emurian，2005；McEvily and Tortoriello，2011；Villena et al.，2019）。

随着线上或互联网渠道的快速发展，许多学者结合在线情境对信任进行了重新定义。McKnight 和 Chervany（2001）对信任的定义是消费者对平台企业的能力、正直、仁爱心的一种信念。Pavlou 和 Gefen（2004）把信任定义为买家相信与卖家进行的在线交易会按照自己对卖家行为所期望的方式进行。类似地，Verhagen 等（2006）把信任定义为买家对电子市场上的卖家的一种诚实的、可靠的信念。Söllner 等（2016）把信任定义为个体愿意依赖其他用户在平台上的评论、行为以及决策的程度。Ke 等（2016）把信任定义为消费者相信品牌的线上渠道是正规授权的，线上渠道的产品或服务是能够达到预期的。从这些不同的定义来看，关于在线信任的定义一般都强调两个方面的内容。一方面关注对被信任方行为的期望；另一方面关注信任方对于暴露在风险中的接受程度（Beldad et al.，2010）。

在本章中，我们主要关注第三方 B2B 电子商务平台上买家对平台企业的信任。在企业与企业之间的关系中，信任主要强调了一个企业是可靠的并且在采取行为时会考虑另一个企业的利益（Morgan and Hunt，1994；Villena et al.，2019）。因此，结合以往相关研究以及本章的研究情境，我们将信任定义为买家相信平台企业有能力、有仁爱心且正直的一种信念（McKnight and Chervany，2001；Chen et al.，2015）。

2. 信任的相关研究

信任在交易关系中发挥着重要作用，尤其是当交易过程中面临着不确定性和风险时（Mayer et al.，1995；McKnight et al.，1998）。大量的研究已经证明信任可以带来理想的交易结果，如提升竞争优势（Barney and Hansen，1994）、任务绩效（Carson et al.，2003）、企业绩效（Poppo et al.，2016）、社会资本（Granovetter，1985），促进合作（Morgan and Hunt，1994），提高满意度（Anderson and Narus，1990；Geyskens et al.，1998）和购买意愿（Hong and Cho，2011），以及降低交易成本（Corsten and Felde，2005）和感知风险（Liu et al.，2009）等。但是，有些学者却认为信任可能存在一些潜在的负面作用（Gulati and Nickerson，2008；Poppo et al.，2008）。一方面，企业可能陷入一段高度信任但是却效率低下的合作关系中（Gargiulo and Benassi，2000）；另一方面，高水平的信任可能会让企业面对被背叛的风险（Shapiro，1987；Granovetter，1985）。Molina-Morales 和 Martínez-Fernández

（2009）发现当信任水平过高时，创新反而会降低。类似地，Nielsen B B 和 Nielsen S（2009）也发现信任可以促进企业间的学习，但是对创新却没有显著的影响。Villena 等（2019）对买家与供应商关系的研究也指出，信任与绩效之间的关系呈倒"U"形关系。所以，企业之间信任的作用还有待进一步探究。但是总的来说，信任对于企业与企业之间交易的正面促进作用已经得到大部分学者的一致认同与证实。因此，如何建立信任、提高企业之间的信任水平，就成为学者重点探究的问题。

　　在传统线下环境中，促成企业之间信任的形成主要包括双边因素和单边因素（图 2-2）。Theron 等（2011）对金融服务行业的研究发现，企业双方之间的沟通与共同的价值观可以提高企业的信任水平，而金融服务企业提供的定制化服务也可以提高客户的信任水平。Seppänen 等（2007）对企业之间信任研究的回顾指出，信息共享、沟通、相似的价值观以及对长期关系的期望都是影响信任的重要因素。类似地，Poppo 等（2008）也发现企业对持续合作的期望会提高信任，但是企业之间过往的交易历史却并不能直接增加信任；而是需要通过提高企业持续合作的期望，然后再提升企业的信任。Zhong 等（2017）通过元分析指出资产专用性和依赖都会降低企业之间的信任水平，而关系长度则可以促进信任。Zhao 和 Cavusgil（2006）对供应商与制造商关系的研究发现，供应商对制造商的顾客导向以及企业之间的功能协调会提高制造商对供应商的信任，但是供应商的竞争者导向与制造商对供应商的信任的关系不显著。Perrone 等（2003）对供应商销售代表与买家采购经理的研究发现，双方之间的关系长度会增进信任，而采购经理给予销售代表更多的自主权也会增进销售代表对采购经理的信任水平。从以上这些研究来看，无论是双边因素（沟通、关系长度、信息共享、交易历史、共同价值观等），

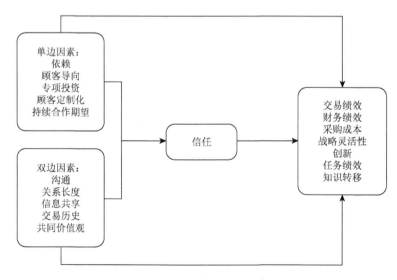

图 2-2　线下情境信任研究

还是单边因素（依赖、顾客导向、专项投资、顾客定制化、持续合作期望等），只有增进彼此之间的了解，增加对关系的投入，表现出企业的善意才能够提升对方的信任水平。

过往的研究指出在没有足够信任的前提下，双方的交易无法正常进行（Hu et al.，2010；Kim，2014）。特别是在互联网环境下，为了促进买家与素未谋面的卖家在虚拟的环境中进行交易更需要提升买家的信任。所以，大量的研究关注了形成买家在线信任的前因（表 2-5）。根据买家信任对象的不同，现有研究可以分为两大类：一是买家对卖家的信任；二是买家对第三方平台的信任。

表 2-5　在线信任相关研究总结

作者（时间）	研究情境	信任对象	信任前因变量
Benlian 和 Hess（2011）	在线社区	社区用户之间	可用性（+） 透明性（+） 内容质量（n.s.） 安全性（n.s.） 隐私性（n.s.）
Xiao 等（2019a）	O2O 平台	买家对卖家	买家对平台信任（+） 买家对社区用户信任（+）
Chen 等（2009）	C2C 电子商务平台	买家对平台	买家之间相互信任（+）
Lu 等（2010）	C2C 电子商务平台	社区用户之间	社区制度（+） 信任倾向（+） 熟悉性（+） 相似性（+）
Chen 等（2014）	P2P 平台	借方对平台	熟悉性（n.s.） 服务质量（+） 安全保护（+）
Chiu 等（2010）	在线拍卖平台	消费者对平台	分配公平（+） 程序公平（+） 人际公平（+） 信息公平（+）
Kang 等（2016）	众筹平台	用户对平台	平台认证（+） 结构保护（n.s.） 第三方担保（+）
Pavlou 和 Gefen（2004）	在线拍卖平台	买家对整体卖家	反馈机制（+） 第三方支付服务（+） 信用卡服务（−）
Xiao 等（2018）	O2O 平台	消费者对平台	会员数量（+） 使用的朋友数量（+） 感知互补性（+）
Li 等（2016）	C2C 电子商务平台	买家对卖家	正面评价（+） 负面评价（−）

续表

作者（时间）	研究情境	信任对象	信任前因变量
Verhagen 等（2006）	C2C 电子商务平台	买家对卖家	平台信任（+）
Lien 等（2017）	B2C 电子商务平台	卖家对平台	关系嵌入（−） 依恋焦虑（+）
Chang 等（2013）	B2C 电子商务	买家对卖家	第三方认证（+） 声誉（+） 退货政策（+）
Ray 等（2011）	在线零售	买家对卖家	网站投入（n.s.） 安全政策（n.s.） 声誉（+）
Bock 等（2012）	在线零售	买家对卖家	制裁效率（+） 网站质量（+）

注："+"代表正向作用，"−"代表负向作用，"n.s."代表作用不显著。O2O 表示 online to offline，线上到线下；C2C 表示 customer to customer，顾客到顾客

　　从建立买家对卖家的信任来看，Bente 等（2012）的研究发现，卖家声誉能够提升买家对卖家的信任。类似地，Li 等（2016）的研究指出对卖家的正面评价可以促进买家信任，相反负面评价也会降低买家对卖家的信任水平。Ba 和 Pavlou（2004）的研究进一步指出对卖家的负面评价比正面评价对买家信任的作用更大。Lu 等（2010）发现与卖家的熟悉程度以及与卖家的相似性都会增进买家对卖家的信任。Pavlou 和 Gefen（2004）对在线拍卖平台的研究发现，平台提供的反馈机制和第三方支付服务都可以促进买家对卖家的信任。Kang 等（2016）的研究也发现，平台认证和第三方担保都可以提升买家对卖家的信任。另外，Gregg 和Walczak（2010）指出交易网站质量也是提升买家信任的重要因素。总的来说，卖家因素与平台因素是买家对卖家信任的重要来源。此外，有一些研究指出，买家对平台的信任也是提升买家对卖家信任的关键因素（Pavlou and Gefen，2004；Verhagen et al.，2006；Chen et al.，2015；Xiao et al.，2019a）。这是因为第三方平台创造了一种安全公平的交易环境、抑制了卖家的不当行为，所以买家对平台的信任可以通过信任传递机制进而形成买家对卖家的信任（Pavlou and Gefen，2004）。

　　从建立买家对平台的信任来看，Chiu 等（2010）对在线拍卖平台的研究指出，由分配公平、程序公平、人际公平以及信息公平组成的拍卖公平可以促进买家对拍卖平台的信任。Chen 等（2014）对 P2P 平台的研究发现，平台提供的服务质量与安全保护能够有效地提升买家对平台的信任。Lu 等（2010）对 C2C 电子商务平台的研究指出，买家的信任倾向以及平台建立的社区制度都可以增进买家对平

台的信任。Kang 等（2016）对众筹平台的研究发现，平台认证制度以及第三方担保制度都能够有效地提高买家对平台的信任。另外，Xiao 等（2018）的研究指出，平台上的会员数量以及买家身边使用平台的朋友数量也是促进买家对平台信任的重要因素。总的来说，平台提供的制度保证以及各种服务都是影响买家对平台信任的关键因素。

从建立在线信任来看，大部分研究关注的是个体对组织的信任。这些研究与传统线下情境企业之间信任研究最大的区别体现在影响信任的因素方面（图 2-3）。虽然具体表现形式略有差异，但是单边因素与双边因素都是建立在线信任的重要前因。除此之外，独立于信任方与被信任方之外的相关第三方在建立在线信任时也发挥着重要的作用。这个第三方可以是发挥中介作用的平台企业，也可以是其他第三方机构，如银行或评级认证机构。由于平台企业直接与卖家和买家接触，对买卖双方都有一定的了解，平台企业在建立买家与卖家之间的信任，进而促进买卖双方之间的交易方面发挥着重要作用。特别是平台企业建立的交易制度或交易机制，对于降低买家感知到的交易风险、促进买家的信任十分关键。

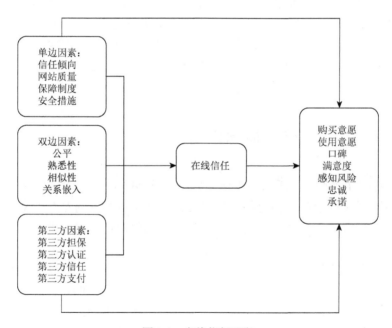

图 2-3　在线信任研究

3. 信任的研究小结

从现有研究来看，关于信任的相关研究无论是在传统的线下环境中，还是在快速发展的线上环境中，都已经十分丰富了。从以往的研究结论可以发现，信任作为进行交易的重要元素，其关键作用已经得到众多学者的验证（Anderson and Narus，1990；Geyskens et al.，1998；Hong and Cho，2011；Corsten and Felde，2005；Liu et al.，2009）。而且，相关研究已经指出在没有足够信任的前提下，双方之间的交易是无法正式启动的（Hu et al.，2010；Kim，2014）。所以，如何有效地建立彼此之间的信任就成为一个重要的研究问题。

随着互联网渠道的发展，如何在线上环境中建立信任就变得更加紧迫和重要。在商业交易中，信任发挥着至关重要的作用，尤其是线上环境中买卖双方的交易中蕴含着更大的风险与不确定性（Ke et al.，2016）。所以，不少的学者也关注了在不同的线上环境应该如何建立信任，如在 C2C 电子商务平台（Chen et al.,2009）、P2P 平台（Chen et al.，2014）、B2C 电子商务平台（Ba and Pavlou，2004）、在线社区（Benlian and Hess，2011）、在线拍卖平台（Gregg and Walczak，2010）、O2O 平台（Xiao et al.，2018）、众筹平台（Kang et al.，2016）等。虽然这些研究已经关注了各种各样互联网情境下的信任建立问题，但是较少有研究探讨如何在第三方 B2B 电子商务平台上建立信任。第三方 B2B 电子商务平台作为重要的交易渠道，对经济发展起着重要的推动作用（Grewal et al.,2010；Chakravarty et al.,2014）。因此，建立第三方 B2B 电子商务平台上的信任，尤其是买家的信任就显得至关重要。B2B 电子商务由于涉及的交易金额巨大，买家所面临的风险更高，买家在进行采购决策的时候更加谨慎。因此，作为交易中介的平台企业，如何建立买家信任，吸引买家加入和使用平台就变成了平台企业面临的一大挑战。

2.5　概念模型与研究假设

本章提出了如图 2-4 所示的概念模型。第一，我们将关注平台企业对卖家使用的惩罚机制（包括惩罚强度与惩罚速度）如何影响卖家对平台企业的机会主义行为以及买家对平台企业的信任。第二，我们将探讨平台企业对卖家的激励如何减少卖家对平台企业的机会主义行为，以及平台企业对买家的激励如何增加买家对平台企业的信任。第三，我们将比较平台企业对卖家使用的惩罚机制与平台企业对卖家使用的激励机制在减少卖家对平台企业的机会主义行为方面的作用大小。第四，我们还将比较平台企业对卖家使用的惩罚机制与平台企业对买家使用的激励机制在提高买家对平台企业的信任方面的作用大小。第五，我们将探讨卖家对平台企业的机会主义行为在平台企业对卖家使用的惩罚机制、激励机制与平台绩效之间的中介作用，以及买家对平台企业的信任在平台企业对卖家使用的惩罚机制、平台企业对买家使用的激励机制与平台绩效之间的中介作用。

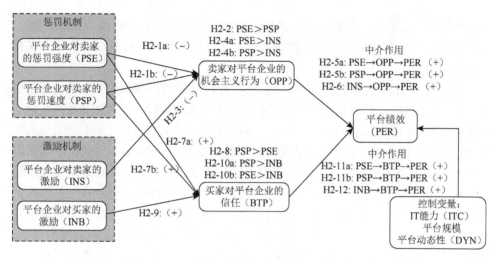

图 2-4　概念模型

2.5.1　惩罚与激励对机会主义行为的作用

惩罚作为一种重要的治理机制（Wang et al.，2013），有助于在一个群体中形成一种大家公认的规范与准则（O'Reillys and Puffer，1989）。这种规范明确了哪些行为是可以接受的，而哪些行为又是明令禁止的（O'Reillys and Puffer，1989）。惩罚机制发挥作用的主要原理是通过给受罚一方带来一系列负面结果，如警告、罚款、终止合作等，来减少受罚者的不当行为（Wang et al.，2013）。当增加惩罚机制的使用时，受罚一方的行为就会更加符合施罚者的规范与预期，不当行为或违规行为也会随之减少（Antia et al.，2006；Wang et al.，2013；Yiu et al.，2014）。

惩罚机制包含了两个重要的维度：一个是强度，另一个是速度（Antia et al.，2006）。惩罚强度反映了施罚者对违反合同或规范的受罚者采取的惩罚力度大小（Antia and Frazier，2001）。惩罚强度通过直接提高受罚者的成本，降低受罚者采取违规行为所获得的收益来降低受罚者采取违规行为的动机（Antia et al.，2006）。即便受罚者通过机会主义行为或违规行为获得了许多额外的收益，但是这种高昂的受罚成本也会使受罚者付出更高的代价，从而降低其收益。在第三方 B2B 电子商务平台上，平台企业对违规卖家的惩罚力度越大，卖家采取机会主义行为的可能性就越小。因为，平台企业采取惩罚措施给违规卖家带来的成本可能超过了卖家采取违规行为所获得的收益，这使得卖家采取机会主义行为的动机降低。平台企业可以通过减小对违规卖家的支持力度、提高对违规卖家的罚款金额甚至终止与违规卖家的合作或者驱逐违规卖家离开平台以威慑卖家，使它们采取机会主义行为的预期收益降低，从而让卖家的行为更加符合平台企业的规范与要求。所以，当平台企业对卖家使用的惩罚强度越高时，卖家采取针对平台企业的机会主义行为也会越少。

惩罚速度在发挥威慑作用管理机会主义行为的时候也扮演着十分重要的角色（Gray et al.，1982）。惩罚速度反映的是施罚者从发现违规行为到对受罚者采取惩罚措施所花费的时间（Antia et al.，2006）。如果惩罚速度较快的话，采取违规行为的卖家想要通过机会主义行为获得收益的时间就会减少（Antia et al.，2006）。这是因为对违规卖家及时采取措施，使得它们来不及调整和隐藏自己的行为以躲过或逃避平台企业对它们的惩罚。相反，如果平台企业迟迟未能对有机会主义行为的卖家采取惩罚措施，就会使违规卖家拥有更多的时间来获得机会主义行为带来的收益，同时也会给予它们更多的空间调整自己的行为以躲避平台企业对卖家的惩罚。所以，平台企业提高对卖家的惩罚速度可以有效地降低卖家对平台企业采取机会主义行为的可能性。

另外，在减少卖家对平台企业的机会主义行为方面，我们认为平台企业对卖家的惩罚强度比惩罚速度的作用更大。这是因为卖家首先会对采取机会主义行为的收益和成本进行分析比较，然后再决定是否采取机会主义行为（Xiao et al.，2019b）。如果平台企业对卖家采取非常严厉的惩罚措施，卖家的违规成本就会显著提高，从而给违规卖家带来巨大的经济损失。惩罚强度直接决定了受罚者采取机会主义行为所面临的违规成本（Antia et al.，2006）。平台企业对卖家惩罚强度越大，卖家所付出的成本也就越高。从惩罚速度来看，它反映了平台企业对卖家采取惩罚措施的快慢。尽管平台企业的惩罚速度越快，卖家通过机会主义行为获得额外收益的时间越少（Antia et al.，2006），但是这并不能确保违规卖家一定会遭受巨大的损失。所以，相比较而言，惩罚强度比惩罚速度更能够有效地减少卖家对平台企业的机会主义行为。

H2-1a：平台企业对卖家的惩罚强度与卖家对平台企业的机会主义行为负相关。

H2-1b：平台企业对卖家的惩罚速度与卖家对平台企业的机会主义行为负相关。

H2-2：平台企业对卖家的惩罚强度比惩罚速度更能够减少卖家对平台企业的机会主义行为。

在交易成本理论中，激励机制被认为是一种重要的治理机制（Williamson，1983），它通过经济或非经济手段来改变被激励者的态度与行为（Gilliland and Kim，2014）。通过激励的方式可以保证被激励者的收益，从而降低其对未来的感知风险（Gilliland and Kim，2014），所以激励机制通常被认为是一种最有可能改变被激励者行为的机制（Williamson，1991）。

在第三方 B2B 电子商务平台上，平台企业对卖家的激励反映了平台企业为了改变卖家的行为对卖家使用各种激励方式的程度（Zhang et al.，2012）。我们认为平台企业增加对卖家的激励可以减少卖家对平台企业的机会主义行为。首先，平台企业对卖家的激励可以使卖家从与平台企业长期合作中所获得的长期收益高于卖家采取不当行为所获得的短期收益（Wathne and Heide，2000）。平台这种对卖家的激励使得卖家的目标与平台企业的目标有机地融合在一起，所以卖家就更有可能采取与平台企业合作的态度与行为，而不是采取机会主义行为以谋取自身利益的最大化。其次，在平台企业对卖家使用激励措施的过程中，平台企业需要了解卖家的信息与行为，如卖家是否按照规定与条款进行交易与经营、卖家是否达到了相应的平台要求。平台企业通过对这些信息的收集与了解，降低了平台企业与卖家之间的信息不对称，使平台企业对卖家更为熟悉。以往的研究指出，当企业双方之间的信息不对称减少之后，彼此之间发生机会主义行为的可能性也会大大减小（Gilliland，2003）。所以，卖家对平台企业采取机会主义行为的可能性也会降低。

H2-3：平台企业对卖家的激励与卖家对平台企业的机会主义行为负相关。

为了进一步探究清楚惩罚机制与激励机制的作用，我们将比较平台企业对卖家使用的惩罚机制、激励机制对卖家机会主义行为的相对作用大小。我们认为平台企业对卖家使用的惩罚机制相比平台企业对卖家使用的激励机制更能够有效地减少卖家对平台企业的机会主义行为。从两种治理机制的性质来看，平台企业对卖家使用惩罚机制会增加卖家的成本，减少卖家的收益（Antia et al.，2006），而激励机制则会提高卖家的收益（Gilliland and Kim，2014）。在实践中，平台企业使用惩罚机制的程度通常会比激励机制的程度更高。即使当惩罚机制与激励机制保持在同一水平时，惩罚机制给卖家带来的损失感也会比激励机制给卖家带来的收获感对卖家产生更大的影响（Kahneman and Tversky，1979）。所以，平台使用的惩罚机制比激励机制更能够减少卖家的机会主义行为。另外，平台企业对卖家使用的惩罚机制不仅会在短期内增加卖家的成本、减少其获得的利益，同时也会使受罚的卖家声誉受到破坏，降低平台上的买家与其进行交易的可能性，使其在较长的时间内收益都会减少。所以，相比激励的作用，惩罚机制产生的威慑作用更能够减少卖家对平台企业的机会主义行为。综上所述，我们提出如下假设。

H2-4a：平台企业对卖家的惩罚强度比平台企业对卖家的激励更能够减少卖家对平台企业的机会主义行为。

H2-4b：平台企业对卖家的惩罚速度比平台企业对卖家的激励更能够减少卖家对平台企业的机会主义行为。

2.5.2　机会主义行为的中介作用

在第三方 B2B 电子商务平台上，当卖家对平台企业的机会主义行为被抑制之后，平台企业的绩效会随之上升。一方面，卖家对平台企业的机会主义行为会破坏第三方 B2B 电子商务平台的声誉，因为平台企业没有承担起中介的作用，管理好卖家的行为（Grewal et al.，2010）。当买家面对这种声誉受损的平台时，它们会认为交易的环境没有被有效地保护，交易的风险较高，所以不愿意使用这样的平台与卖家进行交易。相反，卖家对平台企业的机会主义行为减少之后，表明第三方 B2B 电子商务平台是一个安全的交易场所，平台企业可以有效地规范卖家的行为，这会促使更多的买家选择使用这样的平台进行交易，所以平台绩效也会得到提升。另一方面，在卖家对平台企业的机会主义行为减少之后，平台企业就无须投入更多的额外资源来监督卖家的行为（Dahlstrom and Nygaard，1999）和保护自身利益免遭卖家机会主义行为的侵蚀（Luo et al.，2015；Trada and Goyal，2017）。相反，随着卖家对平台企业机会主义行为的增加，平台企业管理卖家机会主义行为的投入也会提高（Trada and Goyal，2017）。这不仅增加了平台企业的管理成本，同时平台企业也会失去把这些额外的资源投入到其他方面所带来的价值（Luo，2007）。因此，减少卖家对平台企业的机会主义行为能够有效地促进平台绩效的提高。

结合前文所提出的 H2-1 和 H2-3，平台企业对卖家使用的惩罚机制和激励机制都可以有效地减少卖家对平台企业的机会主义行为。本章认为平台企业对卖家使用的惩罚机制和激励机制可以通过减少卖家对平台企业的机会主义行为来提高整个平台的绩效水平。所以，我们提出了如下假设。

H2-5a：卖家对平台企业的机会主义行为在平台企业对卖家的惩罚强度与平台绩效之间起到中介作用。

H2-5b：卖家对平台企业的机会主义行为在平台企业对卖家的惩罚速度与平台绩效之间起到中介作用。

H2-6：卖家对平台企业的机会主义行为在平台企业对卖家的激励与平台绩效之间起到中介作用。

2.5.3　惩罚与激励对信任的作用

在第三方 B2B 电子商务平台情境下，我们认为平台企业对违规卖家使用的惩罚机制不仅会对卖家产生作用，同时也有助于建立买家对平台企业的信任。首先，平台企业对卖家使用的惩罚机制可以被看作一种信号（Fang et al.，2014）。这种信号向外传递出的信息是卖家的违规行为将会受到严格的管制、平台企业的相关规定与条款都会被严格执行，如果卖家有任何机会主义行为必将受到严厉的惩罚。平台企业对违规卖家使用的惩罚机制强度越高、速度越快，传递出的信号就越强烈、越真切，买家就会更加相信平台企业能够管理好卖家，并保护好买家的利益。其次，由于通过互联网进行交易包含了较高的不确定性和风险，平台企业可以通过减少卖家的机会主义行为来减少买家在交易时所面对的不确定性，进而提升买家对平台企业的信任（Li et al.，2009）。平台企业通过提高对违规卖家的惩罚强度与惩罚速度，能够对卖家形成一种威慑，确保卖家采取机会主义行为所遭受的成本会高于其潜在的收益（Yiu et al.，2014）。为了能够避免遭受平台企业的制裁和惩罚，理性的卖家会选择符合平台规定的行为，按照平台规则与要求进行与买家的交易。因此，当买家发现违规卖家受到平台企业的惩罚之后，就会更加相信平台企业有能力、有意愿保护其利益，买家对平台企业的信任自然也会提高。

尽管惩罚强度与惩罚速度都可以建立买家对平台企业的信任，但是本章认为二者的作用效果仍然存在一些差异。在互联网情境下的交易中，买家最为关心或在意的就是交易的风险。买家在第三方 B2B 电子商务平台上感受到的交易风险越低，买家对平台企业的信任水平就会越高。平台企业对违规卖家的惩罚速度越快，就越能够快速地将高风险的卖家揭露出来。这种及时的惩罚措施与惩罚信息可以告诉平台上的买家哪些卖家需要谨慎对待，尽量避免与其进行交易。所以平台企业加快对违规卖家的惩罚速度可以尽早地帮买家识别风险，减少买家的损失。相对而言，平台企业对卖家的惩罚强度虽然也可以向买家传递违规卖家的重要信息，但是这并不能保证买家第一时间就能够获得该信息。如果买家无法及时地获取违规卖家的相关信息、识别出哪些卖家的风险较高，它们就有可能与这些潜在风险较高的卖家进行交易，从而遭受巨大的经济损失。因此，相比惩罚强度而言，我们认为惩罚速度在建立买家对平台企业的信任方面作用更明显。综上所述，我们提出了如下假设。

H2-7a：平台企业对卖家的惩罚强度与买家对平台企业的信任正相关。

H2-7b：平台企业对卖家的惩罚速度与买家对平台企业的信任正相关。

H2-8：平台企业对卖家的惩罚速度比惩罚强度更能够提高买家对平台企业的信任。

除了对卖家使用激励机制以外，平台企业也会对买家进行激励。在第三方 B2B 电子商务平台情境下，平台对买家的激励反映的是平台企业为了影响买家的态度与行为对买家使用各种激励方式的程度（Zhang et al.，2012）。当平台企业通过各种激励手段，如优惠券、满减折扣等对买家进行激励时，这些激励措施向买家展示了平台企业对买家的重视与友好，能够促进买家相信平台企业是善意的，所以买家对平台企业的信任也会随之上升。另外，平台企业对买家的激励可以引导买家的行为，帮助买家通过平台交易获得更大的价值。因此，买家可以从平台的激励措施中获得更多的收益，买家对平台企业的信任也会随之提高。而且，平台企业对买家的激励反映了平台企业对买家的支持。这种支持有助于买家应对与平台上卖家进行交易时遇到的不确定性和风险。以往的研究指出,互惠的行为有助于企业之间的关系提升(Tong et al.,2008)。因此,平台企业对买家的激励会得到买家的积极响应,买家对平台企业的信任也会提高。所以,我们提出如下假设。

H2-9:平台企业对买家的激励与买家对平台企业的信任正相关。

惩罚机制与激励机制不仅在抑制卖家对平台企业的机会主义行为方面有效果上的差异,对于建立买家对平台企业的信任也有不同的作用。我们认为相比平台企业对买家的激励而言,平台企业对卖家使用的惩罚机制可以更有效地建立买家对平台企业的信任。

当买家通过平台上的卖家采购原材料或产品时,由于互联网虚拟交易环境的特征,买家最关心的是通过平台进行交易所面临的风险。所以,买家也更喜欢选择可以降低交易风险、保护其利益的第三方 B2B 电子商务平台进行交易。相比对买家的激励而言,平台企业对卖家使用的惩罚机制能够向买家传递出积极的信号,即平台企业有能力、有意愿管理好平台上卖家的行为,为买家创造一个更加安全的交易环境。因此,平台企业对卖家使用的惩罚机制规范了卖家的行为,正好满足了买家对低交易风险的期望。对激励机制而言,尽管平台对买家的激励可以给买家带来一些收益,但是这并不能改变买家在平台上感知到的交易风险。因此,平台企业对卖家的惩罚比平台企业对买家的激励能更加有效地建立买家对平台企业的信任。另外,在通常情况下同等程度的损失比收益会产生更大的作用(Kahneman and Tversky,1979)。在第三方 B2B 电子商务平台情境下,卖家的违规行为一般会给与其交易的买家带来巨大的损失。因为卖家的违规行为不仅仅直接导致买家在某一笔交易上遭受损失,同时也可能会影响买家后续的生产活动,导致原材料供应中断,订单无法按时完成等。平台企业对买家的激励虽然可以给买家提供一些经济上的收益,但是这一般都远远小于买家面对违规卖家所遭受的损失。因此,平台企业对卖家的惩罚更有利于建立买家对平台企业的信任。综上所述,我们提出如下假设。

H2-10a:平台企业对卖家的惩罚强度比平台企业对买家的激励更能够提高买家对平台企业的信任。

H2-10b:平台企业对卖家的惩罚速度比平台企业对买家的激励更能够提高买家对平台企业的信任。

2.5.4　信任的中介作用

根据信任传递的逻辑(Doney and Cannon,1997;Stewart,2003),买家对平台企业的信任可以促进买家对平台上卖家的信任。信任传递反映的是一个组织对某一个熟悉主体的信任可以传递到另一个与该主体拥有某种联系的不熟悉主体上 (Stewart, 2003)。在第三方 B2B 电子商务平台上,尽管买家与卖家之间并不熟悉, 但是它们都与平台企业拥有联系。因此,我们认为买家对卖家的信任可以来自买 家对平台企业的信任。这是因为,如果买家对平台企业拥有较高的信任水平,买 家就会认为该第三方 B2B 电子商务平台是一个可以安全进行交易的平台。而且, 买家对平台企业的信任意味着买家相信平台企业可以建立各种制度规则,并合理 地使用规则条款来管理卖家的机会主义行为 (Xiao et al., 2018)。所以,当买家 对平台企业的信任水平较高时,它们会认为自身利益被平台上卖家侵占的可能性 较低,感知到的交易风险也相对较小 (Pavlou and Gefen, 2004)。因此,如果买 家对平台企业越信任就越有可能使用该平台与卖家进行交易,平台绩效也会相应 提升。另外,信任已经被证明是企业间长期关系的重要组成部分 (Anderson and Weitz, 1989; Ganesan, 1994)。所以,买家对平台企业的信任水平越高,就越有 可能持续使用平台进行交易。

结合前文所提出的 H2-7 和 H2-9,本章认为平台企业对卖家使用的惩罚机制 以及平台企业对买家使用的激励机制可以通过建立买家对平台企业的信任来提升 平台绩效。所以,基于以上论述,我们提出了如下假设。

H2-11a:买家对平台企业的信任在平台企业对卖家的惩罚强度与平台绩效之 间起到中介作用。

H2-11b:买家对平台企业的信任在平台企业对卖家的惩罚速度与平台绩效之 间起到中介作用。

H2-12:买家对平台企业的信任在平台企业对买家的激励与平台绩效之间起到 中介作用。

2.6 研 究 结 果

2.6.1 相关分析

本章通过问卷调查法收集第三方 B2B 电子商务平台的数据进行分析。从表 2-6 的结果来看,惩罚强度与机会主义行为和信任的相关系数分别为–0.490、0.478; 而惩罚速度与机会主义行为和信任的相关系数分别为–0.342、0.385;这说明平台 企业对卖家使用的惩罚机制与卖家对平台企业的机会主义行为负相关,与买家对 平台企业的信任正相关。平台企业对卖家使用的激励机制与卖家对平台企业的机 会主义行为负相关(相关系数为–0.310),平台企业对买家使用的激励机制与买家 对平台企业的信任正相关(相关系数为 0.102)。此外,本章还发现机会主义行为和信任与平台绩效的相关系数分别为–0.386、0.455。这说明卖家对平台企业机会主义行为会降低平台绩效，而买家对平台企业的信任会提升平台绩效。

表 2-6　相关分析结果

变量	1	2	3	4	5	6	7	8	9	10
1. 惩罚强度	0.832									
2. 惩罚速度	0.251**	0.867								
3. 卖家激励	0.262**	0.271**	0.952							
4. 买家激励	0.246**	0.166*	0.423**	0.954						
5. 机会主义行为	–0.490**	–0.342**	–0.310**	–0.240**	0.811					
6. 信任	0.478**	0.385**	0.330**	0.102	–0.374**	0.876				
7. 平台绩效	0.383**	0.267**	0.354**	0.274**	–0.386**	0.455**	0.799			
8. 平台动态性	0.161*	–0.137	0.141*	0.231**	0.042	–0.216**	–0.130	0.925		
9. IT 能力	0.186**	0.142*	0.222**	0.081	–0.199**	0.106	0.186**	–0.077	0.829	
10. 平台规模	–0.065	–0.022	–0.187**	–0.010	0.018	0.021	–0.004	–0.154*	0.218**	NA
均值	5.145	5.035	4.349	4.291	2.876	4.934	5.132	2.863	4.969	1.690
SD	0.747	0.783	1.716	1.656	0.678	0.816	0.647	1.348	0.713	0.987

注：NA 代表不适用；对角线数值代表对应变量平均提取方差值（average variance extracted，AVE）的平方根；SD 表示 standard deviation，标准差

*表示 $p < 0.05$，**表示 $p < 0.01$，双尾检验

2.6.2　信度检验

本章还通过组合信度（composite reliability，CR）来检验信度。因为 Cronbach's α 系数有可能会低估真实的测量信度（Peterson and Kim，2013）。从表 2-7 的结果来看，所有变量的 Cronbach's α 取值介于 0.718～0.975，大于 0.7 的临界值，这表明所有变量都具有较好的信度（Fornell and Larcker，1981）。此外，所有变量的 CR 取值介于 0.841～0.981，也大于临界值 0.7，该结果也同样说明所有的变量都具有较好的信度（Fornell and Larcker，1981）。综上所述，本章的变量测量具有较高的信度。

表 2-7　信度效度分析结果

测量题项	因子载荷
惩罚强度（Cronbach's $\alpha = 0.779$，CR $= 0.871$，AVE $= 0.693$）	
PSE1：当卖家违反合同时，我们会采取严厉的惩罚措施	0.829

续表

测量题项	因子载荷
PSE2：我们会对违规卖家施以严厉的惩罚	0.838
PSE3：我们采取严厉的处罚措施来惩罚违规卖家	0.830
惩罚速度（Cronbach's α = 0.835, CR = 0.901, AVE = 0.751）	
PSP1：我们对卖家违规行为的惩罚十分及时	0.862
PSP2：我们会立刻采取行动惩罚卖家的违规行为	0.852
PSP3：在发现卖家的违规行为与进行惩罚之间的时间间隔很短	0.886
卖家激励（Cronbach's α = 0.974, CR = 0.980, AVE = 0.907）	
INS1：注册我们的平台，卖家会获得额外的激励	0.933
INS2：使用我们平台销售产品（服务），卖家会获得额外的激励	0.963
INS3：参加我们平台的促销活动，卖家会获得额外的激励	0.964
INS4：成为我们平台的高级会员，卖家会获得额外的激励	0.969
INS5：推广我们的平台，卖家会获得额外的激励	0.932
买家激励（Cronbach's α = 0.975, CR = 0.981, AVE = 0.910）	
INB1：注册我们的平台，买家会获得额外的激励	0.928
INB2：使用我们平台购买产品、服务，买家会获得额外的激励	0.966
INB3：参加我们平台的促销活动，买家会获得额外的激励	0.961
INB4：成为我们平台的高级会员，买家会获得额外的激励	0.965
INB5：推广我们的平台，买家会获得额外的激励	0.948
机会主义行为（Cronbach's α = 0.826，CR = 0.885，AVE = 0.658）	
OPP1：卖家有时会为了保护它们的利益而对我们撒谎	0.793
OPP2：卖家并不是一直履行与我们之间的合同约定	0.828
OPP3：卖家有时会试图破坏与我们之间的非正式协议以最大化自身利益	0.844
OPP4：卖家会尽可能地利用合同中的"漏洞"来增加自身利益	0.777
信任（Cronbach's α = 0.848，CR = 0.908，AVE = 0.767）	
BTP1：买家认为我们平台一直能被信任	0.875
BTP2：买家认为我们平台能做正确的事情	0.862
BTP3：买家认为我们平台非常正直	0.889
平台绩效（Cronbach's α = 0.718，CR = 0.841，AVE = 0.639）	
PER1：投资回报率与目标相比	0.812
PER2：销售额与目标相比	0.781

续表

测量题项	因子载荷
PER3：利润与目标相比	0.805
平台动态性（Cronbach's α = 0.918，CR = 0.947，AVE = 0.856）	
DYN1：我们的顾客需求变化很多	0.921
DYN2：我们经常惊讶于买家和卖家的行为	0.913
DYN3：许多顾客经常加入或者离开我们的平台	0.941
IT 能力（Cronbach's α = 0.779，CR = 0.868，AVE = 0.688）	
ITC1：我们有很强的 IT 计划能力	0.770
ITC2：我们有丰富的 IT 经验	0.884
ITC3：我们有丰富的 IT 知识	0.829

另外，由于本章在每一个第三方 B2B 电子商务平台企业选取了两位被访者各自填写一份问卷，然后取两位被访者分数的平均值作为该企业的打分。所以，本章进一步检验了每个平台企业两位被访者的评分一致性（inter-rater agreement）。本章遵循以往的研究，采用指标 r_{wg} 来衡量评分一致性（Brown and Hauenstein，2005；Lebreton et al.，2003）。所有变量中最小的平均 r_{wg} 值为 0.912，大于 0.7 的临界值（James et al.，1984）。所以，本章中同一个平台企业不同被访者的回答保持了较高的一致性。

2.6.3　效度检验

在本章中，我们采用如下方法对聚合效度进行检验。首先，对所用指标进行探索性因子分析，发现所用的指标在不同的因子上不存在交叉载荷。其次，通过验证性因子分析，发现所有的因子载荷均显著，且最小的因子载荷为 0.770（表 2-7），大于 0.7 的临界值，表明测量具有较好的聚合效度（Carmines and Zeller，1979）。最后，根据因子载荷计算了每个变量的 AVE 值。所有变量的 AVE 取值介于 0.639～0.910（表 2-7），大于临界值 0.5，表明变量的测量具有良好的聚合效度（Fornell and Larcker，1981）。

另外，针对判别效度，我们采用了几种方法进行检验。第一，对任意两个变量之间的相关系数在 95%的置信区间是否包括 1 进行检验，如果该置信区间不包括 1，则说明不同变量之间能够进行区分，具有良好的判别效度（Anderson and Gerbing，1988）。我们的检验结果满足上述要求，表明所有变量具有较好的判别效度。第二，对所有变量的 AVE 值取平方根，当 AVE 值的平方根比任意两个变量相关系数的绝对值都大时，则说明变量之间的判别效度较高（Fornell and Larcker，1981）。从表 2-6 来看，最小的 AVE 值平方根 0.799 大于任何相关系数的绝对值，所以变量判别效度较好。第三，使用异质-单质（heterotrait- monotrait，HTMT）比率相关系数来检验变量的判别效度。当 HTMT 值达到一定程度的时候，变量之间就无法进行有效的区分，一般认为小于 0.85 是可以接受的范围（Clark and Watson，1995）。从表 2-8 来看，本章中最大的 HTMT 值为 0.614，小于 0.85 的临界值，这表明变量之间具有较好的判别效度。此外，我们根据 Henseler 等（2015）的建议，进一步检验 HTMT 值 95% 的置信区间，如果置信区间包含 1，则变量之间缺少判别效度，相反则变量之间能够进行有效的区分。从结果来看，所有 HTMT 值 95% 的置信区间都不含 1，这进一步验证了变量具有良好的判别效度。综上所述，变量具有较好的聚合效度和判别效度。

表 2-8　HTMT 相关系数

变量	1	2	3	4	5	6	7	8	9	10
1. 惩罚强度	1									
2. 惩罚速度	0.312	1								
3. 卖家激励	0.284	0.300	1							
4. 买家激励	0.300	0.185	0.434	1						
5. 机会主义行为	0.614	0.408	0.342	0.269	1					
6. 信任	0.588	0.455	0.362	0.111	0.446	1				
7. 平台绩效	0.510	0.347	0.423	0.329	0.504	0.583	1			
8. 平台动态性	0.189	0.157	0.148	0.244	0.071	0.245	0.171	1		
9. IT 能力	0.241	0.178	0.255	0.107	0.249	0.140	0.249	0.094	1	
10. 平台规模	0.073	0.042	0.189	0.016	0.085	0.029	0.027	0.160	0.247	1

注：HTMT 相关系数小于 0.85 说明判别效度较好

2.6.4　共同方法偏差检验

在本章中，我们从程序控制和统计控制两个方面来降低与检验共同方法偏差。

在程序控制方面，我们首先在进行问卷调研时向被访者保证调研的匿名性，以确保其可以放心作答。其次，为了丰富数据来源，我们在进行数据收集时在每一家被访的第三方 B2B 电子商务平台企业选择了两名被访者。每名被访者分别回答所有问题，然后取二者的平均值作为这个企业的分数。这种做法可以在一定程度上降低数据的同源性程度（Podsakoff et al.，2003）。最后，我们在进行问卷设计的时候，将问卷分成不同的小节，这样回答者就需要停下来阅读每一小节的回答指示。同时，我们在不同小节使用不同的回答范式。例如，我们采用了不符合或符合的利克特 7 级量表，同时也使用不同意或同意、不满意或满意的利克特 7 级量表。通过使用不同的语言模式，可以有效地降低共同方法偏差（Grewal et al.，2010）。

另外，我们采用了以下三种统计控制方法来检验共同方法偏差。第一，采用赫尔曼单因子法来检验共同方法偏差。本章对所有变量的测量题项进行探索性因子分析，从结果来看测量题项没有全部载荷在同一因子上，而且没有发现析出一个因子可以解释大部分方差，因此我们的数据共同方法偏差影响较小（Podsakoff and Organ，1986）。第二，根据 Lindell 和 Whitney（2001）的建议，采用标记变量（marker variable）的方法来检验共同方法偏差。所有变量中最小的正相关系数作为共同方法偏差的近似估计，如果根据这个最小正相关系数计算调整后的所有相关系数显著性没有发生变化，则表明数据的共同方法偏差问题不严重（Lindell and Whitney，2001）。从表 2-6 可以看出最小的正相关系数为 0.018，以此为基础我们计算发现，调整后的自变量和因变量之间的显著性没有发生变化，这表明我们的数据没有明显的共同方法偏差问题。第三，根据 Liang 等（2007）的推荐，在模型中加入共同方法因子，并且使所有题项都载荷到此共同方法因子上，然后计算每个测量题项在方法因子上解释的方差百分比，以及每个测量题项在自身变量上解释的方差百分比。从表 2-9 的结果来看，主变量平均解释了 78% 的方差，而方法因子平均只解释了 0.2% 的方差，所以主变量解释的方差比例明显比方法因子大很多。而且，我们的模型在控制方法因子的影响后，所有变量之间的关系保持不变。另外，从表 2-9 可以发现很多方法因子的载荷都不显著，这也表明共同方法偏差的影响不显著。

表 2-9　共同方法偏差检验结果

变量	题项	主变量载荷（R_1）	R_1^2	方法因子载荷（R_2）	R_2^2
惩罚强度	PSE1	0.824***	0.679	0.009	0.000
	PSE2	0.851***	0.724	−0.016	0.000
	PSE3	0.822***	0.676	0.007	0.000
惩罚速度	PSP1	0.847***	0.717	−0.002	0.000
	PSP2	0.867***	0.752	−0.003	0.000
	PSP3	0.887***	0.787	0.005	0.000
卖家激励	INS1	0.989***	0.978	−0.065	0.004
	INS2	0.961***	0.924	0.004	0.000
	INS3	0.964***	0.929	0.001	0.000

续表

变量	题项	主变量载荷 (R_1)	R_1^2	方法因子载荷 (R_2)	R_2^2
卖家激励	INS4	0.963***	0.927	0.005	0.000
	INS5	0.885***	0.783	0.055	0.003
买家激励	INB1	0.986***	0.972	−0.076*	0.006
	INB2	0.981***	0.962	−0.018	0.000
	INB3	0.921***	0.848	0.055*	0.003
	INB4	0.974***	0.949	−0.012	0.000
	INB5	0.909***	0.826	0.049	0.002
机会主义行为	OPP1	0.806***	0.650	0.022	0.000
	OPP2	0.847***	0.717	0.023	0.001
	OPP3	0.800***	0.640	−0.065	0.004
	OPP4	0.791***	0.626	0.023	0.001
信任	BTP1	0.907***	0.823	−0.050	0.003
	BTP2	0.900***	0.810	−0.052	0.003
	BTP3	0.823***	0.677	0.099*	0.010
平台绩效	PER1	0.713***	0.508	0.128*	0.016
	PER2	0.839***	0.704	−0.083	0.007
	PER3	0.847***	0.717	−0.046	0.002
平台动态性	DYN1	0.917***	0.841	−0.004	0.000
	DYN2	0.938***	0.880	0.020	0.000
	DYN3	0.927***	0.859	−0.016	0.000
IT 能力	ITC1	0.830***	0.689	−0.043	0.002
	ITC2	0.842***	0.709	−0.028	0.001
	ITC3	0.827***	0.684	0.069	0.005
平均		0.881	0.780	−0.000 16	0.002

*表示 $p < 0.05$，***表示 $p < 0.001$

综合以上的分析来看，共同方法偏差对数据影响较小，模型检验的结果可信度较高。

2.6.5　假设检验

1. 惩罚与激励对机会主义行为的作用

为了对模型假设进行检验，我们使用 SmartPLS 3.0 软件对模型进行估计，路径系数的估计结果如表 2-10 所示。我们发现平台企业对卖家的惩罚强度可以减少卖家对平台企业的机会主义行为（$\beta = -0.402$，$p < 0.001$），同时平台企业对卖

家的惩罚速度也能够减少卖家对平台企业的机会主义行为（$\beta = -0.196, p < 0.01$）。所以，H2-1a 和 H2-1b 都得到验证。另外，我们也发现平台对卖家的激励可以显著地减少卖家对平台企业的机会主义行为（$\beta = -0.153, p < 0.05$），因此，H2-3 也得到验证。

表 2-10　路径系数检验结果

路径	系数	标准误	t 值
$\beta_{PSE \to OPP}$：惩罚强度→机会主义行为	-0.402^{***}	0.070	5.742
$\beta_{PSE \to BTP}$：惩罚强度→信任	0.414^{***}	0.053	7.829
$\beta_{PSP \to OPP}$：惩罚速度→机会主义行为	-0.196^{**}	0.066	2.974
$\beta_{PSP \to BTP}$：惩罚速度→信任	0.292^{***}	0.061	4.795
$\beta_{INS \to OPP}$：卖家激励→机会主义行为	-0.153^{*}	0.070	2.171
$\beta_{INB \to BTP}$：买家激励→信任	-0.043	0.066	0.641
$\beta_{OPP \to PER}$：机会主义行为→平台绩效	-0.152^{*}	0.071	2.129
$\beta_{BTP \to PER}$：信任→平台绩效	0.276^{**}	0.088	3.133

*表示 $p < 0.05$，**表示 $p < 0.01$，***表示 $p < 0.001$

　　另外，我们比较了惩罚机制、激励机制与机会主义行为路径系数的相对大小，以探明平台企业对卖家使用的惩罚机制与激励机制在减少卖家对平台企业的机会主义行为方面的作用大小。为了比较作用的相对大小，我们将路径系数相减，然后通过 Bootstraping 法，重复抽样 10 000 次，获得 95% 的偏差校正置信区间以检验差值是否显著区别于零。置信区间不包含零说明差异显著，包含零则说明差异不显著。

　　表 2-11 的结果显示，平台企业对卖家的惩罚强度比惩罚速度更能够有效地减少卖家对平台企业的机会主义行为（$\Delta\beta = -0.206, [-0.394, -0.017]$），所以 H2-2 得到证实。另外平台对卖家的惩罚强度比平台企业对卖家的激励也更可以有效地减少卖家对平台企业的机会主义行为（$\Delta\beta = -0.249, [-0.444, -0.005]$），因此 H2-4a 也被验证。但是，我们发现平台企业对卖家的惩罚速度与平台企业对卖家的激励在减少卖家对平台的机会主义方面并没有显著的差异（$\Delta\beta = -0.043, [-0.248, 0.185]$），所以 H2-4b 没有通过验证。H2-4b 没有得到支持的原因可能是平台企业对违规卖家之所以能够采取快速的惩罚措施得益于平台企业事先已经建立好的规章制度。这些成熟的规章制度已经写明了违规卖家所要接受的处罚以及需要付出的代价。所以，卖家在采取机会主义行为之前已经做好了收益成本分析，对可能遭受的经济损失已经有足够的心理准备。因此，对于平台企业可以快速采取惩罚措施的这些机会主义行为，卖家面对平台企业实施的惩罚并不会产生应有的害怕

感。也就是说，平台企业对卖家的威慑因为卖家对惩罚带来的损失有了充分的心理准备而减弱了。所以，平台企业对卖家惩罚速度的作用在治理卖家对平台企业的机会主义行为方面可能并没有显著大于平台对卖家激励的作用。

表 2-11 惩罚机制与激励机制对机会主义行为作用大小比较

$\Delta\beta$	估计值	95%置信区间	结论
$\beta_{PSE\to OPP}-\beta_{PSP\to OPP}$	−0.206	[−0.394, −0.017]	$\beta_{PSE\to OPP}>\beta_{PSP\to OPP}$
$\beta_{PSE\to OPP}-\beta_{INS\to OPP}$	−0.249	[−0.444, −0.005]	$\beta_{PSE\to OPP}>\beta_{INS\to OPP}$
$\beta_{PSP\to OPP}-\beta_{INS\to OPP}$	−0.043	[−0.248, 0.185]	$\beta_{PSP\to OPP}\approx\beta_{INS\to OPP}$

2. 惩罚与激励对信任的作用

研究结果如表 2-10 所示，平台企业对卖家的惩罚强度可以显著地提高买家对平台企业的信任（$\beta=0.414$，$p<0.001$），同时平台企业对卖家的惩罚速度也能增加买家对平台企业的信任（$\beta=0.292$，$p<0.001$）。所以，H2-7a 和 H2-7b 都得到支持。另外，平台企业对买家的激励并不能有效地提升买家对平台企业的信任（$\beta=-0.043$，$p>0.05$），H2-9 未得到验证。H2-9 未通过验证的原因可能是虽然第三方 B2B 电子商务平台在最近几年快速崛起，但是这些企业大都处在发展阶段的早期，不确定性相对较高。在波动性较大的市场环境中，平台企业会通过向买家提供激励的方式来吸引买家加入平台、使用平台进行交易。但是这种对买家的激励，特别是较高水平的激励不仅会使平台企业投入大量资源，陷入比较危险的境地，同时也会让买家认为平台企业不够强大，不够可靠。因为，平台企业需要使用如此高水平的激励措施才能够吸引买家。因此，平台企业对买家的激励并不一定可以建立买家对平台企业的信任。

此外，我们也比较了惩罚机制、激励机制在建立买家对平台企业信任方面的作用大小。研究结果如表 2-12 所示，平台企业对卖家的惩罚强度与惩罚速度在影响买家对平台企业的信任方面没有显著的差异（$\Delta\beta=0.122$，[−0.051, 0.304]），所以 H2-8 未通过。H2-8 未得到验证的原因可能是惩罚速度说明平台企业可以及时地阻止卖家的机会主义行为，而惩罚强度则说明平台企业对违规卖家施以重罚，二者都可以起到伸张正义的作用。同时，惩罚强度与惩罚速度都可以向平台上的买家传递出积极的信号，即平台企业可以规范卖家的行为，建立安全的交易环境。因此，平台企业对卖家的惩罚强度与惩罚速度在建立买家对平台企业的信任方面没有显著差异。平台企业对卖家的惩罚强度比平台企业对买家的激励更能够提升买家对平台企业的信任（$\Delta\beta=0.457$，[0.251, 0.643]），所以 H2-10a 得到验证。同时，我们也发现平台企业对卖家的惩罚速度比平台企业对买家的激励更能够建立买家对平台企业的信任（$\Delta\beta = 0.335$，[0.153, 0.505]），因此 H2-10b，也得到支持。

表 2-12　惩罚机制与激励机制对信任作用大小比较

$\Delta\beta$	估计值	95%置信区间	结论
$\beta_{PSE\rightarrow BTP}-\beta_{PSP\rightarrow BTP}$	0.122	[−0.051, 0.304]	$\beta_{PSE\rightarrow BTP}\approx\beta_{PSP\rightarrow BTP}$
$\beta_{PSE\rightarrow BTP}-\beta_{INB\rightarrow BTP}$	0.457	[0.251, 0.643]	$\beta_{PSE\rightarrow BTP}>\beta_{INB\rightarrow BTP}$
$\beta_{PSP\rightarrow BTP}-\beta_{INB\rightarrow BTP}$	0.335	[0.153, 0.505]	$\beta_{PSP\rightarrow BTP}>\beta_{INB\rightarrow BTP}$

3. 中介作用检验

我们使用 SmartPLS 3.0 软件，运用 Bootstrapping 法，重复抽样 10 000 次，对中介效应的显著性进行检验（Streukens and Leroi-Werelds，2016；Nitzl et al.，2016）。从表 2-13 的研究结果来看，平台企业对卖家的惩罚强度可以通过减少卖家对平台企业的机会主义行为来提升平台绩效（$M = 0.061$，[0.008, 0.138]），H2-5a 得到验证。同时，平台企业对卖家的惩罚速度也可以通过减少卖家对平台企业的机会主义行为来提升平台绩效（$M = 0.030$，[0.003, 0.084]），H2-5b 也得到支持。平台企业对卖家的激励可以通过减少卖家对平台企业的机会主义行为来提高平台绩效（$M = 0.023$，[0.001, 0.065]），所以 H2-6 得到验证。此外，我们发现平台企业对卖家的惩罚强度（$M = 0.114$，[0.045, 0.203]）与惩罚速度（$M = 0.081$，[0.026, 0.160]）都可以通过建立买家对平台企业的信任来提高平台绩效，H2-11a 和 H2-11b 均得到验证。平台企业对买家的激励并不能通过提升买家对平台企业的信任来促进平台绩效的提高（$M = -0.012$，[−0.057, 0.024]），H2-12 未被支持。H2-12 未得到验证的主要原因是平台企业对买家的激励不能有效地提高买家对平台企业的信任，即 H2-9 未被证实。解释参照 H2-9 被拒绝的原因。

表 2-13　中介分析结果

中介路径	中介效应（M）	95%置信区间
M_1：惩罚强度→机会主义行为→平台绩效	0.061	[0.008, 0.138]
M_2：惩罚速度→机会主义行为→平台绩效	0.030	[0.003, 0.084]
M_3：卖家激励→机会主义行为→平台绩效	0.023	[0.001, 0.065]
M_4：惩罚强度→信任→平台绩效	0.114	[0.045, 0.203]
M_5：惩罚速度→信任→平台绩效	0.081	[0.026, 0.160]
M_6：买家激励→信任→平台绩效	−0.012	[−0.057, 0.024]

4. 稳健性检验

为了进一步检验研究结果的稳健性，我们进行了如下的稳健性分析。

第一，在中介作用分析的基础之上，对中介作用的相对大小进行了比较。为了比较不同中介作用的大小，我们必须检验方程 $D_M = M_X - M_Y$。此方程中，M_X 和 M_Y 分别代表两个不同的中介作用，D_M 代表这两个不同中介作用的差值。当 D_M 显著不等于 0 时，则表明中介作用 M_X 和中介作用 M_Y 有显著差异，相反则说明 M_X 和 M_Y 在大小上没有显著差异。结合之前中介作用分析得到的中介作用结果，我们对经过中介变量机会主义行为和信任的六个中介作用以中介变量为标准分成两组进行了中介作用大小的比较。

从表 2-14 的结果来看，比较通过机会主义行为的三条中介路径，我们发现平台企业惩罚强度通过卖家对平台企业的机会主义行为提升平台绩效的中介作用最大（$M_1 - M_2 = 0.031$，[0.002, 0.091]；$M_1 - M_3 = 0.038$，[0.001, 0.111]）。但是平台企业对卖家惩罚速度与平台企业对卖家激励通过卖家对平台企业的机会主义行为来提高平台绩效的中介作用没有显著差异（$M_2 - M_3 = 0.007$，[−0.024, 0.059]）。通过信任的三条中介路径，我们发现平台企业的惩罚强度与惩罚速度通过买家对平台企业的信任来提升平台绩效的中介作用没有显著差异（$M_4 - M_5 = 0.033$，[−0.011, 0.099]）。但是，平台企业对卖家的惩罚强度（$M_4 - M_6 = 0.126$，[0.049, 0.244]）与惩罚速度（$M_5 - M_6 = 0.093$，[0.029, 0.196]）都比平台企业对买家的激励通过买家对平台企业的信任来提高平台绩效的中介作用大。所有中介作用的比较结果与路径系数的比较结果一致，说明我们的研究结果稳健性较好。

表 2-14   中介作用大小比较

中介作用比较路径	D_M	95%置信区间
$M_1 - M_2$	0.031	[0.002, 0.091]
$M_1 - M_3$	0.038	[0.001, 0.111]
$M_2 - M_3$	0.007	[−0.024, 0.059]
$M_4 - M_5$	0.033	[−0.011, 0.099]
$M_4 - M_6$	0.126	[0.049, 0.244]
$M_5 - M_6$	0.093	[0.029, 0.196]

第二，通过指标 f^2 来比较平台企业使用的惩罚机制与激励机制在抑制卖家对平台企业机会主义行为，以及建立买家对平台企业信任方面的作用大小。f^2 通常被用来测量自变量对因变量的作用大小。f^2 值越大，说明自变量对因变量的影响也越大。我们通过比较不同自变量对同一个因变量的 f^2 值来比较不同自变量作用

的相对大小。f^2 的计算公式如下：

$$f^2 = (R^2_{\text{include}} - R^2_{\text{exclude}}) / (1 - R^2_{\text{include}})$$

其中，R^2_{include} 表示包含自变量时因变量被解释的方差；R^2_{exclude} 表示排除自变量后因变量被解释的方差。

从表 2-15 以及表 2-16 的结果来看，平台企业对卖家的惩罚强度比惩罚速度更能减少卖家对平台企业的机会主义行为（$\Delta f^2 = 0.160$，[0.013, 0.389]）。同时，平台企业对卖家的惩罚强度也比平台企业对卖家的激励在减少卖家对平台企业的机会主义行为方面更有效（$\Delta f^2 = 0.180$，[0.009, 0.421]）。平台企业对卖家的惩罚速度与平台企业对卖家的激励在减少卖家对平台企业的机会主义行为方面没有显著差异（$\Delta f^2 = 0.020$，[-0.089, 0.134]）。对提高买家对平台企业的信任而言，平台对卖家的惩罚强度与惩罚速度没有显著的区别（$\Delta f^2 = 0.106$，[-0.058, 0.281]）。而平台企业对卖家的惩罚强度比平台企业对买家的激励在提高买家对平台企业的信任方面更加有效（$\Delta f^2 = 0.218$，[0.106, 0.377]）。平台企业对卖家的惩罚速度也比平台企业对买家的激励更能够建立买家对平台企业的信任（$\Delta f^2 = 0.112$，[0.027, 0.259]）。综合以上这些对惩罚强度、惩罚速度以及激励机制作用大小的比较结果，我们可以发现对 f^2 值的比较与直接比较路径系数的结果保持一致，这进一步说明我们的研究结果具有较好的稳健性。

表 2-15　f^2 结果

路径	f^2
f_1^2：惩罚强度→机会主义行为	0.210
f_2^2：惩罚速度→机会主义行为	0.050
f_3^2：卖家激励→机会主义行为	0.030
f_4^2：惩罚强度→信任	0.220
f_5^2：惩罚速度→信任	0.114
f_6^2：买家激励→信任	0.002

表 2-16　f^2 值比较结果

比较关系	Δf^2	95%置信区间	结论
$f_1^2 - f_2^2$	0.160	[0.013, 0.389]	$f_1^2 > f_2^2$
$f_1^2 - f_3^2$	0.180	[0.009, 0.421]	$f_1^2 > f_3^2$
$f_2^2 - f_3^2$	0.020	[-0.089, 0.134]	$f_2^2 \approx f_3^2$

续表

比较关系	Δf^2	95%置信区间	结论
$f_4^2 - f_5^2$	0.106	[−0.058, 0.281]	$f_4^2 \approx f_5^2$
$f_4^2 - f_6^2$	0.218	[0.106, 0.377]	$f_4^2 > f_6^2$
$f_5^2 - f_6^2$	0.112	[0.027, 0.259]	$f_5^2 > f_6^2$

第三，通过重新调整模型，删掉其中一些变量，再次检验原假设。首先，我们排除变量平台对买家的激励和买家对平台企业的信任，只考虑平台企业对卖家的惩罚强度、惩罚速度以及激励对机会主义行为和平台绩效的作用。从表 2-17 的结果来看，平台企业对卖家的惩罚强度（$\beta = -0.403$，$p < 0.001$）与惩罚速度（$\beta = -0.197$，$p < 0.01$）都能减少卖家对平台企业的机会主义行为。平台企业对卖家的激励也可以减少卖家对平台企业的机会主义行为（$\beta = -0.152$，$p < 0.05$）。

表 2-17　删除信任与买家激励的路径系数

路径	系数	标准误	t 值
$\beta_{\text{PSE}\rightarrow\text{OPP}}$：惩罚强度→机会主义行为	-0.403^{***}	0.070	5.786
$\beta_{\text{PSP}\rightarrow\text{OPP}}$：惩罚速度→机会主义行为	-0.197^{**}	0.066	2.993
$\beta_{\text{INS}\rightarrow\text{OPP}}$：卖家激励→机会主义行为	-0.152^{*}	0.071	2.143
$\beta_{\text{OPP}\rightarrow\text{PER}}$：机会主义行为→平台绩效	-0.185^{*}	0.078	2.352

*表示 $p < 0.05$，**表示 $p < 0.01$，***表示 $p < 0.001$

另外，我们也比较了路径系数的大小，如表 2-18 所示。研究结果显示平台企业对卖家的惩罚强度比惩罚速度更能够减少机会主义行为（$\Delta\beta = -0.206$，[−0.403, −0.016]）。平台企业对卖家的惩罚强度比平台企业对卖家的激励更能够减少卖家对平台企业的机会主义行为（$\Delta\beta = -0.251$，[−0.443, −0.006]）。平台企业对卖家的惩罚速度与平台企业对卖家的激励在减少卖家对平台企业的机会主义行为方面没有显著差异（$\Delta\beta = -0.045$，[−0.246, 0.185]）。

表 2-18　删除信任与买家激励的路径系数比较结果

$\Delta\beta$	估计值	95%置信区间	结论
$\beta_{\text{PSE}\rightarrow\text{OPP}} - \beta_{\text{PSP}\rightarrow\text{OPP}}$	−0.206	[−0.403, −0.016]	$\beta_{\text{PSE}\rightarrow\text{OPP}} > \beta_{\text{PSP}\rightarrow\text{OPP}}$
$\beta_{\text{PSE}\rightarrow\text{OPP}} - \beta_{\text{INS}\rightarrow\text{OPP}}$	−0.251	[−0.443, −0.006]	$\beta_{\text{PSE}\rightarrow\text{OPP}} > \beta_{\text{INS}\rightarrow\text{OPP}}$
$\beta_{\text{PSP}\rightarrow\text{OPP}} - \beta_{\text{INS}\rightarrow\text{OPP}}$	−0.045	[−0.246, 0.185]	$\beta_{\text{PSP}\rightarrow\text{OPP}} \approx \beta_{\text{INS}\rightarrow\text{OPP}}$

　　我们还对机会主义行为的中介作用进行了检验。研究结果如表 2-19 所示，卖家对平台企业的机会主义行为在平台企业对卖家的惩罚强度（$M = 0.074$，[0.014, 0.162]）、惩罚速度（$M = 0.036$，[0.005, 0.093]）与平台绩效之间的中介作用显著。平台企业对卖家的激励也可以通过减少卖家对平台企业的机会主义行为来提高平台绩效（$M = 0.028$，[0.003, 0.079]）。

表 2-19　删除信任与买家激励的中介作用

中介路径	中介效应（M）	95%置信区间
惩罚强度→机会主义行为→平台绩效	0.074	[0.014, 0.162]
惩罚速度→机会主义行为→平台绩效	0.036	[0.005, 0.093]
卖家激励→机会主义行为→平台绩效	0.028	[0.003, 0.079]

　　总的来说，以上分析的结果与全模型的结果保持一致。

　　其次，我们排除变量平台企业对卖家的激励和卖家对平台企业的机会主义行为，只考虑平台企业对卖家的惩罚强度、惩罚速度以及平台企业对买家的激励在提升买家对平台企业的信任和提高平台绩效方面的作用。从表 2-20 的结果来看，平台企业对卖家的惩罚强度（$\beta = 0.414$，$p < 0.001$）与惩罚速度（$\beta = 0.293$，$p < 0.001$）都可以有效地建立买家对平台企业的信任。平台企业对买家的激励却不能提高买家对平台企业的信任（$\beta = -0.042$，$p > 0.05$）。

表 2-20　删除机会主义行为与卖家激励的路径系数

路径	系数	标准误	t 值
$\beta_{PSE \to BTP}$：惩罚强度→信任	0.414***	0.052	7.996
$\beta_{PSP \to BTP}$：惩罚速度→信任	0.293***	0.062	4.757
$\beta_{INB \to BTP}$：买家激励→信任	−0.042	0.065	0.637
$\beta_{BTP \to PER}$：信任→平台绩效	0.328***	0.083	3.973

***表示 $p < 0.001$

　　此外，我们也对惩罚机制和激励机制影响信任的作用大小进行了比较（表 2-21）。研究结果显示，平台企业对卖家的惩罚强度与惩罚速度在提高买家对平台企业的信任方面没有显著区别（$\Delta\beta = 0.121$，[−0.048, 0.303]）。平台企业对卖家的惩罚强度（$\Delta\beta = 0.456$，[0.255, 0.641]）与惩罚速度（$\Delta\beta = 0.335$，[0.160, 0.510]）都比平台企业对买家的激励更能够提高买家对平台企业的信任。

表 2-21　删除机会主义行为与卖家激励的路径系数比较结果

$\Delta\beta$	估计值	95%置信区间	结论
$\beta_{PSE\to BTP}-\beta_{PSP\to BTP}$	0.121	[−0.048, 0.303]	$\beta_{PSE\to BTP}\approx\beta_{PSP\to BTP}$
$\beta_{PSE\to BTP}-\beta_{INB\to BTP}$	0.456	[0.255, 0.641]	$\beta_{PSE\to BTP}>\beta_{INB\to BTP}$
$\beta_{PSP\to BTP}-\beta_{INB\to BTP}$	0.335	[0.160, 0.510]	$\beta_{PSP\to BTP}>\beta_{INB\to BTP}$

同时，我们也检验了买家对平台企业的信任所发挥的中介作用。研究结果如表 2-22 所示，平台企业对卖家的惩罚强度（$M=0.136$，[0.069, 0.221]）与惩罚速度（$M=0.096$，[0.036, 0.178]）都可以通过建立买家对平台企业的信任进而提高平台绩效。平台对买家的激励通过买家对平台企业的信任影响平台绩效的中介作用不显著（$M=-0.014$，[−0.063, 0.028]）。所以，以上这些结果也与全模型的结果保持一致。

表 2-22　删除机会主义行为与卖家激励的中介作用

中介路径	中介效应（M）	95%置信区间
惩罚强度→信任→平台绩效	0.136	[0.069, 0.221]
惩罚速度→信任→平台绩效	0.096	[0.036, 0.178]
买家激励→信任→平台绩效	−0.014	[−0.063, 0.028]

总的来说，所有的稳健性检验结果都表示本章的实证分析结果具有一定的稳健性。

2.7　讨论与启示

2.7.1　研究结果讨论

1. 惩罚机制作用的讨论

H2-1a 和 H2-1b 探讨了平台企业对卖家的惩罚强度和惩罚速度与卖家对平台企业的机会主义行为之间的关系。实证结果显示，平台企业对卖家的惩罚强度可以有效地减少卖家对平台企业的机会主义行为。该研究结果证实平台企业对违规卖家使用的惩罚力度越大、越严苛，如终止合作关系或者将违规卖家驱逐出平台，则卖家对平台企业采取机会主义行为的可能性越小。此外，我们也发现平台企业对卖家的惩罚速度也可以减少卖家对平台企业的机会主义行为。以往的研究对惩罚机制的关注大都强调惩罚强度的作用（Kumar et al.，1998；Antia and Frazier，

2001；Wang et al.，2012；Kashyap and Murtha，2017），而忽略了对惩罚机制其他维度的探究。Antia 等（2006）指出惩罚速度是惩罚机制重要的组成部分，提高惩罚速度可以减小受罚者调整自己行为的空间，强化惩罚措施对受罚者的制裁效果。本章的数据分析结果显示，平台企业对违规卖家采取惩罚措施的速度越快，卖家采取机会主义行为的可能性就越小。另外，我们进一步地深入分析发现，平台企业对卖家的惩罚强度比惩罚速度更能够有效地减少卖家对平台企业的机会主义行为（H2-2）。这说明惩罚强度与惩罚速度都是重要的治理机制，但是它们对卖家的威慑作用却并不一致。

　　H2-7a 和 H2-7b 关注了平台企业对卖家的惩罚强度和惩罚速度在建立买家对平台企业的信任方面的作用。研究结果显示，无论是惩罚强度还是惩罚速度都可以增加买家对平台企业的信任。这表明与以往研究不同，惩罚机制不只对受罚者产生影响（Ishida and Brown，2011；Wang et al.，2012；Kashyap et al.，2012；Antia et al.，2006）。从研究结果可以看出，平台企业对卖家采取惩罚措施除了对卖家产生威慑作用以外，同时也会对平台上的买家产生积极的影响，即增进买家对平台企业的信任。这说明在卖家–平台企业–买家这种三边关系中，惩罚机制的作用和影响范围远不止施罚者和受罚者这两个主体，作为观察者的买家也会受到惩罚机制溢出效应的影响。所以，以上这些结果也说明在第三方 B2B 电子商务平台这种情境下，平台企业对违规卖家使用的惩罚措施可以从卖家和买家两方面影响平台企业。另外，以上的研究结果再一次证明惩罚速度的确是一种重要的治理机制，惩罚速度作为惩罚机制不可分割的一部分会对惩罚机制的使用效果产生重要的影响。H2-8 比较了平台企业对卖家的惩罚强度与惩罚速度在建立买家对平台企业的信任方面的作用，研究结果显示惩罚强度与惩罚速度之间的作用没有显著差异。这结果进一步说明惩罚速度是惩罚机制的重要组成部分。而且，面对不同的结果变量时惩罚强度与惩罚速度之间的作用也是不同的。

　　综合 H2-1a、H2-1b、H2-2、H2-7a、H2-7b 和 H2-8 的研究结果，惩罚机制在第三方 B2B 电子商务平台上的作用效果得到了充分验证。无论是惩罚强度还是惩罚速度，都会对平台上的不同主体（卖家和买家）产生影响。而且，惩罚强度与惩罚速度都是惩罚机制至关重要的维度，并且惩罚强度与惩罚速度在管理效果上存在一些差异。

2. 激励机制作用的讨论

　　H2-3 关注了平台企业对卖家的激励如何影响卖家对平台企业的机会主义行为。研究结果显示，平台企业的确可以通过加大对卖家的激励力度，如给予卖家更多的经济激励或者提供给卖家更多的优惠政策来降低卖家对平台企业采取违规行为谋取私利的动机，并且规范卖家的行为。以往关于激励机制的研究就指出，激励不仅可以推动企业采取期望的行为（Williamson，1991），同时也能够阻止企业为了短期利益采取不当行为（Kumar et al.，2011）。本章的研究结论进一步证实在第三方 B2B 电子商务平台情境下，激励机制能够发挥其补偿作用来影响卖家的行为。

另外，本章的 H2-9 探讨了平台企业对买家采取的激励措施是如何影响买家对平台企业的信任的。从数据分析结果来看，平台企业对买家使用的经济激励、补贴或优惠等措施并不能提升买家对平台企业的信任水平（$\beta = -0.043$，$p > 0.05$）。尽管现有研究认为激励可以降低风险和不确定性的感知（Chelariu et al.，2014），但是有部分研究也指出激励机制并不总是能够达到预期的效果（Ryan and Deci，2000；Akerlof and Kranton，2005；Reimer and Benkenstein，2016）。另外，数据分析的结果显示，虽然平台企业对买家的激励不能提升买家对平台企业的信任，但是平台企业对买家的激励却可以通过直接作用提高平台绩效（$\beta = 0.165$，$p < 0.05$）。这说明，平台企业对买家的激励其实是可以促进平台绩效的提升的，但是平台企业对买家的激励的作用机理与路径并不是通过影响买家对平台企业的信任。所以，这并不能表明平台企业对买家使用的激励机制是无效的，只是平台企业需要根据自己的管理目标来慎重地选择是否对买家使用激励机制。

总的来看，本章的结果基本上证实了激励机制在第三方 B2B 电子商务平台情境下的有效性。但是，我们也发现平台企业对卖家和对买家的激励，其作用机制是完全不同的。所以，平台企业在使用激励机制之前有必要搞清楚激励机制的作用原理以及影响对象。

3. 惩罚机制与激励机制的作用比较

在对惩罚机制和激励机制作用分析的基础上，我们进一步比较了惩罚机制与激励机制作用效果的差异。其中，H2-4a 和 H2-4b 主要探索了平台企业对卖家使用的惩罚机制与激励机制在管理卖家对平台企业的机会主义行为方面的差异。本章的结果表明，平台企业对卖家的惩罚强度比平台企业对卖家的激励更能够减少卖家对平台企业的机会主义行为。但是，平台企业对卖家的惩罚速度与平台企业对卖家的激励在减少卖家对平台企业的机会主义行为方面则没有显著的差异。虽然以往的研究已经对惩罚机制与激励机制的作用有了非常多的探讨（Antia and Frazier，2001；Antia et al.，2006；Gilliland and Kim，2014；Sun et al.，2017），但是还未有研究对惩罚机制与激励机制的作用大小进行比较。本章的结果说明，虽然惩罚机制与激励机制在减少卖家对平台企业的机会主义行为方面都是有效的，但是影响效果上却存在显著的差异。相对来说，在本章中平台企业对卖家的惩罚强度被证实是减少卖家对平台企业的机会主义行为最有效的治理机制。这也说明平台企业在管理卖家对平台企业的机会主义行为时，应该更多地考虑提高对违规卖家的惩罚强度。

另外，H2-10a 和 H2-10b 比较了惩罚机制和激励机制在建立买家对平台企业的信任方面的差异。研究结果表明，平台企业对卖家的惩罚强度与惩罚速度都比激励机制更能够有效地建立买家对平台企业的信任。这说明，惩罚机制相对激励机制来说，在建立买家对平台企业的信任方面效果更好。同时，这也进一步说明了在第三方 B2B 电子商务平台上，买家对交易风险的感知是十分敏感的。平台企业需要严格地规范卖家的行为，创造一个安全的在线交易环境，才能够真正地提高买家对平台企业的信任。

从以上比较治理机制作用效果的结果来看，平台企业使用的惩罚机制与激励机制确实在管理效果上存在显著差异，而且这种差异根据惩罚和激励的目的（如减少机会主义行为或者建立信任）有着不同的体现。此外，我们也可以看出惩罚强度与惩罚速度虽然都是属于惩罚机制，但是其作用效果也会有些不同。这也进一步证明了将惩罚机制划分为惩罚强度与惩罚速度的必要性。

4. 中介作用的讨论

H2-5a、H2-5b 和 H2-6 探讨了卖家对平台企业的机会主义行为在平台企业对卖家使用的惩罚机制、激励机制与平台绩效之间的中介作用。研究结果表明，平台企业对卖家的惩罚强度和惩罚速度可以通过减少卖家对平台企业的机会主义行为来提高平台绩效。同时，平台企业对卖家的激励也同样可以通过减少卖家对平台企业的机会主义行为来提高平台绩效。这些研究结果说明，在第三方 B2B 电子商务平台上，平台企业对卖家的管理是非常重要的，尤其是需要规范卖家的行为，减少卖家采取机会主义行为的动机。平台企业只有管好卖家，平台绩效才能够有保障。

H2-11a、H2-11b 和 H2-12 关注了买家对平台企业的信任在惩罚机制、激励机制与平台绩效之间的中介作用。研究结果显示，平台企业对卖家的惩罚强度与惩罚速度都可以通过建立买家对平台企业的信任提高平台绩效。然而，平台企业却不能通过激励买家来增加买家对平台企业的信任，并继而提高平台绩效。这些研究结论基本上证明了建立买家对平台企业的信任是至关重要的。这也说明了买家在第三方 B2B 电子商务平台上是不可或缺的重要组成部分。平台企业同样需要重视买家的作用，才能够提升整个平台的绩效。

总的来说，通过探究卖家对平台企业的机会主义行为以及买家对平台企业的信任的中介作用，让我们对第三方 B2B 电子商务平台这样的双边市场有了更深刻的认识。在第三方 B2B 电子商务平台上，平台企业需要同时吸引卖家与买家加入平台（Grewal et al.，2010；Chakravarty et al.，2014）。只有同时管理好与卖家和买家的关系，平台企业才能够实现绩效的增长。

5. 其他研究发现

除了以上重点关注的假设以外，我们通过数据分析还得出其他一些结果。我们发现平台企业对卖家的惩罚强度对平台绩效的直接作用不显著（$\beta = 0.063$，$p > 0.05$）。这说明惩罚强度虽然是一种有效的治理机制，可以促进平台绩效的增长，但是惩罚强度的作用机理是先对卖家和买家产生影响，继而间接影响平台企业的。类似地，我们也发现平台企业对卖家的惩罚速度对平台绩效的直接作用也不显著（$\beta = 0.015$，$p > 0.05$），这也表明惩罚速度对平台的影响也是需要先通过卖家和买家才能够最终对平台企业发挥作用。以上的结果也进一步说明第三方 B2B 电子商务平台情境下，平台企业需要同时管理好与卖家和买家的关系才能够最大限度地提高平台绩效。

另外，我们发现平台企业对卖家的激励正向影响平台绩效，但是其作用不显著（$\beta = 0.123$，$p > 0.05$）。这表明平台企业对卖家采用的激励措施没有显著的直接作用，其发挥作用的机理是先通过影响卖家的行为，然后再对平台企业产生影响。不过，我们发现平台企业对买家的激励却可以直接提高平台绩效（$\beta = 0.165$，$p < 0.05$），即买家激励的直接作用显著。这一结果也说明激励机制对卖家和买家的影响路径是有差异的，卖家激励主要是通过中介路径或间接路径发挥作用，而买家激励则是通过直接路径产生效果。所以，即使平台企业使用的治理机制相同，但是由于卖家和买家的差异，其作用效果与机理也会存在不同。

2.7.2　理论启示

通过对上述研究结论的探讨，本章的理论启示主要体现在以下几个方面。

第一，通过把第三方 B2B 电子商务平台研究情境与企业之间关系管理研究有机结合，从平台企业的视角分析了平台企业使用的治理机制（惩罚与激励）如何通过减少卖家对平台企业的机会主义行为、提升买家对平台企业的信任，进而促进平台绩效增长的影响机制，本章把企业之间关系管理研究从二元企业关系范式（如买方-卖方、供应商-分销商）延伸扩展到了双边市场中卖家-平台企业-买家所构成的三元企业关系。

过往研究对治理机制作用的探讨主要集中在二元企业关系情境下（Agarwal et al., 2010；Obadia et al., 2015；Watson et al., 2015；庄贵军等，2019；Kim and Lee, 2017），即关注了某一对关系中一方企业对另一方企业采用治理机制的作用，但是却忽视了这一对关系以外其他相关企业的作用（夏春玉等，2019）。实际上，企业在真实的市场环境中是处于社会网络中的，将二元企业关系从复杂网络中抽离出来，不仅无法充分理解企业行为，同时还容易掉入"二元原子化"陷阱中

（Granovetter，1992）。所以，在二元企业关系范式下关于治理机制的研究结论，并不能很好地应用于企业的管理实践。

随着研究的发展以及学者的呼吁，一些学者已经开始关注三元企业关系范式下治理机制的作用（Kim et al.，2011；Ellram and Murfield，2019），而这些研究主要涉及 B2B 营销和供应链管理（Wynstra et al.，2015；Vedel et al.，2016）。但是，从整体上来看对于三元企业关系中治理机制作用的探讨仍然相对较少，并且主要集中在制造商-分销商-零售商这种三元企业关系情境下（夏春玉等，2019）。对于第三方 B2B 电子商务平台情境下治理机制的作用机理与影响效果则较少关注（Watson et al.，2015）。在第三方 B2B 电子商务平台这样的双边市场中，卖家-平台企业-买家之间构成了一个三元企业关系。平台企业作为一个交易中介，需要同时管理与卖家以及与买家的关系，促进买家与卖家之间通过平台进行交易，才能够提升平台绩效（Grewal et al.，2010；Chakravarty et al.，2014）。所以，探讨平台企业使用治理机制对卖家和买家的影响就显得格外重要。本章结合交易成本理论和信号理论，重点分析了平台企业使用的惩罚机制与激励机制如何减少卖家对平台企业的机会主义行为以及提高买家对平台企业的信任。这不仅为企业之间关系管理研究提供了新视角、丰富了三元企业关系研究的情境、推动了治理机制研究的发展，同时也促成了第三方 B2B 电子商务平台研究与企业间关系管理研究的有机融合，开辟了第三方 B2B 电子商务平台研究的新方向。

第二，本章对惩罚机制两个维度（惩罚强度与惩罚速度）的作用机理进行了深入分析，以交易成本理论为基础探究平台企业对卖家使用的惩罚机制如何影响卖家对平台企业的机会主义行为。同时，结合信号理论从溢出效应的视角探讨了平台企业对卖家使用的惩罚机制如何影响买家对平台企业的信任。这不仅深入挖掘了惩罚机制的内涵，丰富了惩罚机制的内容，同时也扩展了惩罚机制的影响范围，深化了对惩罚机制内在作用机理的理解。

以往关于惩罚机制的研究主要集中探讨了惩罚强度的威慑作用（Kumar et al.，1998；Ishida and Brown，2011；Kashyap et al.，2012；Mooi and Gilliland，2013），而且大部分学者在研究中并未区分惩罚强度与惩罚速度，而是将二者视为同一个概念（Antia et al.，2006）。虽然相关研究已经普遍证实了惩罚的强度越大，受罚者遭受处罚的成本就会越高，受罚者采取不当行为所获得的收益就会越少（Kashyap et al.，2012；Antia et al.，2006；Wang et al.，2013）。但是，现有研究却忽视了惩罚速度作为惩罚机制的一个重要组成部分所发挥的作用。所以，现有关于惩罚机制的研究结论并不能全面地揭示惩罚机制管理企业间关系的效果。如果企业对受罚者的惩罚速度较慢，惩罚措施不能在较短的时间内施行，惩罚机制的作用就会大打折扣，无法取得预期的威慑效果（Antia et al.，2006）。因此，惩罚速度作为惩罚机制的重要组成部分，有必要对其作用进行深入的探讨与分析。通过同时关注惩罚强度与惩罚速度的作用，本章不仅丰富了惩罚机制的内涵，同时有助于深化对惩罚机制作用机理的理解。

另外，过往大部分研究主要探讨了施罚者使用惩罚机制对受罚者的直接影响（Kashyap and Murtha，2017；Zhao et al.，2008），少数学者指出惩罚机制不仅仅会对受罚者产生影响，同时也可能会产生溢出效应，对观察者产生影响（Wang et al.，2013）。但是，现有研究对惩罚机制溢出效应的关注主要从社会学习理论视角探讨与受罚者是同一类型的观察者，如受罚者是分销商，观察者是其他分销商（Wang et al.，2013；Xiao et al.，2019b）；受罚者是上市公司，观察者是其他上市公司（Yiu et al.，2014），较少关注惩罚机制对与受罚者不是同一类型的观察者的影响。所以，结合第三方 B2B 电子商务平台的研究情境，本章不仅探索了平台企业对卖家使用的惩罚机制与卖家对平台企业的机会主义行为之间的关系，同时关注了惩罚机制对买家的溢出效应，即平台企业对卖家使用的惩罚机制如何提高买家对平台企业的信任。通过对惩罚机制作用机理与作用范围的深入分析，本章扩展了惩罚机制的相关研究，为深入剖析惩罚机制的作用提供了新的思路和方向。

第三，本章开创性地探讨了平台企业使用的激励机制对不同主体（卖家和买家）的作用，不仅厘清了激励机制的作用原理，清晰了对不同激励对象的认识，揭示了激励机制的影响效果，同时也从全新的视角丰富了激励机制的相关研究，加深了对激励机制的认识与理解。

激励机制作为一种重要的治理机制，其作用已经受到了众多研究的关注。但是由于这些研究集中在二元关系情境中，大部分只关注了激励机制针对某一个主体的激励作用（Zhang et al.，2012；Gilliland and Bello，2001；Kashyap et al.，2012；Kim and Lee，2017）。而且，现有研究对于激励机制的作用效果并没有得到一致的结论。虽然大部分研究认为激励可以降低风险以及对未来收入不确定性的感知（Chelariu et al.，2014），从而带来积极的作用效果；但是激励机制并不总是能够达到预期的作用，也有可能导致相反的结果，如增加机会主义行为而不是顺从行为（Gibbons，1998）。

在第三方 B2B 电子商务平台上，平台企业面对着两类不同的客户：卖家和买家。而且，卖家和买家对于平台企业而言都非常重要，任何一方客户的缺失都会导致平台倒闭（Grewal et al.，2010；Chakravarty et al.，2014；Fang et al.，2015）。然而，相关的研究却较少探讨第三方 B2B 电子商务平台企业采用激励机制管理卖家和买家的作用效果。所以，本章关注平台企业对卖家的激励以及对买家的激励，有助于深化对激励机制针对不同激励对象影响效果的认识，同时也扩展了激励机制的研究视角与研究情境。

第四，本章创新地比较了惩罚机制与激励机制在减少卖家对平台企业的机会主义行为和提高买家对平台企业的信任方面的作用大小，明确了惩罚机制与激励机制的作用效果，丰富了对惩罚机制与激励机制的理解与认识，为企业之间治理机制研究注入了新的活力、开辟了新的方向，同时也为第三方 B2B 电子商务平台企业管理者提供了更为准确有效的政策建议。

以往关于企业之间关系管理的研究主要关注了各种治理机制的治理作用，具体来讲就是治理机制是否有效以及治理机制何时有效（Ishida and Brown，2011；Kashyap et al.，2012；Gilliland and Bello，2001；Gilliland，2003；Kumar et al.，2011）。虽然这些研究对于治理机制的作用效果已经有比较深入的探讨，但是较少有研究对不同治理机制之间的作用效果进行比较。所以，现有研究只能辨别不同治理机制是否有效，但是无法准确地比较不同治理机制之间作用效果的差异性。本章通过比较平台企业使用的惩罚机制与激励机制在减少卖家对平台企业的机会主义行为，以及提高买家对平台企业的信任方面的作用差异，不仅进一步揭示了惩罚机制和激励机制的内在机理以及作用效果，为平台企业的管理实践提供了理论依据，同时也为企业之间治理机制的研究注入了新的活力、提供了新的思路。

2.7.3　实践启示

根据以上的研究结论，本章可以为第三方 B2B 电子商务平台的管理者提供以下几方面的策略启示。

首先，从惩罚机制的作用来看，我们发现平台企业对卖家使用的惩罚强度和惩罚速度不仅可以有效地减少卖家对平台企业的机会主义行为，同时也可以提高买家对平台企业的信任。这说明在第三方 B2B 电子商务平台上，平台使用的惩罚机制不仅会对受惩罚一方的卖家产生威慑作用，同时也会对作为观察者的买家产生溢出效应。因此，在日常管理实践中，第三方 B2B 电子商务平台市场的管理者应该充分意识到惩罚机制的双重作用。对于有违规行为和不当行为的卖家，平台企业一定要采取严厉的处罚措施，从严管理卖家的行为。具体来讲，平台企业可以通过警告、公示、罚款、店铺整改、关停店铺、扣除信用积分、罚没保证金、限权、终止服务等措施来处罚有违规行为的卖家。另外，平台企业可以根据卖家违规行为的严重程度来对卖家进行处罚。例如，当卖家有发货延时、发货缺漏、滥发信息等一般违规行为时，平台企业可以对卖家采取警告、扣除信用积分、罚款等惩罚措施。而当卖家出现产品质量问题、资质造假、虚假宣传等较为严重的违规行为时，平台企业可以降低卖家的信用级别、关停违规卖家的店铺、罚没保证金或者把违规卖家驱逐出平台。同时，平台管理者还需注意对于违规卖家的惩罚一定要及时，要做到早发现早处理，不能拖延惩罚机制的落地实施。只有既重视对卖家的惩罚强度也关注对卖家的惩罚速度才能够充分发挥惩罚机制对卖家的威慑作用，抑制其机会主义行为。具体来说，平台企业在收到对卖家的举报或投诉时需要尽快对卖家的行为进行审查和判断。同时，平台企业也需要在日常的管理中加强对平台交易的监控以便及时发现平台上卖家的机会主义行为。在确认卖家的违规行为之后，平台企业需要通过电话、邮件或者平台系统尽快将对卖家的处罚决定告知卖家以达到威慑卖家并规范卖家行为的作用。

当然，平台管理者还应该欣喜地发现对卖家使用的惩罚机制也会对买家产生影响，可以提升买家对平台企业的信任。因此，平台企业在管理平台时有必要向平台上的买家传递和展示平台企业严格管理违规卖家的信息。例如，平台企业可以在网站的首页滚动发布对卖家的惩罚处理信息，在网站的社区公布相关信息，或者可以向买家的账户推送一些对卖家的惩罚信息。通过这些手段可以更好地向买家传递出积极的信号，让买家知道平台企业在尽心尽力维护整个平台市场的交易秩序，使买家相信平台提供了一个安全可靠的交易环境，从而更愿意使用平台进行交易。同时，公开对违规卖家的惩罚也会进一步增加对卖家的威慑作用，使卖家意识到采取不当行为不仅会遭受短期的经济损失，同时也有可能破坏自己的声誉，使平台上的买家都不愿意从违规卖家处进行采购。

其次，从激励机制的作用来看，我们发现平台企业对卖家的激励可以有效地减少卖家的机会主义行为，但是对买家的激励却并不能提升买家对平台企业的信任。所以，第三方 B2B 电子商务平台企业的管理者在使用激励机制的时候需要慎重地考虑激励的对象。如果平台企业意在减少卖家的机会主义行为，则对卖家采用激励的方式可以达到预期的效果。具体来说，平台企业可以针对卖家建立信用积分制度。如果卖家表现良好，遵守平台的交易规则，没有违规行为出现，则可以获得较高的信用积分。平台企业可以根据信用积分的高低给予卖家一些额外的激励补偿，如免费的会员资格、参加平台促销活动的特权、诚信卖家的认证标识。但是，如果平台企业想要提高买家对平台的信任水平，则激励买家并不是一个有效的办法。不过，平台企业也需要意识到对买家的激励虽然无法提高买家信任，但是并不代表对买家的激励毫无作用。我们的研究结果也发现平台企业对买家的激励可以直接提高平台绩效（$\beta = 0.165$，$p < 0.05$），所以这也提醒平台企业激励买家的作用也许是通过其他的路径或机制来发挥效果的。具体来讲，平台企业对买家进行激励时可以给买家一些消费优惠券、满减折扣券或者对物流费用进行打折。

最后，通过比较惩罚机制与激励机制的作用，我们发现尽管平台企业对卖家的惩罚强度、惩罚速度和激励都可以有效地减少卖家对平台企业的机会主义行为，然而它们的作用大小却存在差异。平台企业对卖家的惩罚强度比惩罚速度以及激励在减少卖家对平台企业的机会主义行为方面更有效，而惩罚速度与激励的作用效果则没有显著的差异。因此，第三方 B2B 电子商务平台的管理者在管理卖家对平台企业的机会主义行为时，应该优先考虑提高对卖家的惩罚力度，按照一切从重的原则，采用最严格的惩罚措施，增加对卖家的处罚金额，从而威慑卖家规范自身行为。当然，除了提高对卖家的惩罚强度以外，平台企业也可以根据自身的实际情况选择提高对卖家的惩罚速度，或者加大对卖家的激励水平。

另外，我们在比较惩罚机制与激励机制的作用时也发现，平台企业对卖家的惩罚强度与惩罚速度在提升买家对平台企业的信任方面没有显著差异，但是二者的作用都比平台企业对买家的激励更有效。因此，第三方 B2B 电子商务平台的管理者应该充分发挥惩罚机制的溢出效应，把对违规卖家的处罚信息传递给平台上的买家，从而建立买家对平台企业的信任。同时，平台管理者也应该注意在考虑提升买家对平台企业的信任时，选择惩罚强度和惩罚速度都是可行方法。平台企业既可以加大对违规卖家的处罚力度，也可以对违规卖家迅速地采取惩罚措施。如果平台管理者同时考虑减少卖家对平台企业的机会主义行为和建立买家对平台企业的信任，则应该优先提高对违规卖家的惩罚强度，然后再考虑加快对违规卖家的惩罚速度。

参 考 文 献

陈其安，陈抒妤，沈猛. 2018. 地方政府与投融资平台：基于政府担保和激励视角的委托-代理模型[J]. 系统管理学报，27（1）：72-82，92.

黄娜. 2017. 电商平台惩罚不良卖家对买家机会主义的影响研究[D]. 武汉：武汉大学.

李苗，庄贵军，张涛，等. 2013. 企业间关系质量对关系型渠道治理机制的影响：企业 IT 能力的调节作用[J]. 营销科学学报，9（1）：78-89.

李小玲，任星耀，郑煦. 2014. 电子商务平台企业的卖家竞争管理与平台绩效：基于 VAR 模型的动态分析[J]. 南开管理评论，（5）：73-82，111.

连洪泉，周业安，左聪颖，等. 2013. 惩罚机制真能解决搭便车难题吗？——基于动态公共品实验的证据[J]. 管理世界，（4）：69-81.

刘益，陶蕾，王颖. 2009. 零售商的供应关系稳定性、信任与关系风险间的关系研究[J]. 预测，28（1）：36-41，55.

刘智强，卫利华，王凤娟，等. 2018. 上下级 GNS、激励机制选择与创造性产出[J]. 管理世界，（9）：95-108，191.

秦芬，李扬. 2018. 用户生成内容激励机制研究综述及展望[J]. 外国经济与管理，40（8）：141-152.

寿志钢，朱文婷，苏晨汀，等. 2011. 营销渠道中的行为控制如何影响信任关系：基于角色理论和公平理论的实证研究[J]. 管理世界，（10）：58-69，188.

夏春玉，郭奇，张闯. 2019. 三元渠道网络中分销商的投机行为与网络嵌入治理机制[J]. 财贸研究，（5）：70-79.

曾伏娥，陈莹. 2015. 分销商网络环境及其对机会主义行为的影响[J]. 南开管理评论，18（1）：77-88.

张闯，杜楠，吴启双. 2012. 渠道公平对长期导向和渠道投机行为的影响：基于家具渠道的实证研究[J]. 中大管理研究，7（3）：86-104.

张闯，徐佳. 2018. 渠道投机行为研究的差异、融合及未来方向[J]. 管理学报，15（6）：936-948.

张广玲，王凤玲. 2018. 杀鸡真的能儆猴吗？——分销商观察者视角惩罚力度与惩罚公平的协同效应研究[J]. 珞珈管理评论，25（2）：102-119.

张钰，刘益，李瑶. 2015. 营销渠道中控制机制的使用与机会主义行为[J]. 管理科学学报，18（12）：79-92.

庄贵军，李汝琦，丰超，等. 2019. IT 能力、渠道治理与企业间协作[J]. 系统管理学报，28（3）：467-475，484.

庄贵军，刘宇. 2010. 渠道投机行为的相互性以及交易专有资产的影响[J]. 管理科学，23（6）：43-52.

Agarwal R，Croson R，Mahoney J T. 2010. The role of incentives and communication in strategic alliances: an experimental investigation[J]. Strategic Management Journal，31（4）：413-437.

Akerlof G A，Kranton R E. 2005. Identity and the economics of organizations[J]. Journal of Economic Perspectives，19（1）：9-32.

Anderson E，Lodish L M，Weitz B A. 1987. Resource allocation behavior in conventional channels[J]. Journal of Marketing Research，24（1）：85-97.

Anderson E，Weitz B. 1989. Determinants of continuity in conventional industrial channel dyads[J]. Marketing Science，8（4）：310-323.

Anderson J C，Gerbing D W. 1988. Structural equation modeling in practice: a review and recommended two-step approach[J]. Psychological Bulletin，103（3）：411-423.

Anderson J C，Narus J A. 1990. A model of distributor firm and manufacturer firm working partnerships[J]. Journal of Marketing，54（1）：42-58.

Antia K D，Bergen M E，Dutta S，et al. 2006. How does enforcement deter gray market incidence？[J]. Journal of Marketing，70（1）：92-106.

Antia K D，Frazier G L. 2001. The severity of contract enforcement in interfirm channel relationships[J]. Journal of Marketing，65（4）：67-81.

Arvey R D，Ivancevich J M. 1980. Punishment in organizations: a review, propositions, and research suggestions[J]. The Academy of Management Review，5（1）：123-132.

Ba S，Pavlou P A. 2004. Evidence of the effect of trust building technology in electronic markets: price premiums and buyer behavior[J]. MIS Quarterly，26（3）：243-268.

Baker G. 2002. Distortion and risk in optimal incentive contracts[J]. The Journal of Human Resources，37（4）：728-751.

Bakos Y. 1998. The emerging role of electronic marketplaces on the Internet[J]. Communications of the ACM，41（8）：35-42.

Barney J B，Hansen M H. 1994. Trustworthiness as a source of competitive advantage[J]. Strategic Management Journal，15（S1）：175-190.

Bart Y，Shankar V，Sultan F，et al. 2005. Are the drivers and role of online trust the same for all web sites and consumers？ A large-scale exploratory empirical study[J]. Journal of Marketing，69（4）：133-152.

Beldad A，de Jong M，Steehouder M. 2010. How shall I trust the faceless and the intangible？ A literature review on the antecedents of online trust[J]. Computers in Human Behavior，26（5）：857-869.

Benlian A，Hess T. 2011. The signaling role of IT features in influencing trust and participation in online communities[J]. International Journal of Electronic Commerce，15（4）：7-56.

Bente G，Baptist O，Leuschner H. 2012. To buy or not to buy：influence of seller photos and reputation on buyer trust and purchase behavior[J]. International Journal of Human-Computer Studies，70（1）：1-13.

Brown R D，Hauenstein N M A. 2005. Interrater agreement reconsidered：an alternative to the rwg indices[J]. Organizational Research Methods，8（2）：165-184.

Burtch G，Hong Y L，Bapna R，et al. 2017. Stimulating online reviews by combining financial incentives and social norms[J]. Management Science，64（5）：2065-2082.

Butterfield K D，Trevino L K，Ball G A. 1996. Punishment from the manager's perspective：a grounded investigation and inductive model[J]. Academy of Management Journal，39（6）：1479-1512.

Cannon J P，Achrol R S，Gundlach G T. 2000. Contracts，norms，and plural form governance[J]. Journal of the Academy of Marketing Science，28（2）：180-194.

Carmines E G，Zeller R A. 1979. Reliability and Validity Assessment[M]. London：Sage Publications.

Carson S J，Madhok A，Varman R，et al. 2003. Information processing moderators of the effectiveness of trust-based governance in interfirm R&D collaboration[J]. Organization Science，14（1）：45-56.

Cennamo C，Santalo J. 2013. Platform competition：Strategic trade-offs in platform markets[J]. Strategic Management Journal，34（11）：1331-1350.

Chakravarty A，Kumar A，Grewal R. 2014. Customer orientation structure for internet-based business-to-business platform firms[J]. Journal of Marketing，78（5）：1-23.

Chang H H，Wong K H. 2010. Adoption of e-procurement and participation of e-marketplace on firm performance：trust as a moderator[J]. Information & Management，47（5/6）：262-270.

Chang J. 2017. The effects of buyer-supplier's collaboration on knowledge and product innovation[J]. Industrial Marketing Management，65：129-143.

Chang M K，Cheung W，Tang M C. 2013. Building trust online：Interactions among trust building mechanisms [J]. Information & Management，50（7）：439-445.

Chelariu C，Bello D C，Gilliland D I. 2014. Legitimacy building strategies in conditions of discretionary legal enforcement：a logic of social action approach[J]. Industrial Marketing Management，43（5）：850-861.

Chelariu C，Sangtani V. 2009. Relational governance in B2B electronic marketplaces：an updated typology[J]. Journal of Business & Industrial Marketing，24（2）：108-118.

Chen D Y，Lai F J，Lin Z X. 2014. A trust model for online peer-to-peer lending：a lender's perspective[J]. Information Technology and Management，15（4）：239-254.

Chen J，Zhang C，Xu Y J. 2009. The role of mutual trust in building members' loyalty to a C2C platform provider[J]. International Journal of Electronic Commerce, 14（1）: 147-171.

Chen X Y, Huang Q, Davison R M, et al. 2015. What drives trust transfer? The moderating roles of seller-specific and general institutional mechanisms[J]. International Journal of Electronic Commerce, 20（2）: 261-289.

Chen Y T, Chen Y Q, Liu Z J, et al. 2018. Influence of prior ties on trust in contract enforcement in the construction industry: moderating role of the shadow of the future[J]. Journal of Management in Engineering, 34（2）: 1-13.

Chien S H, Chen Y H, Hsu C Y. 2012. Exploring the impact of trust and relational embeddedness in e-marketplaces: an empirical study in Taiwan[J]. Industrial Marketing Management, 41（3）: 460-468.

Chiles T H, McMackin J F. 1996. Integrating variable risk preferences, trust, and transaction cost economics[J]. The Academy of Management Review, 21（1）: 73-99.

Chiu C M, Huang H Y, Yen C H. 2010. Antecedents of trust in online auctions[J]. Electronic Commerce Research and Applications, 9（2）: 148-159.

Chng D H M, Shih E, Rodgers M S, et al. 2015. Managers' marketing strategy decision making during performance decline and the moderating influence of incentive pay[J]. Journal of the Academy of Marketing Science, 43（5）: 629-647.

Cho H, Tansuhaj P S. 2013. Becoming a global SME: determinants of SMEs' decision to use E-intermediaries in export marketing[J]. Thunderbird International Business Review, 55（5）: 513-530.

Clark L A, Watson D. 1995. Constructing validity: Basic issues in objective scale development[J]. Psychological Assessment, 7（3）: 309-319.

Corsten D, Felde J. 2005. Exploring the performance effects of key-supplier collaboration: an empirical investigation into Swiss buyer-supplier relationships[J]. International Journal of Physical Distribution & Logistics Management, 35（6）: 445-461.

Crosno J L, Dahlstrom R. 2008. A meta-analytic review of opportunism in exchange relationships[J]. Journal of the Academy of Marketing Science, 36（2）: 191-201.

Crosno J L, Dahlstrom R. 2010. Examining the nomological network of opportunism: a meta-analysis[J]. Journal of Marketing Channels, 17（3）: 177-190.

Dahlstrom R, Nygaard A. 1999. An empirical investigation of ex post transaction costs in franchised distribution channels[J]. Journal of Marketing Research, 36（2）: 160-170.

Davis A M, Hyndman K. 2018. An experimental investigation of managing quality through monetary and relational incentives[J]. Management Science, 64（5）: 2345-2365.

Deci E L, Koestner R, Ryan R M. 1999. A meta-analytic review of experiments examining the effects of extrinsic rewards on intrinsic motivation[J]. Psychological Bulletin, 125（6）: 627-668.

Deng Z L, Wang Z Y. 2016. Early-mover advantages at cross-border business-to-business e-commerce portals[J]. Journal of Business Research, 69（12）: 6002-6011.

Doney P M, Cannon J P. 1997. An examination of the nature of trust in buyer-seller relationships[J].

Journal of Marketing，61（2）：35-51.

Ellram L M，Murfield M L U. 2019. Supply chain management in industrial marketing-relationships matter[J]. Industrial Marketing Management，79：36-45.

Eriksson K，Strimling P，Andersson P A，et al. 2017. Cultural universals and cultural differences in meta-norms about peer punishment[J]. Management and Organization Review，13（4）：851-870.

Fang E E，Li X L，Huang M X，et al. 2015. Direct and indirect effects of buyers and sellers on search advertising revenues in business-to-business electronic platforms[J]. Journal of Marketing Research，52（3）：407-422.

Fang Y，Qureshi I，Sun H，et al. 2014. Trust，satisfaction，and online repurchase intention：the moderating role of perceived effectiveness of e-commerce institutional mechanisms[J]. MIS Quarterly，38（2）：407-427.

Fornell C，Larcker D F. 1981. Evaluating structural equation models with unobservable variables and measurement error[J]. Journal of Marketing Research，18（1）：39-50.

Fortino G，Russo W，Zimeo E. 2004. A statecharts-based software development process for mobile agents[J]. Information and Software Technology，46（13）：907-921.

Frey B S，Oberholzer-Gee F. 1997. The cost of price incentives：an empirical analysis of motivation crowding-out[J]. The American Economic Review，87（4）：746-755.

Ganesan S. 1994. Determinants of long-term orientation in buyer-seller relationships[J]. Journal of Marketing，58（2）：1-19.

Gargiulo M，Benassi M. 2000. Trapped in your own net？ Network cohesion，structural holes，and the adaptation of social capital[J]. Organization Science，11（2）：183-196.

Geyskens I，Steenkamp J B E M，Kumar N. 1998. Generalizations about trust in marketing channel relationships using meta-analysis[J]. International Journal of Research in Marketing，15（3）：223-248.

Geyskens I，Steenkamp J B E M，Kumar N. 2006. Make，buy，or ally：a transaction cost theory meta-analysis[J]. Academy of Management Journal，49（3）：519-543.

Gibbons R. 1998. Incentives in organizations[J]. Journal of Economic Perspectives，12（4）：115-132.

Gilliland D I. 2003. Toward a business-to-business channel incentives classification scheme[J]. Industrial Marketing Management，32（1）：55-67.

Gilliland D I. 2004. Designing channel incentives to overcome reseller rejection[J]. Industrial Marketing Management，33（2）：87-95.

Gilliland D I，Bello D C. 2001. Channel incentives as unilateral and bilateral governance processes[J]. Journal of Marketing Channels，8（1/2）：5-31.

Gilliland D I，Kim S K. 2014. When do incentives work in channels of distribution？[J]. Journal of the Academy of Marketing Science，42（4）：361-379.

Granovetter M. 1992. Problems of explanation in economic sociology[J]. Networks and Organizations，2：25-56.

Granovetter M. 1985. Economic action and social structure：the problem of embeddedness[J].

American Journal of Sociology, 91（3）：481-510.

Gray L N, Miranne III A C, Ward D A, et al. 1982. A game theoretic analysis of the components of punishment[J]. Social Psychology Quarterly, 45（4）：206-212.

Gregg D G, Walczak S. 2010. The relationship between website quality, trust and price premiums at online auctions[J]. Electronic Commerce Research, 10（1）：1-25.

Grewal R, Chakravarty A, Saini A. 2010. Governance mechanisms in business-to-business electronic markets[J]. Journal of Marketing, 74（4）：45-62.

Grewal R, Comer J M, Mehta R. 2001. An investigation into the antecedents of organizational participation in business-to-business electronic markets[J]. Journal of Marketing, 65（3）：17-33.

Gulati R, Nickerson J A. 2008. Interorganizational trust, governance choice, and exchange performance[J]. Organization Science, 19（5）：688-708.

Gundlach G T, Cadotte E R. 1994. Exchange interdependence and interfirm interaction: research in a simulated channel setting[J]. Journal of Marketing Research, 31（4）：516-532.

Hadaya P. 2006. Determinants of the future level of use of electronic marketplaces: the case of Canadian firms[J]. Electronic Commerce Research, 6（2）：173-185.

Hamad H, Elbeltagi I, Jones P, et al. 2015. Antecedents of B2B E-commerce adoption and its effect on competitive advantage in manufacturing SMEs[J]. Strategic Change, 24（5）：405-428.

Handley S M, Angst C M. 2015. The impact of culture on the relationship between governance and opportunism in outsourcing relationships[J]. Strategic Management Journal, 36（9）：1412-1434.

Handley S M, Benton W C, Jr. 2012. The influence of exchange hazards and power on opportunism in outsourcing relationships[J]. Journal of Operations Management, 30（1/2）：55-68.

Handley S M, de Jong J, Benton W C, Jr. 2019. How service provider dependence perceptions moderate the power-opportunism relationship with professional services[J]. Production and Operations Management, 28（7）：1692-1715.

Hawkins T G, Knipper M G, Strutton D. 2009. Opportunism in buyer-supplier relations: new insights from quantitative synthesis[J]. Journal of Marketing Channels, 16（1）：43-75.

Hawkins T G, Wittmann C M, Beyerlein M M. 2008. Antecedents and consequences of opportunism in buyer-supplier relations: research synthesis and new frontiers[J]. Industrial Marketing Management, 37（8）：895-909.

Heide J B, Wathne K H, Rokkan A I. 2007. Interfirm monitoring, social contracts, and relationship outcomes[J]. Journal of Marketing Research, 44（3）：425-433.

Henseler J, Ringle C M, Sarstedt M. 2015. A new criterion for assessing discriminant validity in variance-based structural equation modeling[J]. Journal of the Academy of Marketing Science, 43（1）：115-135.

Holmstrom B, Milgrom P. 1994. The firm as an incentive system[J]. The American Economic Review, 84（4）：972-991.

Hong I B, Cho H. 2011. The impact of consumer trust on attitudinal loyalty and purchase intentions in B2C e-marketplaces: intermediary trust vs. seller trust[J]. International Journal of Information

Management，31（5）：469-479.

Hu X R, Wu G H, Wu Y H, et al. 2010. The effects of web assurance seals on consumers' initial trust in an online vendor: a functional perspective[J]. Decision Support Systems，48（2）：407-418.

Huo B F, Tian M, Tian Y, et al. 2019. The dilemma of inter-organizational relationships: dependence, use of power and their impacts on opportunism[J]. International Journal of Operations & Production Management，39（1）：2-23.

Huo B F, Ye Y, Zhao X, et al. 2018. Environmental uncertainty, specific assets, and opportunism in 3PL relationships: a transaction cost economics perspective[J]. International Journal of Production Economics，203：154-163.

Ishida C, Brown J R. 2011. The crowding out effects of monitoring in franchise relationships: the mediating role of relational solidarity[J]. Journal of Marketing Channels，18（1）：19-41.

James H S, Jr. 2005. Why did you do that? An economic examination of the effect of extrinsic compensation on intrinsic motivation and performance[J]. Journal of Economic Psychology，26（4）：549-566.

James L R, Demaree R G, Wolf G. 1984. Estimating within-group interrater reliability with and without response bias[J]. Journal of Applied Psychology，69（1）：85-98.

Jap S D. 2003. An exploratory study of the introduction of online reverse auctions[J]. Journal of Marketing，67（3）：96-107.

Jean R J, Kim D. 2019. Internet and SMEs' internationalization: the role of platform and website[J]. Journal of International Management，26（1）：100690.

Joshi A W, Arnold S J. 1997. The impact of buyer dependence on buyer opportunism in buyer-supplier relationships: the moderating role of relational norms[J]. Psychology and Marketing，14（8）：823-845.

Kahneman D, Tversky A. 1979. Prospect theory: an analysis of decision under risk[J]. Econometrica，47（2）：263-291.

Kang M H, Gao Y W, Wang T, et al. 2016. Understanding the determinants of funders' investment intentions on crowdfunding platforms: a trust-based perspective[J]. Industrial Management & Data Systems，116（8）：1800-1819.

Kashyap V, Antia K D, Frazier G L. 2012. Contracts, extracontractual incentives, and ex post behavior in franchise channel relationships[J]. Journal of Marketing Research，49（2）：260-276.

Kashyap V, Murtha B R. 2017. The joint effects of ex ante contractual completeness and ex post governance on compliance in franchised marketing channels[J]. Journal of Marketing，81（3）：130-153.

Ke D, Chen A R, Su C T. 2016. Online trust-building mechanisms for existing brands: the moderating role of the e-business platform certification system[J]. Electronic Commerce Research，16（2）：189-216.

Kim D J. 2014. A study of the multilevel and dynamic nature of trust in E-commerce from a cross-stage perspective[J]. International Journal of Electronic Commerce，19（1）：11-64.

Kim S K，Lee Y. 2017. Making channel incentives work: a discriminating match framework[J]. Industrial Marketing Management，65: 1-14.

Kim S K，McFarland R G，Kwon S，et al. 2011. Understanding governance decisions in a partially integrated channel: a contingent alignment framework[J]. Journal of Marketing Research，48（3）: 603-616.

Kumar A，Heide J B，Wathne K H. 2011. Performance implications of mismatched governance regimes across external and internal relationships[J]. Journal of Marketing，75（2）: 1-17.

Kumar N，Scheer L K，Steenkamp J B E M. 1995. The effects of perceived interdependence on dealer attitudes[J]. Journal of Marketing Research，32（3）: 348-356.

Kumar N，Scheer L K，Steenkamp J B E M. 1998. Interdependence，punitive capability，and the reciprocation of punitive actions in channel relationships[J]. Journal of Marketing Research，35（2）: 225-235.

Kumar S，Sadarangani P H. 2019. Impact of power on channel members' behavior: evidence from India[J]. Journal of Business & Industrial Marketing，34（5）: 931-947.

Kwak J，Zhang Y，Yu J. 2019. Legitimacy building and e-commerce platform development in China: the experience of Alibaba[J]. Technological Forecasting and Social Change，139: 115-124.

Kwon S D，Yang H D，Rowley C. 2009. The purchasing performance of organizations using E-marketplaces[J]. British Journal of Management，20（1）: 106-124.

Lanzolla G，Frankort H T W. 2016. The online shadow of offline signals: which sellers get contacted in online B2B marketplaces? [J]. Academy of Management Journal，59（1）: 207-231.

Lebreton J M，Burgess J R D，Kaiser R B，et al. 2003. The restriction of variance hypothesis and interrater reliability and agreement: are ratings from multiple sources really dissimilar? [J]. Organizational Research Methods，6（1）: 80-128.

Lee D J. 1998. Developing international strategic alliances between exporters and importers: the case of Australian exporters[J]. International Journal of Research in Marketing，15（4）: 335-348.

Lee D Y. 2001. Power，conflict and satisfaction in IJV supplier—Chinese distributor channels[J]. Journal of Business Research，52（2）: 149-160.

Lee J，Son J Y，Suh K S. 2010. Can market knowledge from intermediaries increase sellers' performance in on-line marketplaces? [J]. International Journal of Electronic Commerce，14（4）: 69-102.

Lewis J D，Weigert A. 1985. Trust as a social reality[J]. Social Forces，63（4）: 967-985.

Li S B，Srinivasan K，Sun B H. 2009. Internet auction features as quality signals[J]. Journal of Marketing，73（1）: 75-92.

Li X D，Guo X S，Wang C，et al. 2016. Do buyers express their true assessment? Antecedents and consequences of customer praise feedback behaviour on Taobao[J]. Internet Research，26（5）: 1112-1133.

Li X L，Li X J，Wang R. 2018. An investigation on incentive strategies in community building in business-to-business electronic markets[J]. Journal of Business-to-Business Marketing，25（4）:

261-272.

Li X L，Tian Q，Yang Z P，et al. 2014. The effectiveness of two-sided users activity for sustainable competitiveness：findings from B2B electronic market[R]. WHICEB.

Liang H，Saraf N，Hu Q，et al. 2007. Assimilation of enterprise systems：the effect of institutional pressures and the mediating role of top management[J]. MIS Quarterly，31（1）：59-87.

Lien C H，Wu J J，Chien S H，et al. 2017. Anxious attachment，relational embeddedness，trust，co-production，and performance：an empirical study in online business-to-business relationships[J]. Telematics and Informatics，34（8）：1514-1523.

Lin H M，Huang H C，Lin C P，et al. 2012. How to manage strategic alliances in OEM-based industrial clusters：network embeddedness and formal governance mechanisms[J]. Industrial Marketing Management，41（3）：449-459.

Lindell M K，Whitney D J. 2001. Accounting for common method variance in cross-sectional research designs[J]. The Journal of Applied Psychology，86（1）：114-121.

Liu H F，Ke W L，Wei K K，et al. 2015. Influence of power and trust on the intention to adopt electronic supply chain management in China[J]. International Journal of Production Research，53（1）：70-87.

Liu Y，Luo Y D，Liu T. 2009. Governing buyer-supplier relationships through transactional and relational mechanisms：evidence from China[J]. Journal of Operations Management，27（4）：294-309.

Lu Y B，Zhao L，Wang B. 2010. From virtual community members to C2C e-commerce buyers：trust in virtual communities and its effect on consumers' purchase intention[J]. Electronic Commerce Research and Applications，9（4）：346-360.

Luo Y. D 2006. Opportunism in inter-firm exchanges in emerging markets[J]. Management and Organization Review，2（1）：121-147.

Luo Y D. 2007. Are joint venture partners more opportunistic in a more volatile environment？[J]. Strategic Management Journal，28（1）：39-60.

Luo Y D，Liu Y，Xue J Q. 2009. Relationship investment and channel performance：an analysis of mediating forces[J]. Journal of Management Studies，46（7）：1113-1137.

Luo Y D，Liu Y，Yang Q，et al. 2015. Improving performance and reducing cost in buyer-supplier relationships：the role of justice in curtailing opportunism[J]. Journal of Business Research，68（3）：607-615.

Maestrini V，Luzzini D，Caniato F，et al. 2018. Effects of monitoring and incentives on supplier performance：an agency theory perspective[J]. International Journal of Production Economics，203：322-332.

Mallapragada G，Grewal R，Mehta R，et al. 2015. Virtual interorganizational relationships in business-to-business electronic markets：heterogeneity in the effects of organizational interdependence on relational outcomes[J]. Journal of the Academy of Marketing Science，43（5）：610-628.

Matook S. 2013. Measuring the performance of electronic marketplaces: an external goal approach study[J]. Decision Support Systems, 54 (2): 1065-1075.

Mayer R C, Davis J H, Schoorman F D. 1995. An integrative model of organizational trust[J]. Academy of Management Review, 20 (3): 709-734.

McAllister D J. 1995. Affect-and cognition-based trust as foundations for interpersonal cooperation in organizations[J]. Academy of Management Journal, 38 (1): 24-59.

McEvily B, Tortoriello M. 2011. Measuring trust in organisational research: review and recommendations[J]. Journal of Trust Research, 1 (1): 23-63.

McKnight D H, Chervany N L. 2001. What trust means in E-commerce customer relationships: an interdisciplinary conceptual typology[J]. International Journal of Electronic Commerce, 6 (2): 35-59.

McKnight D H, Cummings L L, Chervany N L. 1998. Initial trust formation in new organizational relationships[J]. Academy of Management Review, 23 (3): 473-490.

Mishra A N, Agarwal R. 2010. Technological frames, organizational capabilities, and IT use: an empirical investigation of electronic procurement[J]. Information Systems Research, 21 (2): 249-270.

Molina-Morales F X, Martínez-Fernández M T. 2009. Too much love in the neighborhood can hurt: how an excess of intensity and trust in relationships may produce negative effects on firms[J]. Strategic Management Journal, 30 (9): 1013-1023.

Mooi E A, Gilliland D I. 2013. How contracts and enforcement explain transaction outcomes[J]. International Journal of Research in Marketing, 30 (4): 395-405.

Morgan R M, Hunt S D. 1994. The commitment-trust theory of relationship marketing[J]. Journal of Marketing, 58 (3): 20-38.

Murry J P, Jr, Heide J B. 1998. Managing promotion program participation within manufacturer-retailer relationships[J]. Journal of Marketing, 62 (1): 58-68.

Muzellec L, Ronteau S, Lambkin M. 2015. Two-sided Internet platforms: a business model lifecycle perspective[J]. Industrial Marketing Management, 45: 139-150.

Nielsen B B, Nielsen S. 2009. Learning and innovation in international strategic alliances: an empirical test of the role of trust and tacitness[J]. Journal of Management Studies, 46 (6): 1031-1056.

Nitzl C, Roldan J L, Cepeda G. 2016. Mediation analysis in partial least squares path modeling: helping researchers discuss more sophisticated models[J]. Industrial Management & Data Systems, 116 (9): 1849-1864.

Nunlee M P. 2005. The control of intra-channel opportunism through the use of inter-channel communication[J]. Industrial Marketing Management, 34 (5): 515-525.

O'Reillys C A, Puffer S M. 1989. The impact of rewards and punishments in a social context: a laboratory and field experiment[J]. Journal of Occupational Psychology, 62 (1): 41-53.

Obadia C, Bello D C, Gilliland D I. 2015. Effect of exporter's incentives on foreign distributor's role performance[J]. Journal of International Business Studies，46（8）：960-983.

Pavlou P A. 2002. Institution-based trust in interorganizational exchange relationships：the role of online B2B marketplaces on trust formation[J]. The Journal of Strategic Information Systems，11（3/4）：215-243.

Pavlou P A，Gefen D. 2004. Building effective online marketplaces with institution-based trust[J]. Information Systems Research，15（1）：37-59.

Pavlou P A，Liang H，Xue Y. 2007. Understanding and mitigating uncertainty in online exchange relationships：a principal-agent perspective[J]. MIS Quarterly：105-136.

Perrone V，Zaheer A，McEvily B. 2003. Free to be trusted？ Organizational constraints on trust in boundary spanners[J]. Organization Science，14（4）：422-439.

Peterson R A，Kim Y. 2013. On the relationship between coefficient alpha and composite reliability[J]. The Journal of Applied Psychology，98（1）：194-198.

Podsakoff P M，Bommer W H，Podsakoff N P，et al. 2006. Relationships between leader reward and punishment behavior and subordinate attitudes，perceptions，and behaviors：a meta-analytic review of existing and new research[J]. Organizational Behavior and Human Decision Processes，99（2）：113-142.

Podsakoff P M，MacKenzie S B，Lee J Y，et al. 2003. Common method biases in behavioral research：a critical review of the literature and recommended remedies[J]. The Journal of Applied Psychology，88（5）：879-903.

Podsakoff P M，Organ D W. 1986. Self-reports in organizational research：problems and prospects[J]. Journal of Management，12（4）：531-544.

Poppo L，Zhou K Z，Li J J. 2016. When can you trust "trust"？ Calculative trust，relational trust，and supplier performance[J]. Strategic Management Journal，37（4）：724-741.

Poppo L，Zhou K Z，Ryu S. 2008. Alternative origins to interorganizational trust：an interdependence perspective on the shadow of the past and the shadow of the future[J]. Organization Science，19（1）：39-55.

Quanji Z J，Zhang S B，Wang Y X. 2017. Contractual governance effects on cooperation in construction projects：multifunctional approach[J]. Journal of Professional Issues in Engineering Education and Practice，143（3）：1-12.

Raju S，Rajagopal P，Gilbride T J. 2010. Marketing healthful eating to children：the effectiveness of incentives，pledges，and competitions[J]. Journal of Marketing，74（3）：93-106.

Rao S S，Truong D，Senecal S，et al. 2007. How buyers' expected benefits，perceived risks，and e-business readiness influence their e-marketplace usage[J]. Industrial Marketing Management，36（8）：1035-1045.

Ray S，Ow T，Kim S S. 2011. Security assurance：how online service providers can influence security control perceptions and gain trust[J]. Decision Sciences，42（2）：391-412.

Reimer T，Benkenstein M. 2016. Altruistic eWOM marketing：more than an alternative to monetary incentives[J]. Journal of Retailing and Consumer Services，31：323-333.

Riazati M，Shajari M，Khorsandi S. 2019. An incentive mechanism to promote honesty among seller agents in electronic marketplaces[J]. Electronic Commerce Research，19（1）：231-255.

Richardson P S，Dick A S，Jain A K. 1994. Extrinsic and intrinsic cue effects on perceptions of store brand quality[J]. Journal of Marketing，58（4）：28-36.

Rindfleisch A，Antia K，Bercovitz J，et al. 2010. Transaction costs，opportunism，and governance：contextual considerations and future research opportunities[J]. Marketing Letters，21（3）：211-222.

Rindfleisch A，Heide J B. 1997. Transaction cost analysis: past，present，and future applications[J]. Journal of Marketing，61（4）：30-54.

Rokkan A I，Heide J B，Wathne K H. 2003. Specific investments in marketing relationships：expropriation and bonding effects[J]. Journal of Marketing Research，40（2）：210-224.

Rossignoli C，Carugati A，Mola L. 2009. The strategic mediator: a paradoxical role for a collaborative e-marketplace[J]. Electronic Markets，19（1）：55-66.

Rotter J B. 1967. A new scale for the measurement of interpersonal trust[J]. Journal of Personality，35（4）：651-665.

Rousseau D M，Sitkin S B，Burt R S，et al. 1998. Not so different after all：a cross-discipline view of trust[J]. Academy of Management Review，23（3）：393-404.

Ryan R M，Deci E L. 2000. Self-determination theory and the facilitation of intrinsic motivation，social development，and well-being[J]. The American Psychologist，55（1）：68-78.

Saprikis V，Vlachopoulou M. 2012. Determinants of suppliers' level of use of B2B e-marketplaces[J]. Industrial Management & Data Systems，112（4）：619-643.

Segev A，Beam C. 1999. Brokering strategies in electronic commerce markets[R]. ACM：167-176.

Seggie S H，Griffith D A，Jap S D. 2013. Passive and active opportunism in interorganizational exchange[J]. Journal of Marketing，77（6）：73-90.

Seppänen R，Blomqvist K，Sundqvist S. 2007. Measuring inter-organizational trust—a critical review of the empirical research in 1990-2003[J]. Industrial Marketing Management，36（2）：249-265.

Shapiro S P. 1987. The social control of impersonal trust[J]. American Journal of Sociology，93（3）：623-658.

Sheng S B，Zhou K Z，Li J J，et al. 2018. Institutions and opportunism in buyer-supplier exchanges：the moderated mediating effects of contractual and relational governance[J]. Journal of the Academy of Marketing Science，46（6）：1014-1031.

Sila I，Dobni D. 2012. Patterns of B2B e-commerce usage in SMEs[J]. Industrial Management & Data Systems，112（8）：1255-1271.

Skarmeas D，Katsikeas C S，Schlegelmilch B B. 2002. Drivers of commitment and its impact on performance in cross-cultural buyer-seller relationships：the importer's perspective[J]. Journal of International Business Studies，33（4）：757-783.

Söllner M，Hoffmann A，Leimeister J M. 2016. Why different trust relationships matter for information systems users[J]. European Journal of Information Systems，25（3）：274-287.

Son J Y，Benbasat I. 2007. Organizational buyers' adoption and use of B2B electronic marketplaces：efficiency-and legitimacy-oriented perspectives[J]. Journal of Management Information Systems，24（1）：55-99.

Stewart K J. 2003. Trust transfer on the world wide web[J]. Organization Science，14（1）：5-17.

Streukens S，Leroi-Werelds S. 2016. Bootstrapping and PLS-SEM：a step-by-step guide to get more out of your bootstrap results[J]. European Management Journal，34（6）：618-632.

Sun Y C，Dong X J，McIntyre S. 2017. Motivation of user-generated content：social connectedness moderates the effects of monetary rewards[J]. Marketing Science，36（3）：329-337.

Tedeschi J T，Lindskold S. 1976. Social Psychology：Interdependence，Interaction and Influence[M]. New York：John Wiley & Sons.

Theron E，Terblanche N，Boshoff C. 2011. The antecedents of trust in business-to-business financial services[J]. Journal of Business-to-Business Marketing，18（2）：188-213.

Tong P S，Johnson J L，Umesh U N，et al. 2008. A typology of interfirm relationships：the role of information technology and reciprocity[J]. Journal of Business & Industrial Marketing，23（3）：178-192.

Trada S，Goyal V. 2017. The dual effects of perceived unfairness on opportunism in channel relationships[J]. Industrial Marketing Management，64：135-146.

Trevino L K. 1992. The social effects of punishment in organizations：a justice perspective[J]. Academy of Management Review，17（4）：647-676.

Um K H，Kim S M. 2018. Collaboration and opportunism as mediators of the relationship between NPD project uncertainty and NPD project performance[J]. International Journal of Project Management，36（4）：659-672.

UNCTAD. 2017. Intergovernmental group of experts on E-commerce and the digital economy，first session[EB/OL]. https://unctad.org/meeting/intergovernmental-group-experts-e-commerce-and-digital-economy-first-session[2024-05-01].

Vedel M，Holma A M，Havila V. 2016. Conceptualizing inter-organizational triads[J]. Industrial Marketing Management，57：139-147.

Verhagen T，Meents S，Tan Y H. 2006. Perceived risk and trust associated with purchasing at electronic marketplaces[J]. European Journal of Information Systems，15（6）：542-555.

Villena V H，Choi T Y，Revilla E. 2019. Revisiting interorganizational trust：is more always better or could more be worse？[J]. Journal of Management，45（2）：752-785.

Villena V H，Craighead C W. 2017. On the same page？How asymmetric buyer-supplier relationships affect opportunism and performance[J]. Production and Operations Management，26（3）：491-508.

Voola R，Casimir G，Carlson J，et al. 2012. The effects of market orientation，technological opportunism，and e-business adoption on performance：a moderated mediation analysis[J]. Australasian Marketing Journal，20（2）：136-146.

Wallenburg C M，Schäffler T. 2014. The interplay of relational governance and formal control in horizontal alliances: a social contract perspective[J]. Journal of Supply Chain Management, 50 (2): 41-58.

Wang D D，Fu H W，Fang S Z. 2019. The relationship between relational quality and megaproject success: the moderating role of incentives[J]. Engineering Management Journal, 31 (4): 257-269.

Wang D T，Gu F F，Dong M C. 2013. Observer effects of punishment in a distribution network[J]. Journal of Marketing Research, 50 (5): 627-643.

Wang M Y，Zhang Q Y，Wang Y G，et al. 2016. Governing local supplier opportunism in China: moderating role of institutional forces[J]. Journal of Operations Management, 46: 84-94.

Wang R，Li X L，Huang M X. 2012. Channel management through selective announcement of reward and punishment decisions[J]. Journal of Business-to-Business Marketing, 19 (2): 129-146.

Wang S，Cavusoglu H. 2015. Small and medium sized manufacturer performance on third party B2B electronic marketplaces: the role of enabling and IT capabilities[J]. Decision Support Systems, 79: 184-194.

Wang X H，Yang Z L. 2013. Inter-firm opportunism: a meta-analytic review and assessment of its antecedents and effect on performance[J]. Journal of Business & Industrial Marketing, 28 (2): 137-146.

Wang Y D，Emurian H H. 2005. An overview of online trust: concepts, elements, and implications[J]. Computers in Human Behavior, 21: 105-125.

Wathne K H，Heide J B. 2000. Opportunism in interfirm relationships: forms, outcomes, and solutions[J]. Journal of Marketing, 64 (4): 36-51.

Watson G F，Worm S，Palmatier R W，et al. 2015. The evolution of marketing channels: trends and research directions[J]. Journal of Retailing, 91 (4): 546-568.

Williamson O E. 1975. Markets and Hierarchies: Analysis and Antitrust Implications[M]. New York: Free Press.

Williamson O E. 1983. Credible commitments: using hostages to support exchange[J]. The American Economic Review, 73 (4): 519-540.

Williamson O E. 1985. The Economic Institutions of Capitalism: Firms, Markets, Relational Contracting[M]. New York: Free Press.

Williamson O E. 1991. Comparative economic organization: the analysis of discrete structural alternatives[J]. Administrative Science Quarterly, 36: 269-296.

Williamson O E. 1993. Calculativeness, trust, and economic organization[J]. The Journal of Law and Economics, 36 (1/2): 453-486.

Wong A，Tjosvold D，Yu Z Y. 2005. Organizational partnerships in China: self-interest, goal interdependence, and opportunism[J]. Journal of Applied Psychology, 90 (4): 782.

Woolthuis R K，Hillebrand B，Nooteboom B. 2005. Trust, contract and relationship development[J]. Organization Studies, 26 (6): 813-840.

Wu F, Sinkovics R R, Cavusgil S T, et al. 2007. Overcoming export manufacturers' dilemma in international expansion[J]. Journal of International Business Studies, 38 (2): 283-302.

Wynstra F, Spring M, Schoenherr T. 2015. Service triads: a research agenda for buyer-supplier-customer triads in business services[J]. Journal of Operations Management, 35: 1-20.

Xiao L, Fu B, Liu W L. 2018. Understanding consumer repurchase intention on O2O platforms: an integrated model of network externalities and trust transfer theory[J]. Service Business, 12: 731-756.

Xiao L, Zhang Y C, Fu B. 2019a. Exploring the moderators and causal process of trust transfer in online-to-offline commerce[J]. Journal of Business Research, 98: 214-226.

Xiao Z X, Dong M C, Zhu X X. 2019b. Learn to be good or bad? Revisited observer effects of punishment: curvilinear relationship and network contingencies[J]. Journal of Business & Industrial Marketing, 34 (4): 754-766.

Xue Y J, Liang H G, Wu L S. 2011. Punishment, justice, and compliance in mandatory IT settings[J]. Information Systems Research, 22 (2): 400-414.

Yang D F, Sheng S B, Wu S L, et al. 2018. Suppressing partner opportunism in emerging markets: contextualizing institutional forces in supply chain management[J]. Journal of Business Research, 90: 1-13.

Yang P P, Qian L P, Zheng S Y. 2017. Improving performance and curtailing opportunism: the role of contractual issue inclusiveness and obligatoriness in channel relationships[J]. Journal of Business & Industrial Marketing, 32 (3): 371-384.

Yiu D W, Xu Y H, Wan W P. 2014. The deterrence effects of vicarious punishments on corporate financial fraud[J]. Organization Science, 25 (5): 1549-1571.

Zenger T R, Marshall C R. 2000. Determinants of incentive intensity in group-based rewards[J]. Academy of Management Journal, 43 (2): 149-163.

Zhang K F, Evgeniou T, Padmanabhan V, et al. 2012. Content contributor management and network effects in a UGC environment[J]. Marketing Science, 31 (3): 433-447.

Zhang N, Wang W Y. 2019. Research on balance strategy of supervision and incentive of P2P lending platform[J]. Emerging Markets Finance and Trade, 55 (13): 3039-3057.

Zhao X D, Huo B F, Flynn B B, et al. 2008. The impact of power and relationship commitment on the integration between manufacturers and customers in a supply chain[J]. Journal of Operations Management, 26 (3): 368-388.

Zhao Y S, Cavusgil S T. 2006. The effect of supplier's market orientation on manufacturer's trust[J]. Industrial Marketing Management, 35 (4): 405-414.

Zhong W G, Su C T, Peng J S, et al. 2017. Trust in interorganizational relationships: a meta-analytic integration[J]. Journal of Management, 43 (4): 1050-1075.

Zhou K Z, Poppo L. 2010. Exchange hazards, relational reliability, and contracts in China: the contingent role of legal enforceability[J]. Journal of International Business Studies, 41 (5): 861-881.

Zhou K Z，Xu D A. 2012. How foreign firms curtail local supplier opportunism in China：detailed contracts，centralized control，and relational governance[J]. Journal of International Business Studies，43（7）：677-692.

Zhu W T，Su S，Shou Z G. 2017. Social ties and firm performance：the mediating effect of adaptive capability and supplier opportunism[J]. Journal of Business Research，78：226-232.

Zhuang G，Herndon N C，Zhou N. 2014. Deterrence or conflict spiral effect？Exercise of coercive power in marketing channels：evidence from China[J]. Journal of Business-to-Business Marketing，21（3）：187-207.

第3章　第三方 B2B 电子商务平台客户导向（不）一致的作用研究

3.1　研究背景

近年来，随着信息通信技术的迅速发展，大量的第三方 B2B 电子商务平台应运而生（Muzellec et al.，2015）。第三方 B2B 电子商务平台是一个典型的双边市场，它由平台企业和参与交易的卖家和买家企业组成（Chakravarty et al.，2014）。平台企业作为中介通过向每一方收取适当的交易费用来促进买卖双方进行交易。第三方 B2B 电子商务平台不仅使买家掌握更丰富的市场信息、降低采购成本（Spulber，1996），还让卖家轻松高效地接触更多买家、减少营销和沟通成本（Lucking-Reiley and Spulber，2001；Cenamor et al.，2017）。与传统的 B2B 交易相比，第三方 B2B 电子商务平台具有显著优势，如拥有更好的客户解决方案（Wei et al.，2019）和更低的交易成本（Lucking-Reiley and Spulber，2001）。因此，第三方 B2B 电子商务平台已经成为有效促进买卖双方企业之间进行交易的重要营销渠道（Watson et al.，2015），并显著地促进了经济增长（Chakravarty et al.，2014）。

第三方 B2B 电子商务平台的成功取决于其吸引卖家和买家的能力，以及促进买卖双方之间进行直接交易的能力。此外，平台企业面临的一个基本挑战就是增加客户基础（包括买卖双方）（Sriram et al.，2015；Fang et al.，2015；Zhu and Iansiti，2012）。因此，第三方 B2B 电子商务平台需要实施适当的战略来有效地吸引卖家和买家。由于客户规模对平台成功的关键作用，我们选择探究客户导向对第三方 B2B 电子商务平台的战略价值。

以往的研究指出客户导向对传统企业获取和保留客户至关重要（Kohli and Jaworski，1990；Narver and Slater，1990；Gatignon and Xuereb，1997；Zhou et al.，2005；Frösén et al.，2016）。具有一致客户导向战略的公司可以胜过竞争对手，因为它们能更好地了解客户需求，预测市场需求，并优先考虑创造客户价值（Danneels，2003；Olson et al.，2005；Theoharakis and Hooley，2008）。因此，客户导向可以带来竞争优势，并成为企业绩效的关键驱动因素（Jaworski and Kohli，1993；Han et al.，1998；Kirca et al.，2005；Zhou et al.，2007；Luo et al.，2008；Kumar et al.，2011；Hult and Ketchen，2001）。然而，大多数客户导向研究集中在传统的二元交易关系上。Chakravarty 等（2014）的研究首次对客户导向概念进行

修改，并将其应用于第三方 B2B 电子商务平台中的三元关系（卖家—平台—买家）。具体来说，他们提出应沿着两个维度检查平台企业的客户导向：客户导向总量和客户导向不对称。

Chakravarty 等（2014）的研究为基于互联网的双边市场的战略选择提供了有价值的见解。然而，第三方 B2B 电子商务平台企业如何使用客户导向战略仍然不清楚。例如，他们发现客户导向总量而不是客户导向不对称对平台绩效有促进作用。Chakravarty 等（2014）未能发现客户导向不对称战略与企业绩效之间有直接联系的原因可能是他们的研究未考虑到第三方 B2B 电子商务平台的资源是有限的。现有文献指出许多第三方 B2B 电子商务平台与传统平台经济的企业不同，它们大都是拥有较少资源的小型企业（Leong et al.，2016；Muzellec et al.，2015）。因此，第三方 B2B 电子商务平台可能无法实施客户导向总量战略，而必须决定如何在卖家或买家客户导向之间分配有限的资源。因此，我们提出不平衡的客户导向战略对第三方 B2B 电子商务平台更为重要，并且在评估这种不平衡客户导向战略的潜在效应时必须考虑资源的有限性。

此外，需求不确定性可能影响客户导向的作用。与二元交易关系中的企业相比，第三方 B2B 电子商务平台必须应对更高的卖家和买家需求不确定性。这种需求不确定性是指卖家和买家需求变化的幅度和频率，包括数量、集中度、组成、需求和行为的变化（Grewal et al.，2010）。它可能导致市场参与者的高流动性和预测客户需求的困难（Grewal et al.，2010），并进一步使 B2B 平台企业选择适当客户导向战略的决策复杂化。

为了填补这些研究空白，本章采用一致性观点（Ahearne et al.，2013；Zhang et al.，2012），并将客户导向（不）一致定义为第三方 B2B 电子商务平台企业对卖家和买家资源分配之间的（不）一致程度。具体来说，本章将专注于理解卖家和买家需求不确定性背景下客户导向（不）一致对企业绩效的影响，并在基础之上提出两个相关的研究问题。首先，卖家和买家客户导向（不）一致如何影响第三方 B2B 电子商务平台企业的绩效？其次，卖家需求不确定性和买家需求不确定性如何调节客户导向（不）一致对企业绩效的影响？

为了回答这些问题，我们将客户导向文献与交叉网络效应理论相结合（Chu and Manchanda，2016）。交叉网络效应表明平台参与者（即买家或卖家）从另一方（即卖家或买家）的增长和演变中获益（Boudreau and Jeppesen，2015；McIntyre and Srinivasan，2017）。考虑到大多数第三方 B2B 电子商务平台的资源有限性以及卖家和买家对平台价值创造的重要性可能并不相同（Chakravarty et al.，2014），我们认为交叉网络效应理论为解释第三方 B2B 电子商务平台企业在客户导向（不）一致方面的战略选择提供了有用的理论视角。本章使用从中国第三方 B2B 电子商务平台企业收集的调查数据来检验研究假设。多项式回归分析的结果支持了我们的大部分论点。

本章至少对现有文献做出了三方面的贡献。首先，我们探讨了第三方 B2B 电子商务平台背景下客户导向（不）一致的影响。尽管客户导向被认为在任何交换关系中都是一种重要战略（Lusch and Laczniak，1987；Narver and Slater，1990；Kirca et al.，2005；Kumar et al.，2011），并且一些研究已经强调了双边市场的客户导向不对称性（Chakravarty et al.，2014），但关于客户导向对企业绩效影响的以往研究很少考虑企业的资源水平。在本章中，我们探究了资源有限的平台企业如何通过选择适当的客户导向（不）一致战略来提高绩效，研究结果有助于客户导向研究和 B2B 平台研究的发展。其次，我们的研究通过探讨卖家和买家需求不确定性对平台企业客户导向战略的影响，扩展了信息处理相关的文献。组织信息处理理论已广泛应用于战略和运营研究，但大多数研究集中在解释传统制造商或服务提供商如何处理客户需求不确定性（Trautmann et al.，2009；Wong et al.，2011；Gardner et al.，2015；Narayanan et al.，2011）。相比之下，很少有研究关注第三方 B2B 电子商务平台企业如何有效应对卖家和买家需求不确定性。最后，本章为电子渠道中平台企业的独特绩效特性提供了新的解释。B2B 营销渠道的以往研究主要集中在传统的线下渠道和二元企业关系上（Watson et al.，2015）。本章将迅速崛起的双边 B2B 电子商务平台作为新的分销渠道，并探讨了平台企业如何培育双方客户以提高绩效。这种三元视角为营销渠道研究提供了新的观点。

3.2　交叉网络效应

为了探索第三方 B2B 电子商务平台的客户导向策略，我们讨论了平台型企业的一些独特特征。在传统的 B2B 二元供应链中，一个核心企业（即制造商）与一些下游客户（即其买家）合作。所有买家的需求驱动了制造商的客户导向策略。通常情况下，核心企业的供应商不直接与其客户进行交易（Chakravarty et al.，2014；Wathne and Heide，2004）。相比之下，第三方 B2B 电子商务平台可以被视为一个三方关系，涉及平台企业、卖家、买家。平台企业本身并不与卖家和买家直接进行交易，相反，平台企业的作用是促使卖家和买家之间进行直接互动和交易（de Matta et al.，2017）。理想情况下，买卖双方都完全依赖平台来搜索、筛选、招募、管理和监控另一方的高质量参与者。因此，平台的经济价值由买卖双方的数量和质量来决定。然而，平台企业通常无法控制对双方用户之间的交易数量和频率至关重要的各种决策（如生产、定价、服务决策）。因此，有效的客户导向策略对于平台企业保留其客户至关重要（Chakravarty et al.，2014）。

第三方 B2B 电子商务平台企业在设计客户导向策略时应该充分考虑平台的特点，即交叉网络效应（Boudreau and Jeppesen，2015；Chu and Manchanda，2016；McIntyre and Srinivasan，2017）。平台参与者的收益取决于同一平台另一方的参与者总数（Chu and Manchanda，2016），这就是双边市场的交叉网络效应。此外，平台上的双方都可以从另一方的规模和特点中受益（Boudreau and Jeppesen，2015；McIntyre and Srinivasan，2017）。例如，卖家更有可能参与拥有足够多买家的 B2B 平台。同样，买家通常更喜欢加入拥有更多卖家的 B2B 平台。以中国最大的钢铁交易平台找钢网为例，工业买家（如钢铁产品的分销商和贸易商）重视可供 24 小时全天候搜索服务的钢铁制造商和产品。卖家（如钢铁制造商）也受益于庞大的客户群体。特别是通过加入平台，卖家可能获得更多买家，并可能以较低的成本销售更多的产品。此外，买家可以接触到大量卖家，并享受更具竞争力的价格和更广泛的产品选择。因此，平台企业可以利用交叉网络效应吸引卖家和买家，从而获得显著的竞争优势（Song et al.，2018）。尽管交叉网络效应理论是研究平台企业的重要工具，但是关于交叉网络效应的实证研究很少，特别是与第三方 B2B 电子商务平台相关的研究（Chu and Manchanda，2016）。

3.3　客户导向（不）一致

Chakravarty 等（2014）的研究首次探讨了第三方 B2B 电子商务平台的客户导向。他们提出平台企业的客户导向包含两个维度：客户导向总量和客户导向不对称。客户导向总量反映了平台企业理解、服务和满足所有客户需求的程度。客户导向不对称描述了理解、服务和满足一方需求多于另一方的客户导向策略，这反映平台企业更专注于市场的某一特定方面（Chakravarty et al.，2014）。基于权力依赖理论，Chakravarty 等（2014）指出，客户导向总量和客户导向不对称策略都是可取的，但研究结果发现只有客户导向总量可以直接促进平台绩效的提升。

Chakravarty 等（2014）研究的一个局限性是只考虑了平台企业对卖家和买家的依赖，却忽略了大多数平台受限于有限资源的事实（Leong et al.，2016；Muzellec et al.，2015）。这可能导致两个问题。首先，尽管客户导向总量策略是有效的，但是对于 B2B 平台企业，特别是在它们的业务初期，几乎不可能无限制地实施针对双边客户的客户导向策略。因此，客户导向总量不是一种可行的战略选择。其次，在不考虑客户导向策略可用的总资源数量的情况下，Chakravarty 等（2014）对客户导向不对称的操作化处理有些不合理（即买家客户导向和卖家客户导向之间差值的绝对值）。尤其是比较不同规模平台的客户导向不对称的差异是有问题的。考虑以下情况，其中两家平台企业 A 和 B 都实施了以买家为中心的客户导向策略（即向买家投入更多的资源）。具体来说，这两家公司分别对卖家花费了 1000 美元和 11 000 美元。此外，他们分别投资了 7000 美元和 17 000 美元用于买家客户导向。尽管这两家公司表现出相同水平的客户导向不对称，但在不考虑客户导向总量的情况下，我们没有参考点来比较这两种客户导向策略对公司绩效的影响。因此，客户导向不对称的处理不太可能捕捉到 B2B 平台企业的不平衡客户导向策略的真实价值。

　　因此，本章将考察在资源有限时，不平衡客户导向策略是否以及如何为平台企业增值。具体来说，我们采用了一种更为合理的替代方法来操作客户导向策略。我们遵循营销和组织行为研究中的最新发展，采用多项式回归方法（Ahearne et al.，2013；Menguc et al.，2016；Vogel et al.，2016），并从一致性的角度提出客户导向的两个不同组成部分：客户导向一致和客户导向不一致。选择客户导向一致和客户导向不一致的概念是为了将它们与客户导向总量和客户导向不对称（Chakravarty et al.，2014）区分开来。我们定义客户导向（不）一致为当客户导向总量保持不变时，第三方 B2B 电子商务平台企业对卖家客户导向和买家客户导向之间的（不）一致程度。根据这个定义，客户导向一致描述了一种策略，即平台企业将可用的固定资源量平等分配给卖家和买家。相反，客户导向不一致是指平台不成比例地将固定数量的资源分配给卖家和买家的策略。总而言之，客户导向不一致和客户导向不对称在概念上相似，但在具体操作上不同，因为客户导向不一致在探索平台不平衡客户导向策略时考虑了资源可用性的水平。

　　因此，我们确定了两种形式的客户导向不一致：以卖家为中心的客户导向不一致和以买家为中心的客户导向不一致（即卖家客户导向高于或低于买家客户导向）。所以，当资源总量保持不变时，客户导向不一致的程度可以被视为一个双向连续变量，从低水平不一致到高水平不一致。

3.4　客户导向（不）一致与平台绩效

　　第三方 B2B 电子商务平台是具有交叉网络效应特征的双边市场（McIntyre and Srinivasan，2017）。具体来说，卖家（或买家）的现有客户数量可以促进买家（或卖家）的客户数量增长。换句话说，如果没有任何一方的客户积极参与，另一方客户将也不愿意加入平台（Sriram et al.，2015；McIntyre and Srinivasan，2017）。以往的研究表明专注于平台某一方的客户可以提高平台市场效率（Rochet and Tirole，2003；Armstrong，2006；Sriram et al.，2015；Chu and Manchanda，2016）。基于此逻辑，我们建议 B2B 平台企业为了最好地使用其有限资源来吸引两方客户，可以采用不一致的客户导向策略来充分利用交叉网络效应。

　　追求以卖家为中心的客户导向不一致策略的平台企业将更大比例的资源用于了解和满足潜在卖家的需求（Anderson and Weitz，1992；Rokkan et al.，2003）。这种不一致的客户导向策略可以帮助平台吸引更多的优质卖家，并建立庞大的卖家基础。更重要的是，这种对卖家的承诺可以激励卖家通过平台进行更多的交易并更好地为其买家服务（Chakravarty et al.，2014）。因此，根据交叉网络效应的逻辑（Boudreau and Jeppesen，2015；McIntyre and Srinivasan，2017），潜在买家为了获得优质产品和良好价格更有可能加入同一平台并与众多的卖家进行交易。所以，以卖家为中心的客户导向不一致策略可以充分利用卖家带来的交叉网络效应来吸引和获取大量的卖家和买家。因此，平台绩效很可能会增加。

同样，实施以买家为中心的客户导向不一致策略的平台企业会花费更多时间和精力倾听买家的声音、了解买家的需求，并寻找满足买家利益的解决方案。这种策略可以直接吸引潜在买家到平台消费，从而形成有大量活跃买家的基础（Chakravarty et al.，2014）。此外，提高以买家为中心的策略和承诺表明平台优先考虑买家的利益（Deshpandé et al.，1993；Rindfleisch and Moorman，2003），这可能鼓励买家更频繁地使用同一平台购买产品或服务。因此，更多的潜在卖家为了接触大量活跃买家并向他们销售更多的产品，可能会被吸引到平台上开设在线商店（Chakravarty et al.，2014）。因此，遵循相同的交叉网络效应逻辑（Boudreau and Jeppesen，2015；McIntyre and Srinivasan，2017），以买家为中心的客户导向不一致策略可以充分利用买家带来的交叉网络效应来吸引大量买家和卖家通过平台进行交易，进而促进平台规模的扩大。

我们承认平台企业还有第三个选择，即实施一致的客户导向策略，即可以平均分配其已有的有限资源以实现卖家客户导向和买家客户导向相等。然而，在这种情况下，平台企业面临着由于资源不足而无法满足客户双方业务需求的风险。因此，平台企业不太可能充分利用卖家的交叉网络效应或买家的交叉网络效应来获取更多的客户。所以，随着客户导向一致的程度提高，客户导向的潜在作用不太可能完全发挥（Chu and Manchanda，2016；Chakravarty et al.，2014）。因此，我们认为客户导向不一致是增强平台绩效的有效策略。

H3-1a：以卖家为中心的客户导向不一致（即卖家客户导向高于买家客户导向）与平台绩效正相关。

H3-1b：以买家为中心的客户导向不一致（即买家客户导向高于卖家客户导向）与平台绩效正相关。

3.5　需求不确定性的调节作用

需求不确定性表明市场的客户组成和偏好发生剧烈变化（Grewal et al.，2001；Kohli and Jaworski，1990）。在第三方 B2B 电子商务平台情景中，较高的客户流失率以及难以理解或预测卖家和买家的需求，表明卖家和买家的需求产生了不确定性。因此，第三方 B2B 电子商务平台的需求不确定性反映了周围环境中不可预测性和波动性引起的频繁变化的程度，如卖家和/或买家的组成、需求和行为的变化（Grewal et al.，2010）。所以，我们区分了平台企业面临的两种类型的需求不确定性：卖家需求不确定性和买家需求不确定性。

　　卖家需求不确定性描述了卖家经常进出平台并拥有各种不同需求和行为的程度。当卖家需求不确定性较高时，平台企业可能难以满足卖家的需求并预测其行为（Grewal et al.，2010）。因此，平台企业必须寻求并获取更多的信息以了解卖家的需求。信息处理理论提出企业必须获取适当的信息处理能力，以匹配由于不确定性而产生的信息处理需求（Tushman and Nadler，1978）。如前所述，客户导向策略旨在获取并使用更多来自客户的信息以满足其需求（Ziggers and Henseler，2016）。因此，高卖家需求不确定性需要平台企业采取更多以卖家为中心的举措，以增强其信息处理能力并解决由于这种不确定性而增加的信息处理需求。增加这种卖家导向的举措表明平台企业高度重视并投入更多的资源为卖家服务（Danneels，2003；Olson et al.，2005；Theoharakis and Hooley，2008；Chakravarty et al.，2014），这可能吸引更多的卖家进入平台。因此，基于我们对 H3-1 的推理，当卖家需求不确定性较高时，以卖家为中心的客户导向不一致对公司绩效的正面影响将被放大。

　　相反，当卖家需求不确定性较高时，以买家为中心的客户导向不一致对平台绩效的正面影响可能会减弱。根据信息处理理论（Tushman and Nadler，1978），当平台企业面临较高的卖家需求不确定性时，它们没有必要投入更多的资源来增加买家的信息处理能力以满足买家的信息处理需求。此外，增加以买家为中心的客户导向不一致可能不仅会降低平台企业关于卖家需求的信息处理能力，还可能导致过度投资信息处理能力来解决买家需求。所以，在卖家需求不确定性较高的情况下，以买家为中心的客户导向不一致策略的正面影响有可能减弱。因此，我们提出以下假设。

　　H3-2a：当卖家需求不确定性较高时，以卖家为中心的客户导向不一致策略对平台绩效的正面影响更强。

　　H3-2b：当卖家需求不确定性较高时，以买家为中心的客户导向不一致策略对平台绩效的正面影响更弱。

　　对平台企业来说，买家需求不确定性表明买家的流失率较高，理解或预测买家需求难度较大（Grewal et al.，2010）。基于信息处理能力与信息处理需求相匹配的逻辑，我们假设买家需求不确定性要求平台企业采取更不一致的以买家为中心的客户导向策略以更好地服务买家，进而创造价值（Chakravarty et al.，2014）。因此，我们提出当买家需求不确定性较高时，以买家为中心的客户导向不一致策略对平台绩效的正面影响将得到加强。

　　使用与 H3-2b 类似的论据，我们建议当买家需求不确定性较高时，以卖家为中心的客户导向不一致对平台绩效的积极影响将受到抑制。具体来说，在资源有限的情况下，以卖家为中心的客户导向不一致可能不仅会降低平台企业与买家相关的信息处理能力，还可能导致平台企业与卖家相关的信息处理能力和信息处理需求之间的不匹配。因此，基于信息处理理论，我们提出以下假设。

H3-3a：当买家需求不确定性较高时，以买家为中心的客户导向不一致策略对平台绩效的正面影响更强。

H3-3b：当买家需求不确定性较高时，以卖家为中心的客户导向不一致策略对平台绩效的正面影响更弱。

3.6　研　究　结　果

3.6.1　样本与测量题项

本章收集了第三方 B2B 电子商务平台的数据来进行分析。我们样本中 54% 的平台企业的员工人数少于 100 人，另有 31.9% 的员工人数在 100～300 人。换句话说，我们样本中超过 85% 的公司是小型或中型企业，这与以前的研究发现相一致，即大多数第三方 B2B 电子商务平台企业是小型企业，最有可能受到资源限制（Leong et al.，2016；Muzellec et al.，2015）。所有变量的测量题项均根据以往的研究进行改编，并采用利克特 7 级量表进行测量。卖家和买家客户导向来源于 Chakravarty 等（2014）的研究。卖家和买家需求不确定性改编自 Grewal 等（2001，2010）的研究。平台绩效来源于 Grewal 等（2010）的研究。

3.6.2　信度与效度

我们使用验证性因子分析来评估我们模型中各个变量的信度与效度。结果表明，测量模型与数据的拟合良好［卡方（χ^2）= 686.422，自由度（degree of freedom）= 499，比较拟合指数（comparative fit index，CFI）= 0.943，Tucker-Lewis 指数（Tucker-Lewis index，TLI）= 0.936，近似误差均方根（root mean square error of approximation，RMSEA）= 0.045，标准化均方根残差（standardized root mean squared residual，SRMR）= 0.057］。每个变量的 Cronbach's α 和 CR 均超过了 0.700 的阈值，表明信度较高（Fornell and Larcker，1981）。所有因子负荷都是显著的，每个变量的 AVE 都高于 0.500 的临界值，表明收敛效度良好（Bagozzi and Yi，1988）。我们通过比较单个变量的 AVE 值的平方根与所有变量对之间的相关系数来测量区分效度。结果显示每个变量的 AVE 值平方根大于所有变量之间的最大的相关系数，这表明区分效度较高（Fornell and Larcker，1981）。

3.6.3　多项式分析结果

多项式回归分析的结果在表 3-1 中展示。如表 3-2 所示，沿着客户导向不一致线的斜率不显著（$q_{slope} = -0.076$，90%置信区间 = $[-0.679, 0.538]$），表明两种客户导向不一致策略（即卖家客户导向高于或低于买家客户导向）之间没有显著差异。此外，沿着客户导向不一致线的曲率显著为正（$q_{curvature} = 0.396$，90%置信区间 = $[0.016, 0.829]$）。这一正曲率表明，随着卖家客户导向和买家客户导向之间的差异的增加，平台绩效将提高。因此，H3-1a 和 H3-1b 都得到验证。从另一个角度来看，该结果表明随着卖家客户导向和买家客户导向之间的差距的减小，平台绩效将下降。换句话说，平台企业的客户导向策略越一致，其绩效可能就越差。这一结果也证实了 H3-1a 和 H3-1b。

H3-2a 和 H3-2b 涉及卖家需求不确定性的调节效应。如表 3-2 所示，当卖家需求不确定性较低时，客户导向不一致线的表面呈"U"形（$q_{slope} = -0.441$，90%置信区间 = $[-1.125, 0.222]$；$q_{curvature} = 0.727$，90%置信区间 = $[0.206, 1.464]$）。这些结果表明随着客户导向不一致的增加，平台绩效也随之增加。相反，当卖家需求不确定性较高时，斜率显著且为正值（$q_{slope} = 1.391$，90%置信区间 = $[0.533, 2.256]$），曲率不显著（$q_{curvature} = -0.279$，90%置信区间 = $[-0.882, 0.461]$）。所以，以卖家为中心的客户导向不一致（即卖家客户导向高于买家客户导向）与平台绩效正相关。然而，以买家为中心的客户导向不一致（即卖家客户导向低于买家客户导向）与平台绩效负相关。因此，H3-2a 和 H3-2b 都得到支持。

如表 3-2 所示，当买家需求不确定性较低时，沿着客户导向不一致线的斜率不显著（$q_{slope} = -0.244$，90%置信区间 = $[-1.016, 0.524]$），曲率显著且为正值（$q_{curvature} = 0.675$，90%置信区间 = $[0.016, 1.412]$）。因此，当买家需求不确定性较低时，随着客户导向不一致的增加，平台绩效也随之提高。然而，当买家需求不确定性较高时，沿着客户导向不一致线的斜率（$q_{slope} = 0.507$，90%置信区间 = $[-0.430, 1.671]$）和曲率都不显著（$q_{curvature} = 0.113$，90%置信区间 = $[-0.521, 0.699]$）。因此，结果不支持 H3-3a 或 H3-3b。

表 3-1 多项式回归结果

变量	模型 1	模型 2	模型 3
卖家客户导向（COS）	0.116（0.277）	0.522*（0.300）	0.283（0.269）
买家客户导向（COB）	0.192（0.187）	-0.012（0.201）	0.224（0.210）
COS^2	0.123（0.140）	-0.093（0.137）	0.104（0.145）
COS×COB	-0.246*（0.127）	-0.200（0.133）	-0.321*（0.164）
COB^2	0.027（0.086）	0.084（0.088）	0.023（0.100）
卖家需求不确定性（SSU）	0.024（0.067）	-0.010（0.149）	0.017（0.069）
买家需求不确定性（BSU）	0.065（0.068）	0.101（0.073）	0.031（0.155）

续表

变量	模型 1	模型 2	模型 3
COS×SSU		0.459* (0.200)	
COB×SSU		−0.316* (0.156)	
COS²×SSU		−0.318** (0.113)	
COS×COB×SSU		0.175 (0.139)	
COB²×SSU		0.068 (0.072)	
COS×BSU			0.211 (0.243)
COB×BSU			−0.103 (0.189)
COS²×BSU			−0.169 (0.122)
COS×COB×BSU			0.102 (0.129)
COB²×BSU			0.036 (0.078)
企业声誉	0.276* (0.128)	0.293** (0.125)	0.255* (0.130)
企业培训	0.149 (0.116)	0.127 (0.111)	0.136 (0.118)
信息技术技能	0.278** (0.095)	0.288** (0.097)	0.257** (0.096)
平台企业规模	0.203** (0.070)	0.221*** (0.069)	0.198** (0.072)
平台企业年龄	−0.012 (0.015)	−0.015 (0.015)	−0.016 (0.015)
行业 1	−0.093 (0.258)	−0.154 (0.260)	−0.045 (0.278)
行业 2	0.453 (0.279)	0.516* (0.285)	0.476 (0.307)
行业 3	0.156 (0.408)	0.175 (0.414)	0.191 (0.418)
行业 4	0.091 (0.224)	0.039 (0.222)	0.078 (0.225)
行业 5	−0.012 (0.285)	−0.023 (0.307)	−0.009 (0.295)
行业 6	0.027 (0.612)	−0.155 (0.635)	0.043 (0.668)
行业 7	0.046 (0.151)	0.054 (0.156)	0.027 (0.153)
R^2	0.295	0.344	0.319
ΔR^2		0.049*	0.024

注：括号里的数字是标准误

*表示 $p < 0.05$，**表示 $p < 0.01$，***表示 $p < 0.001$（单尾）

表 3-2　沿着客户导向不一致线的斜率与曲率

项目	斜率		曲率	
	q_{slope}	90%置信区间	$q_{curvature}$	90%置信区间
A. 主效应				
平台绩效	−0.076	[−0.679, 0.538]	0.396	[0.016, 0.829]

续表

项目	斜率		曲率	
	q_{slope}	90%置信区间	$q_{curvature}$	90%置信区间
B. 卖家需求不确定性的调节效应				
卖家需求不确定性低	−0.441	[−1.125, 0.222]	0.727	[0.206, 1.464]
卖家需求不确定性高	1.391	[0.533, 2.256]	−0.279	[−0.882, 0.461]
C. 买家需求不确定性的调节效应				
买家需求不确定性低	−0.244	[−1.016, 0.524]	0.675	[0.016, 1.412]
买家需求不确定性高	0.507	[−0.430, 1.671]	0.113	[−0.521, 0.699]

注：90%的置信区间由 Bootstrapping 法 1000 次重复抽样估计得到

3.7　启　　示

3.7.1　理论启示

首先，我们通过研究第三方 B2B 电子商务平台如何利用有效的客户导向策略来改善绩效，丰富了客户导向的相关文献。虽然以往的研究表明客户导向对企业绩效至关重要（Narver and Slater，1990；Luo et al.，2008；Han et al.，1998；Kirca et al.，2005），但大多数研究都是在二元企业关系背景下进行的。在第三方 B2B 电子商务平台或双边市场的背景下，平台企业作为市场造市商必须同时吸引卖家和买家（Chakravarty et al.，2014）。因此，以往有关客户导向的研究结果并不适用于第三方 B2B 电子商务平台。在本章中，我们考虑了如何将有限的客户导向资源在卖家和买家之间进行合理分配。为了反映第三方 B2B 电子商务平台背景下客户导向的本质，本章引入了客户导向（不）一致的概念，它反映了平台企业客户导向实践的复杂结构。尽管 Chakravarty 等（2014）进行了客户导向不对称的开创性研究，但他们操作客户导向不对称的方式与我们的研究不同。通过运用多项式回归，我们的研究提供了对客户导向更全面的理解。我们提供了强有力的证据表明为什么在有限资源的情况下，不平衡的客户导向策略对第三方 B2B 电子商务平台企业更有利。

其次，我们的研究将信息处理理论扩展到了第三方 B2B 电子商务平台的情境之下。尽管信息处理理论在战略和运营研究中得到了广泛应用，但大多数研究集中在传统线下企业如何建立信息处理能力以匹配由于环境不确定性而产生的信息处理需求（Trautmann et al., 2009；Wong et al., 2011；Gardner et al., 2015；Narayanan et al., 2011）。在第三方 B2B 电子商务平台的背景下，平台企业面临来自卖家和买家的需求不确定性，这使得平台企业采用客户导向策略变得更加复杂。在本章中，我们提出不一致的客户导向策略有助于平台企业发展适当的信息处理能力以应对由于需求不确定性而产生的信息处理需求。研究结果表明，当卖家需求不确定性较高时，以卖家为中心的客户导向不一致策略对平台绩效更有益。然而，以买家为中心的客户导向不一致策略在买家需求不确定性较高时可能不太有效。这些结果不仅有助于解释平台企业为了提高绩效应该如何调整客户导向结构以适应不同类型的需求不确定性，同时也为信息处理文献提供了新的见解。

最后，本章的三元视角丰富了营销渠道的研究。具体来说，本章揭示了双边市场中平台企业的独特绩效特征。以往大多数研究是在传统线下渠道和/或二元企业关系的背景下进行的（Palmatier，2008；Palmatier et al., 2007；Fang et al., 2008；Grewal et al., 2013；Kashyap and Murtha, 2017；Dong et al., 2017）。为了扩展这一研究方向，我们将迅速崛起的第三方 B2B 电子商务平台作为新的分销渠道（Watson et al., 2015），并探讨了平台企业如何培育双边客户以提升绩效。尽管有效的客户导向策略对平台企业的成功至关重要，但未来的研究应利用本章的发现来探究这种新兴市场造市商的其他战略举措。

3.7.2　实践启示

首先，本章发现客户导向是第三方 B2B 电子商务平台改善绩效的基本策略。平台企业的所有者或经理应该充分了解交叉网络效应，以及客户导向不一致通常比客户导向一致更有效的事实。我们建议第三方 B2B 电子商务平台应该不成比例地将其有限的资源分配给卖家或买家。具体来说，当卖家或买家需求不确定性之间没有显著差异时，平台企业应该将有限的资源集中在吸引某一方客户（卖家或买家）的客户导向策略上。例如，平台企业可以选择付出更多努力来识别卖家的需求并提供更好的客户解决方案以吸引卖家，或者启动针对买家的客户导向策略以了解和满足买家的需求。基于交叉网络效应理论和我们的研究发现，如果一方的大量客户准备加入市场，另一方的潜在客户也可能选择进入平台。

其次，第三方 B2B 电子商务平台的经理应该仔细评估可能影响客户导向不一致对平台绩效影响的权变因素。具体来说，当面临较高的卖家需求不确定性时，平台企业应该通过增加适当水平的卖家客户导向并减少买家客户导向来优化其资源分配。如上所述，增加卖家客户导向有助于平台企业发展信息处理能力，并更好地了解和预测卖家的需求，这对于企业满足由于较高卖家需求不确定性而产生的信息处理需求至关重要。当卖家的需求得到很好的理解和满足时，大量的卖家将吸引感兴趣的买家使用平台。因此，平台绩效将会提高。

最后，平台企业需要注意增加一方客户的客户导向投入并不意味着可以忽略另一方客户的需求。相反，我们的研究提出了平台企业发展业务的初始战略选择。第三方 B2B 电子商务平台必须了解双方客户（即卖家和买家），这对平台绩效至关重要，不应放弃任何一方客户。如果没有卖家或买家的参与，平台注定会失败。平台经理应该意识到本章提出的客户导向不一致策略的最终目标是使第三方 B2B 电子商务平台能够吸引和服务双方客户。因此，平台企业应该在不同情况下仔细选择客户导向不一致策略以获取和保留大量活跃的卖家和买家。

参 考 文 献

Ahearne M，Haumann T，Kraus F，et al. 2013. It's a matter of congruence: how interpersonal identification between sales managers and salespersons shapes sales success[J]. Journal of the Academy of Marketing Science，41（6）：625-648.

Anderson E，Weitz B. 1992. The use of pledges to build and sustain commitment in distribution channels[J]. Journal of Marketing Research，29（1）：18-34.

Armstrong M. 2006. Competition in two-sided markets[J]. The RAND Journal of Economics，37（3）：668-691.

Bagozzi R P，Yi Y. 1988. On the evaluation of structural equation models[J]. Journal of the Academy of Marketing Science，16（1）：74-94.

Boudreau K J，Jeppesen L B. 2015. Unpaid crowd complementors: the platform network effect mirage[J]. Strategic Management Journal，36（12）：1761-1777.

Cenamor J，Sjödin D R，Parida V. 2017. Adopting a platform approach in servitization: leveraging the value of digitalization[J]. International Journal of Production Economics，192：54-65.

Chakravarty A，Kumar A，Grewal R. 2014. Customer orientation structure for internet-based business-to-business platform firms[J]. Journal of Marketing，78（5）：1-23.

Chu J H，Manchanda P. 2016. Quantifying cross and direct network effects in online consumer-to-consumer platforms[J]. Marketing Science，35（6）：870-893.

Danneels E. 2003. Tight-loose coupling with customers: the enactment of customer orientation[J]. Strategic Management Journal，24（6）：559-576.

de Matta R，Lowe T J，Zhang D F. 2017. Competition in the multi-sided platform market channel[J]. International Journal of Production Economics，189：40-51.

Deshpandé R，Farley J U，Webster F E，Jr. 1993. Corporate culture, customer orientation, and innovativeness in Japanese firms: a quadrad analysis[J]. Journal of Marketing，57（1）：23-37.

Dong M C，Fang Y L，Straub D W. 2017. The impact of institutional distance on the joint performance of collaborating firms: the role of adaptive interorganizational systems[J]. Information Systems

Research, 28（2）: 309-331.

Fang E E, Li X L, Huang M X, et al. 2015. Direct and indirect effects of buyers and sellers on search advertising revenues in business-to-business electronic platforms[J]. Journal of Marketing Research, 52（3）: 407-422.

Fang E E, Palmatier R W, Steenkamp J B E M. 2008. Effect of service transition strategies on firm value[J]. Journal of Marketing, 72（5）: 1-14.

Fornell C, Larcker D F. 1981. Evaluating structural equation models with unobservable variables and measurement error[J]. Journal of Marketing Research, 18（1）: 39-50.

Frösén J, Jaakkola M, Churakova I, et al. 2016. Effective forms of market orientation across the business cycle: a longitudinal analysis of business-to-business firms[J]. Industrial Marketing Management, 52: 91-99.

Gardner J W, Boyer K K, Gray J V. 2015. Operational and strategic information processing: complementing healthcare IT infrastructure[J]. Journal of Operations Management, 33（1）: 123-139.

Gatignon H, Xuereb J M. 1997. Strategic orientation of the firm and new product performance[J]. Journal of Marketing Research, 34（1）: 77-90.

Grewal R, Chakravarty A, Saini A. 2010. Governance mechanisms in business-to-business electronic markets[J]. Journal of Marketing, 74（4）: 45-62.

Grewal R, Comer J M, Mehta R. 2001. An investigation into the antecedents of organizational participation in business-to-business electronic markets[J]. Journal of Marketing, 65（3）: 17-33.

Grewal R, Kumar A, Mallapragada G, et al. 2013. Marketing channels in foreign markets: control mechanisms and the moderating role of multinational corporation headquarters-subsidiary relationship[J]. Journal of Marketing Research, 50（3）: 378-398.

Han J K, Kim N, Srivastava R K. 1998. Market orientation and organizational performance: is innovation a missing link? [J]. Journal of Marketing, 62（4）: 30-45.

Hult G T M, Ketchen D J, Jr. 2001. Does market orientation matter? : a test of the relationship between positional advantage and performance[J]. Strategic Management Journal, 22（9）: 899-906.

Jaworski B J, Kohli A K. 1993. Market orientation: antecedents and consequences[J]. Journal of Marketing, 57（3）: 53-70.

Kashyap V, Murtha B R. 2017. The joint effects of ex ante contractual completeness and ex post governance on compliance in franchised marketing channels[J]. Journal of Marketing, 81（3）: 130-153.

Kirca A H, Jayachandran S, Bearden W O. 2005. Market orientation: a meta-analytic review and assessment of its antecedents and impact on performance[J]. Journal of Marketing, 69（2）: 24-41.

Kohli A K, Jaworski B J. 1990. Market orientation: the construct, research propositions, and managerial implications[J]. Journal of Marketing, 54（2）: 1-18.

Kumar V, Jones E, Venkatesan R, et al. 2011. Is market orientation a source of sustainable competitive advantage or simply the cost of competing? [J]. Journal of Marketing，75（1）：16-30.

Leong C M L，Pan S L，Newell S，et al. 2016. The emergence of self-organizing E-commerce ecosystems in remote villages of China：a tale of digital empowerment for rural development[J]. MIS Quarterly，40（2）：475-484.

Lucking-Reiley D，Spulber D F. 2001. Business-to-business electronic commerce[J]. Journal of Economic Perspectives，15（1）：55-68.

Luo X M，Hsu M K，Liu S S. 2008. The moderating role of institutional networking in the customer orientation-trust/commitment-performance causal chain in China[J]. Journal of the Academy of Marketing Science，36：202-214.

Lusch R F，Laczniak G R. 1987. The evolving marketing concept，competitive intensity and organizational performance[J]. Journal of the Academy of Marketing Science，15（3）：1-11.

McIntyre D P，Srinivasan A. 2017. Networks，platforms，and strategy：emerging views and next steps[J]. Strategic Management Journal，38（1）：141-160.

Menguc B，Auh S，Katsikeas C S，et al. 2016. When does（mis）fit in customer orientation matter for frontline employees' job satisfaction and performance? [J]. Journal of Marketing，80（1）：65-83.

Muzellec L，Ronteau S，Lambkin M. 2015. Two-sided Internet platforms：a business model lifecycle perspective[J]. Industrial Marketing Management，45（2）：139-150.

Narayanan S，Jayaraman V，Luo Y D，et al. 2011. The antecedents of process integration in business process outsourcing and its effect on firm performance[J]. Journal of Operations Management，29（1/2）：3-16.

Narver J C，Slater S F. 1990. The effect of a market orientation on business profitability[J]. Journal of Marketing，54（4）：20-35.

Olson E M，Slater S F，Hult G T M. 2005. The performance implications of fit among business strategy，marketing organization structure，and strategic behavior[J]. Journal of Marketing，69（3）：49-65.

Palmatier R W. 2008. Interfirm relational drivers of customer value[J]. Journal of Marketing，72（4）：76-89.

Palmatier R W，Dant R P，Grewal D. 2007. A comparative longitudinal analysis of theoretical perspectives of interorganizational relationship performance[J]. Journal of Marketing，71（4）：172-194.

Rindfleisch A，Moorman C. 2003. Interfirm cooperation and customer orientation[J]. Journal of Marketing Research，40（4）：421-436.

Rochet J C，Tirole J. 2003. Platform competition in two-sided markets[J]. Journal of the European Economic Association，1（4）：990-1029.

Rokkan A I，Heide J B，Wathne K H. 2003. Specific investments in marketing relationships：expropriation and bonding effects[J]. Journal of Marketing Research，40（2）：210-224.

Song P，Xue L，Rai A，et al. 2018. The ecosystem of software platform：a study of asymmetric cross-side network effects and platform governance[J]. MIS Quarterly，42（1）：121-142.

Spulber D F. 1996. Market microstructure and intermediation[J]. Journal of Economic Perspectives，10（3）：135-152.

Sriram S，Manchanda P，Bravo M E，et al. 2015. Platforms：a multiplicity of research opportunities[J]. Marketing Letters，26（2）：141-152.

Theoharakis V，Hooley G. 2008. Customer orientation and innovativeness：differing roles in new and old Europe[J]. International Journal of Research in Marketing，25（1）：69-79.

Trautmann G，Turkulainen V，Hartmann E，et al. 2009. Integration in the global sourcing organization—an information processing perspective[J]. Journal of Supply Chain Management，45（2）：57-74.

Tushman M L，Nadler D A. 1978. Information processing as an integrating concept in organizational design[J]. The Academy of Management Review，3（3）：613-624.

Vogel R M，Rodell J B，Lynch J W. 2016. Engaged and productive misfits：how job crafting and leisure activity mitigate the negative effects of value incongruence[J]. Academy of Management Journal，59（5）：1561-1584.

Wathne K H，Heide J B. 2004. Relationship governance in a supply chain network[J]. Journal of Marketing，68（1）：73-89.

Watson G F，Worm S，Palmatier R W，et al. 2015. The evolution of marketing channels：trends and research directions[J]. Journal of Retailing，91（4）：546-568.

Wei R Q，Geiger S，Vize R. 2019. A platform approach in solution business：how platform openness can be used to control solution networks[J]. Industrial Marketing Management，83：251-265.

Wong C Y，Boon-Itt S，Wong C W Y. 2011. The contingency effects of environmental uncertainty on the relationship between supply chain integration and operational performance[J]. Journal of Operations Management，29（6）：604-615.

Zhang Z，Wang M，Shi J Q. 2012. Leader-follower congruence in proactive personality and work outcomes：the mediating role of leader-member exchange[J]. Academy of Management Journal，55（1）：111-130.

Zhou K Z，Brown J R，Dev C S，et al. 2007. The effects of customer and competitor orientations on performance in global markets：a contingency analysis[J]. Journal of International Business Studies，38：303-319.

Zhou K Z，Yim C K B，Tse D K. 2005. The effects of strategic orientations on technology-and market-based breakthrough innovations[J]. Journal of Marketing，69（2）：42-60.

Zhu F，Iansiti M. 2012. Entry into platform-based markets[J]. Strategic Management Journal，33（1）：88-106.

Ziggers G W，Henseler J. 2016. The reinforcing effect of a firm's customer orientation and supply-base orientation on performance[J]. Industrial Marketing Management，52：18-26.

第4章 激励用户生成内容——含门槛的金钱激励导致的策略性行为

4.1 绪 论

日常可见的商品评论、帖子和博客都是用户生成内容，它们普遍出现在网络市场中。比如，Facebook（脸书）上每天有约 3 亿张照片上传，Twitter（推特）上每天有 1.4 亿条推文和超过 1400 万篇文章发布（Georgiev，2023）。在互联网环境中发布用户生成内容是一种亲社会行为，目的是通过其他用户的经验，帮助用户了解商品的质量和供应者，从而缓解柠檬市场问题（Akerlof，1970；Pavlou and Dimoka，2006）。对于直接或间接建立在用户生成内容之上的平台和企业来说，它们的成功主要取决于向用户提供高质量的用户生成内容。

然而，由于用户生成内容是一种典型的"公共品"，面临着供给不足的问题（Chen et al.，2011）。同时，用户也很难长时间维持用户生成内容的贡献（Gallus，2017）。为此，在线平台一直在尝试不同的激励措施，以吸引更多用户生成内容。例如，亚马逊在 Vine 项目中推出了一种"激励评论"项目，即卖家向买家发放免费或折扣产品，以换取他们对产品的评论（Qiao et al.，2020）；Epinion 通过允许用户之间相互订阅来收集更多的产品评论从而鼓励用户之间的交互（Goes et al.，2014）；大众点评则为撰写在线产品评论的消费者提供积分奖励（Wu et al.，2015）。

设计有效激励机制的一个难点是如何在不排挤用户内在动机的情况下刺激用户多贡献。常见的方法是提供金钱激励（Burtch et al.，2018；Khern-Am-Nuai et al.，2018；Sun et al.，2017；Wirtz and Chew，2002），但是这可能会带来意想不到的后果，即用金钱激励提升亲社会行为有时会导致用户的总贡献不变或减少。过去的研究已经观察到外部金钱激励排挤内在动机的现象，尤其是在外部激励水平较低的情况下（Deci，1975；Deci and Ryan，1985）。

过去的研究关注只要人们发布用户生成内容就能获得金钱奖励的情形（Khern-Am-Nuai et al.，2018）。很少有研究验证用户如何改变行为以满足金钱激励结构的要求，这种结构奖励累计贡献数量达到设定门槛的用户。通常来说，每个产品下的首个用户生成内容（如一条产品评论）展示了用户对产品和服务的初始印象。相比之下，持续性用户生成内容以已有的用户生成内容为基础，可以让作者在撰写用户生成内容时对产品有更多的思考，从而帮助潜在消费者观察产品的长期效果和实际状态。许多电商平台，如亚马逊和淘宝，都在产品评论中加入了"持续更新"功能，因此有必要研究金钱激励结构对持续性用户生成内容的因果效应。为了实现这个目的，本章选取了国内在线医美平台的特有数据作为支撑，该平台提供了大额的基于数量门槛的金钱激励，奖励用户在日记中记录他们的医美治疗过程。这种激励结构是为了鼓励用户贡献，但用户只有在同一产品下的日记数量超过设定门槛后才能获得奖励。本章在研究金钱激励计划中引入门槛是否会产生意料之外的后果时，第一个目标是研究含门槛的金钱激励是否与用户对门槛设置的策略性反应有关。

另一个关键问题是如何最好地设计激励机制以支持预想目的，同时减轻策略性行为带来的后果。大量研究探讨了社交互动和反馈对用户生成内容贡献的直接影响（Huang et al.，2017；Zhang and Zhu，2011），但人们对社交互动是否会减轻策略性反应知之甚少。Burtch 等（2018）探讨了金钱激励和社交规范相结合对评论数量和长度的增长作用。他们发现，同时提供这两种激励机制会增加评论的数量和篇幅。社交规范提高了用户生成内容贡献，但可能使任务变得比较乏味。本章认为，来自其他用户的社交认可可以强化用户的内在动机，并减轻含门槛的金钱激励引起的策略性行为。因此，本章的第二个目标是探索社交认可（即从其他用户收到的评论）如何与含门槛的金钱激励相互作用，并减轻用户的策略性反应。

本章对两个自然实验进行了双重差分分析，以确定金钱激励的因果效应。与对照组相比，本章发现一旦用户达到奖励门槛，他们继续发表日记的意愿就会下降。此后进一步确认了社交认可对减轻激励政策带来的策略性行为的重要作用。研究结果表明，来自以前的日记中其他用户的社交互动可以帮助减轻用户对门槛的策略性反应，获得社会认可的用户更愿意在达到奖励门槛后继续发布在线内容。

本章有以下几个理论贡献。本章首次验证仅当用户累计贡献超过特定门槛后才会获得金钱奖励的用户反应。研究结果表明，这种金钱激励结构会使用户表现出最小努力效应的策略性反应。虽然之前的研究也揭示了关于首次贡献后获得金钱奖励的类似发现（Burtch et al.，2018），但是没有文献研究过含门槛的金钱激励下的持续性贡献。此外，本章发现社交互动可以调节用户对常见的含门槛的激励机制的策略性反应。本章补充了现有文献中的发现（Huang et al.，2017；Zhang and Zhu，2011），并将其扩展到一个新的环境。最后，从实践的角度来看，尽管本章发现用户对含门槛的金钱激励表现出策略性反应，但研究结果显示，用户生成内容并没有减少，而且这种激励机制提高了日记的质量和流量。这表明如果谨慎实施含门槛的激励计划，可能有利于用户生成内容的贡献。

4.2　文　献　综　述

4.2.1　金钱激励

各种组织很早就使用金钱激励达到自己的目的。基于理性人假设，人们会寻求个人效用的最大化。Prendergast（1999）的研究表明金钱激励的确在提高绩效方面非常有效。以往的研究已经深入探讨了在各种亲社会贡献背景下金钱激励如何影响绩效表现。例如，在开源软件开发中，研究表明与没有报酬的同行相比，有报酬的开发人员倾向于从事更严格的测试和调试活动（Roberts et al.，2006）；Liu 等（2014）发现金钱激励对在 Taskcn 上执行的任务质量有积极的影响。在 Ashraf 等（2014）的另一项研究中，发现外部奖励在提高公共服务绩效方面是有效的，这一发现强调了激励那些通过工作为社会做出贡献的个人的潜在好处。Chen 等（2019）则是验证了贡献者撰写的股票观点文章的每 1000 浏览量可以获得 10 美元的奖励计划，不仅增加了文章的产量，还给在线社区赢得了更多的关注。

然而，有研究表明，在某些情况下实际操作时要谨慎。当内在动机是行为的主要驱动力，而激励不够大时，金钱激励的负面影响尤其明显（Gneezy et al.，2011）。Sun 等（2017）发现社交关系水平高的用户在获得金钱奖励后不太可能继续撰写评论。Garnefeld 等（2012）的一项研究证明，提供金钱激励确实可以促进社区中主动和被动成员的参与，但仅限于在较短的时间内。随着时间的推移，这种影响会逐渐减弱甚至变成负面影响。此外，Qiao 等（2020）在调查金钱激励对被要求撰写评论的用户的影响时，发现在收到最初评论的报酬后，之后的非激励性评论往往更短，在用词上花费的努力有所减少。

在线平台的金钱激励结构大致可分为两种类型：完成即可型结构（completion-contingent structure）和绩效决定型结构（performance-contingent structure）（Yu et al.，2022）。只要用户完成要求的任务，完成即可型金钱激励就会给予奖励。在亚马逊 MTurk 上的一项实验中，Wang 等（2012）观察到在完成即可型金钱激励下发表评论可获得 1 美元的报酬，但是付费作者和自愿作者之间的评论质量没有显著差异。Khern-Am-Nuai 等（2018）利用一项自然实验研究了金钱激励项目的影响，该项目为评论者撰写的每篇评论提供 25 个忠诚度积分，每年最多 8 篇评论可以获得积分。他们认为新进评论者的数量有所增加，评论变得更加积极，但同时评论的质量却下降了。在 Burtch 等（2018）进行的一项研究中，他们发现用金钱奖励激励参与者会导致评论数量的增加，但是评论篇幅没有明显增长。Wang 等

（2022）揭示了在知识共享平台上引入付费功能的效果。他们发现虽然长期的主持人更有可能在网站上线后提供答案，但短期的主持人对参与的热情却不高。然而，尽管不同用户群体的参与水平发生了变化，但在回答质量方面没有观察到显著变化。Woolley 和 Sharif（2021）证实了受激励的消费者可以在留下反馈时使用更积极的语言。

绩效决定型激励是根据用户的绩效表现来保证是否奖励他们，即用户的绩效表现（如撰写高质量的评论或提供详细的反馈）达到或超过了指定的水平。例如，在完成即可型金钱激励的基础上，Wang 等（2012）发现为每一次额外的有益投票提供 0.25 美元的奖金可以提高付费评论的质量。Yu 等（2022）进行了一项准实验研究，以检验在亚洲餐厅评论平台上获得"Review-of-the-Day"奖励如何影响评论者的行为。他们发现收到绩效决定型奖励会导致用户提交评论更频繁、质量更高。Liu 和 Feng（2021）从理论上揭示了当贡献者因吸引其他用户而获得奖励时产生的两种挤出效应。第一种效应被称为动机挤出效应，即金钱激励实际上降低了非金钱驱动型用户的内在动机。第二种效应是竞争挤出效应。当表现不佳的贡献者由于更高的金钱奖励带来的竞争加剧而减少他们的努力时，就会出现这种现象。当金钱奖励数额较小时，动机挤出效应占主导地位；而数额较大时，竞争挤出效应主导。

金钱激励的不同结构可以对所实施的要求设置不同的任务，最终会对用户产生不同的激励效果。本章关注的激励结构与之前工作中涉及的完成即可型结构（Khern-Am-Nuai et al.，2018）类似，但是有一个关键的不同之处：符合条件的用户只有在累计贡献数量超过一定门槛时才会获得奖励。因此本章能够观察用户贡献达到门槛的后续行为。虽然以往大部分研究都集中在平台层面的用户生成内容数量上，但本章验证了用户层面持续贡献的概率。

4.2.2　社交激励

除了使用金钱激励推动用户作出贡献以外，另外一种有效的方法依赖于社交环境或社交激励（Ashraf and Bandiera，2018；Bandiera et al.，2010）。社交生活的一个基本特征是社交互动，或者人们如何在社交中表现和反应。在社交中人们渴望得到别人的爱和钦佩，正如 Hollander（1990）所描述的那样，这种情绪和表达可以被视为对认可的偏好。

根据之前的研究，社交因素在决定消费者参与在线贡献的程度方面起着至关重要的作用（Barasch and Berger，2014；Huang et al.，2019a；Muchnik et al.，2013；Wang et al.，2018）。例如，Zhang 和 Zhu（2011）的研究指出，当用户拥有更大的受众规模时，他们更有可能作出贡献，因为这增加了他们的潜在社会效益。

Jabr 等（2014）表明认可机制，特别是基于反馈的机制，能够激励个人为公共产品做出更大的贡献。在在线评论社区的背景下，Goes 等（2014）的研究表明，仅仅是拥有更多的粉丝就会导致用户评论数量的增加，这些评论的客观程度也会更高。Huang 等（2017）深入研究了社交网络整合如何影响在线评论平台的评论特征。他们发现社交网络与 Facebook 整合会带来更多的评论，并且这些评论中表达的积极情绪也会整体增加。在 Burtch 等（2018）的研究中，他们证明了社交规范（其他用户的贡献行为）鼓励消费者留下更多和更详细的评论。此外，金钱激励与社交规范结合使用，参与者提供的有用评论数量明显大于只应用一种激励的情况。

以往研究也探讨了如何通过设定目标来创造更多的用户生成内容。有研究表明，"具体而具有挑战性的目标"可以提高绩效表现（Lunenburg，2011），因为目标可以帮助个人集中精力在与实现既定目标相关的活动上，增加他们的决心和毅力，以及激活完成任务所需的相关知识和技能（Locke and Latham，2002）。许多关于在线社区的研究关注社交背景下以徽章形式存在的目标，发现了用户在目标导向的设置中增加了对在线社区的贡献（Cavusoglu et al.，2021；Khansa et al.，2015），尤其是当用户接近获得徽章时（Goes et al.，2016；Qiao et al.，2021）。Goes 等（2016）的研究与本章类似，他们发现采用地位等级结构会减少用户在实现目标时的努力程度。他们通过研究地位等级在塑造用户行为中的作用，验证了个人获得明显的地位象征后的满足感或自满效应；本章探讨了金钱激励中门槛设置对用户生成内容和消费者行为的影响，重点考察消费者对奖励门槛表现出的策略性行为以及社交认可对这种行为的调节作用。

许多研究探索了社交激励的直接刺激效应（Goes et al.，2014；Burtch et al.，2018；Huang et al.，2017），但也有证据表明，社交激励可以在减轻金钱奖励的负面影响方面发挥作用，Burtch 等（2018）在这个方向做出了努力。他们研究了金钱激励和社交规范的交互作用，其中将上个周期（月）平台中的评论者数量作为社交规范的代理变量。然而他们主要集中在社交规范上——社会规范通常被定义为非正式的规则和标准，指导或约束特定群体的行为或态度（Cialdini and Trost，1998）。本章在上述文献的基础上，认为来自其他用户的社交认可是减轻最小努力效应的有效机制。与通常由平台推动的社交规范（如绩效反馈机制）不同，社交认可（即其他用户的评论）来自其他用户的认同和欣赏，而不是由平台本身所决定的。这意味着它不易控制，更有利于培养用户的自主意识。用户能够主动选择他们喜欢或同意的内容，从而与他人达成一致。

表 4-1 总结了现有的关于金钱激励和社交激励两种类型的研究，以及与本章的主要区别。

表 4-1　用户生成内容中的金钱激励与社交激励研究综述

作者	概述	与本章的差异
完成即可型金钱激励（用户只要发布内容就能得到奖励）		
Garnefeld 等（2012）	金钱激励可以在短期内增加主动和被动成员的参与，但从长远看，这些奖励不会对用户有显著影响	本章关注的完成即可型金钱激励是有奖励门槛的。只有当消费者发布的日记数量达到设定门槛时，他们才能获得奖励。在医美平台中，消费者通常需要一定的时间（如几个星期）来完成目标。设置门槛改变了消费者的贡献行为
Burtch 等（2018）	当用户收到完成即可型金钱激励时，他们会写更多的评论，但评论的长度没有明显改变	
Khern-Am-Nuai 等（2018）	当在线平台推出完成即可型金钱激励政策时，平台可以吸引更多的用户参与，发表评价变得更积极，但是质量却下降了。更多的评论是由新进用户贡献的	
绩效决定型金钱激励（如果用户较好地完成任务，就能得到奖励）		
Wang 等（2012）	完成即可型金钱激励与绩效决定型金钱激励结合使用可以提高在线评论的质量	本章关注的金钱激励政策包含一个模糊的要求，即要求消费者发布日记时能够反映与治疗相关的信息。分位数回归结果表明，政策主要在中低分位数上提高日记文本的质量，而不是在高分位数上
Yu 等（2022）	用户收到绩效决定型金钱激励可能发布更多和更好质量的评价，但对后续评论的评分没有显著影响	
社交激励		
Huang 等（2017）	在线评论社区加入社交网络软件登录功能使得社交互动更加便利，从而增加了在线评论量和评论文本中的积极情绪	以往关于社交激励的研究大多集中在直接影响上。Burtch 等（2018）使用随机实验检验了金钱激励与社会规范对用户生成内容的作用。本章通过自然实验考察了社交认可如何帮助消费者减轻对奖励门槛的设置所表现出的非预期反应。此外，社交认可普遍存在于社交电商环境中，而且不会显得突兀
Goes 等（2016）	授予用户虚拟荣誉的等级激励机制，促使用户作出贡献，但在其达到每一级的目标后，努力程度显著下降	
Wang 等（2018）	在平台推出可以使用社交网络软件登录的功能后，用户在线评价时感受到了社交推动	
Burtch 等（2018）	同时使用金钱激励与社交规范，比起只使用其中一种手段可以使消费者提供更多有用的在线评论	
Huang 等（2019a）	对用户在在线社区中表现的反馈可以有效地激励他们对用户生成内容的贡献	
含门槛的完成即可型金钱激励		
本章	在平台推出含门槛的完成即可型金钱激励后，用户在达到奖励门槛后会减少其贡献。社交认可有助于缓解这种不利影响。同时日记的质量提高了，但大部分的改进来自较低分位数的日记	消费者发布的内容在达到金钱激励政策设定的数量门槛后才能获得奖励

4.3　假设推导

4.3.1　金钱激励和用户生成内容贡献

用户生成内容是一种公共商品，金钱激励作为一种常见的外部动机以两种途径影响用户生成内容的努力程度，即直接价格效应和间接心理效应（Gneezy et al., 2011）。一方面，用户被刺激做出更多贡献，可以获得金钱激励（即直接价格效应）。有几项研究（Burtch et al., 2018；Khern-Am-Nuai et al., 2018）的结论与直接价格效应一致，他们发现金钱激励可以刺激用户生成内容的贡献。另一方面，由于金钱激励的排挤效应（间接心理效应），内在动机更强的用户会减少他们的贡献，因为金钱激励可能会破坏他们曾经积累的良好声誉（或自我形象）动机（Bénabou and Tirole，2006），并让人怀疑他们有多想获得金钱激励（Gneezy et al., 2011）。由于用户的动机是异质的，金钱奖励的整体效果取决于平台上的用户构成。但是，正如我们在下面讨论的，门槛将发挥突出的作用。

目标医美平台的用户花费时间和精力撰写术后日记，详细记录医美治疗一段时间后的恢复效果。撰写日记分享个人经历，作者牺牲自身的时间和精力来造福他人，这和主要由内在动机驱使的对公共商品的贡献很相似（Reinholt et al., 2011）。日记的数量和质量是消费者努力程度的函数。Gneezy 和 Rustichini（2000）证明，如果金钱激励足够大，直接价格效应会比间接心理效应更显著。在此背景下，在线医美平台在消费者的累计贡献达到门槛后提供金钱奖励，并且数额通常比一般的奖励大得多。因此，大额金钱奖励可能会激励消费者坚持完成任务。此外，门槛的作用就像目标设定一样，是为了激励和引导消费者实现目标。门槛设置可以引导个人把精力集中在与目标有关的活动上，并提高用户完成目标的决心（Locke and Latham，2002）。

因此，含门槛的金钱奖励可能会激励用户做出更多贡献。综上所述，本章预计含门槛的完成即可型金钱激励将提供足够的外部动机鼓励用户贡献更多的用户生产内容。因此，本章提出如下假设。

H4-1：含门槛的金钱激励会增加消费者贡献持续性用户生成内容的数量。

4.3.2　门槛带来的策略性反应

实证研究表明，效用最大化的行为对线下和线上的政策都有影响。例如，Mayer 等（2014）验证了房主是否对银行为严重拖欠的借款人提供贷款调整服务的消息做出策略性反应。他们发现，这样的消息促使房主拖欠抵押贷款，而这种影响在最不可能违约的借款人中最为显著。Behr 等（2020）研究了惩罚不良表现和奖励贷款量的非线性补偿方案的影响。他们的结果表明，信贷员在超过违约率惩罚门槛之前，对这些金钱激励做出了理性的反应。Burtch 等（2018）发现，当面临最少的奖励时，用户更愿意写评论但是只会付出最少的努力，这导致他们的评论并不会很长。

金钱激励的一个缺点是挤出效应会降低内在动机。内在动机的降低会导致贡献努力程度的下降。含门槛的金钱激励计划要求参与者达到特定的目标以获得金钱奖励。一旦满足了要求，付出更多努力和撰写更多日记的边际经济回报就归零了。如果用户在很大程度上受外在奖励的驱动，他们就会只满足于所要求的日记数量而付出最小的努力。因此，本章预计含门槛的金钱激励将驱使用户持续撰写术后日记，直到日记数量满足金钱激励政策设置的门槛为止。在达到门槛之后，用户会减弱进一步贡献的动机，因为金钱激励的价格效应已经消失。由此，本章提出如下假设。

H4-2：用户在含门槛的金钱激励结构中完成所需的在线内容数量后会减少他们的贡献努力。

4.3.3　社交认可的调节作用

社交认可是指社会群体对某人或某事（一种行为、特质、属性或类似物）的积极评价和接受程度（MacDonald et al.，2003）。社交认可具有信号价值，因为主体可以建立声誉并向他人发出自身能力的信号。同时，人们也重视别人对他们的直接看法和说辞。用户可以从理解他的行为并向他传达感受的人群中获得认可（Hollander，1990）。当这种认可来自和自身类似的人群时，它更有效（Lerner and Tirole，2002）。在在线平台这种更大的范围内也是如此（Çakir，2015）。

本章认为，由社交激励产生的社交认可可以缓解内在动机的挤出现象。Burtch 等（2018）发现，社交规范可以削弱金钱激励的挤出效应，使用户为特定的内在动机而不是为外部激励而撰写评论的决定合理化。本章专注于来自其他用户的认可，这在在线平台中是很常见的。因为社交互动将增加对其他用户的关联性感知，因此其他用户的互动和认可可以帮助用户恢复内在动机（Burtch et al.，2018），甚至通过保留社交框架来内化一部分贡献动机（Goes et al.，2014）。因此，本章预计随着来自其他用户的社交认可度增加，消费者对门槛的策略性反应会有所收敛。

H4-3：得到其他用户反馈的消费者在完成规定的在线内容数量后更有可能继续贡献。

4.4　研究方法论

4.4.1　研究背景

本章的数据来源于中国最大的在线医美平台之一，该平台成立于 2013 年，在 2020 年拥有超过 850 万月度活跃用户。医疗美容（简称医美）是指运用手术、药物、医疗器械以及其他具有创伤性或者侵入性的医学技术方法对人的容貌和人体各部位形态进行的修复与再塑。2021 年，全球美容医学市场规模为 991 亿美元，预计从 2020 年到 2030 年，全球将以 14.5%的复合年增长率扩张，亚太地区为 10.9%。

本章的目标网站提供了有关医美机构、医生和产品（医美治疗）的信息。用户可以在网站上搜索，并与医生或医院代理人进行对话。用户如果想在网上预约治疗，必须支付通常为总价格 20%的定金（数据中超过 97%的医美治疗要求提前缴纳总价格的 20%作为定金）。本章收集了平台中来自 4 个城市（北京、上海、重庆和天津）的所有与医美治疗相关的数据。由于信息不对称在医美行业很普遍，用户很难选择合适的医生。用户生成内容（如术后医美日记）是许多医美网站缓解信息不对称的典型方法，因为来自已经接受治疗的消费者发布的在线内容往往更可信。目标网站设计了一个术后医美日记模块，允许消费者在日记本中发布一篇或多篇日记记录治疗后的愈合过程和恢复经验。相同日记本中的术后日记包含了消费者在一次医美治疗后的长期恢复经验，同一消费者在接受一次医美治疗后最多只能生成一个日记本。在一个日记本中，有若干篇日记描述了同一医美治疗在不同时间的恢复效果。

想要发布治疗日记的消费者可以通过两种方式创建日记本。对于在线上预约医美治疗的用户，在确认预约后，他们的个人页面上会出现一个高亮的"待写日记"按钮，他们可以直接为每次确认的治疗发布日记。在这种情况下，用户可以在平台中观察到一个包含产品链接的日记本。另外，消费者也可以从平台的主页创建一个日记本，但是这样操作必须手动添加治疗信息（包括医美项目或产品、治疗日期、价格、医院链接和医生链接），并且不能将日记本链接到平台中的特定产品。在这种情况下，可以看到一个没有产品链接的日记本。

从 2014 年 10 月开始，该平台推出了一系列金钱奖励政策，以鼓励消费者发布更多关于医美治疗的术后日记。只有通过该平台线上购买医美产品且在线下接受医美机构治疗的消费者才有资格获得返现奖励。政策的变化为本章提供了一个独特的机会来推断金钱激励政策对用户发布日记行为的因果效应。

第一个政策于 2014 年 10 月 15 日推出，并于 2015 年 1 月 31 日作废。在第一个政策中，用户被要求在一个日记本中发布至少三篇日记才有资格获得奖励。该政策还要求日记能够反映用户治疗前后的变化。第二个政策是在 2015 年 2 月 1 日推出的，有效期至 2015 年 4 月 30 日。第一个和第二个政策之间主要有以下几个区别。首先，第二个政策设定了两个门槛，对应两个范围的日记数量。其次，奖励的金额不是固定的，而是与通过平台支付的项目定金成正比。最后，该政策设定了 1000 元人民币的奖励上限。两个政策本质上属于含门槛的完成即可型结构，均适用于用户接受治疗的日期，而不是日记本创建或日记发布的日期。两个政策的细节见表 4-2。

表 4-2　第一个政策和第二个政策的要求

要求	第一个政策	第二个政策
日记总数量	日记本中的日记数≥3	第一档：3≤日记数≤14; 第二档：日记数≥15
照片数	每篇日记中的照片数≥3	每篇日记中的照片数≥3
奖励金额	200 元	第一档：定金的一半; 第二档：定金全额

注：最高奖励金额为 1000 元

4.4.2　变量测量

本章使用了 Python 爬虫来检索目标平台中 2019 年 4 月前所有日记本。本章首先获取了社区中完整的医院列表，并收集了每个医院页面下所有相应的日记本链接。总的来说，我们得到了 7838 个医院链接和 410 952 个日记本链接。对于每个日记本，从用户的个人主页收集了用户的个人信息，包括年龄、性别和城市。进一步，本章收集了每个日记本页面的详细治疗信息，包括医美产品（项目）描述、治疗日期、医院链接、医生链接、产品链接、价格和消费者治疗前照片。其次，本章检查了在日记本中创建的每一篇日记，包括其创建时间、文本内容、治疗后的照片链接，以及该日记下的评论（文本内容和时间戳）。对于每篇日记，本章还收集了截至爬虫结束日期的每篇日记的总浏览量和点赞数。如果日记本是通过"待写日记"按钮创建的，那么价格信息是可得的；但是当用户从主页创建日记本时，价格必须由用户手动标记。不幸的是，并非所有的用户都主动报告他们的治疗费用。在这种情况下，本章用网站中的相似产品的价格来代替该项目的价格。本章还收集了医院的类型（公立与私立）和医生的头衔（医院院长、主任医师、副主任医师、主治医师和未知）的信息。总计有 5638 个日记本，15 402 篇在 2015 年 5 月 1 日之前接受治疗的日记（涵盖两个政策的有效期），其中集体账号（如医美机构）创建了 2240 个日记本。在主结果分析部分，本章删除了那些由医美机构创建的日记本，只使用个人用户创建的 3398 个日记本。在证伪测试中，本章又加入了这些由集体账户创建的日记本以保证数据的完整性。

本章聚焦在用户发布第一篇日记后持续发布日记的行为。对于每个日记本 i，按每天（周期 t）测量消费者的发布行为，持续 60 天。这样处理的原因是，在我们的数据集中，超过 80% 的用户在 60 天后停止发布日记。对于第一个政策，分析的范围包括 2014 年 6 月 1 日到 2015 年 1 月 31 日之间的治疗所创建的日记本。只有在 2014 年 10 月 15 日至 2015 年 1 月 31 日期间通过该平台预订医美产品并完成线下治疗的用户才有资格获得第一个政策的金钱奖励。对于 2014 年 10 月 15 日（第一项奖励政策的实施日期）之前完成的日记本，只保留该时间之前的观测值，以避免奖励政策可能对这些用户后续的贡献产生溢出效应。在稳健性检验中，本章保留了这些观测值，结果是一致的。对于第二个政策，分析 2014 年 10 月 15 日至 2015 年 4 月 30 日之间进行的医美治疗及相应创建的日记本。

　　按照 Sun 等（2017）的做法，将主要因变量 Diary_{it} 定义为一个虚拟变量，如果用户在日记本 i 中第一篇日记后的第 t 期发布了日记，该变量等于 1。为了进行稳健性检验，构建另一个因变量 DiaryCount_{it}，它是日记本 i 在第 t 期发布的日记数量。虚拟变量 Post_t 在奖励政策有效后的所有时期等于 1，否则等于 0。Treat_i 是表明日记本 i 是否属于处理组的虚拟变量。

　　为了检查有资格获得金钱奖励的用户是否会产生对奖励门槛的非预期反应，构建一个虚拟变量 Threshold1_{it}，如果在 t 期开始时日记本 i 的日记数正好等于 3，则该变量等于 1，否则等于 0。对于第二个政策，定义 $\text{AboveThreshold1}_{it}$ 和 $\text{AboveThreshold2}_{it}$ 为虚拟变量，表示 t 期初的日记篇数是否在[3, 14]或[15, $+\infty$)的区间内。之所以如此定义，主要原因是很少有日记本包含超过 14 篇日记。本章将 Threshold2 定义为日记本在上一期恰好达到 15 篇，这样在很大程度上限制了变量的变化，并在回归估计时被省略。此外，本章感兴趣的是，满足第一个门槛的用户是否会控制他们的贡献，从而放弃获得 100%的押金返还。为了检验社交认可的调节作用，将日记本 i 在 t 期初的每篇日记下是否收到来自其他用户的评论，定义为虚拟变量 PrevComments_{it}。如果日记本 i 在上一期收到至少一条评论，则该虚拟变量等于 1。由于缺乏每次浏览和点赞的时间戳，只有截至收集日期的汇总数据，因此没有使用访浏览次数和点赞数来衡量社交认可。将 CumDiaries_{it} 定义为日记本 i 从 t 期开始的累计日记数，衡量日记本 i 的第一篇日记与周期 t 之间经过的周期数为 Periods_{it}。主要变量及其描述性统计如表 4-3 所示。相关系数矩阵如表 4-4 所示。

表 4-3　变量描述和描述性统计

变量名	描述	均值	SD	最小值	最大值
Diary_{it}	表示日记本 i 的作者是否在周期 t 发布了至少一篇日记，如果是等于 1	0.03	0.17	0.00	1.00
DiaryCount_{it}	日记本 i 在周期 t 发布的日记篇数	0.03	0.18	0.00	4.00
Treat_i	表示日记本 i 是否属于处理组，如果属于则等于 1	0.57	0.50	0.00	1.00
Post_t	表示周期 t 是否位于奖励政策颁布期之后，如果是等于 1	0.81	0.39	0.00	1.00
Threshold1_{it}	表示日记本 i 在周期 t 开始时是否恰好有 3 篇日记，如果是等于 1	0.12	0.32	0.00	1.00
PrevComments_{it}	表示日记本 i 在 t–1 期是否至少收到 1 条评论，如果是等于 1	0.13	0.34	0.00	1.00

续表

变量名	描述	均值	SD	最小值	最大值
$CumDiaries_{it}$	在周期 t 开始时, 日记本 i 中日记的累计数量	2.47	2.49	1.00	20.00
$Periods_{it}$	日记本 i 发布第一篇日记的周期距离周期 t 经过的总周期数	29.56	17.32	1.00	60.00
$Price_i$	日记本 i 对应的医美产品的价格（以千元计）	12.39	19.39	0.00	144.64
$Surgical_i$	表示笔日记本 i 的医美治疗是否为手术类型, 如果是等于 1	0.50	0.50	0.00	1.00
$DailyBrowse_{ij}$	日记本 i 中的第 j 篇日记的平均每日浏览次数	5.98	26.95	0.00	1353.46
$DiaryLength_{ij}$	日记本 i 中第 j 篇日记的字数	116.48	223.52	0.00	3652.00
$DiaryTopic_{ij}$	日记本 i 中第 j 篇日记的文本主题与治疗本身相关的概率	0.92	0.14	0.04	1.00
$SimilarDiaries_{ij}$	在日记本 i 的第 j 篇日记发布之前发布的相同医美治疗的日记篇数	581.72	890.93	1.00	7579.00

表 4-4 相关系数矩阵

变量	1	2	3	4	5	6	7	8	9	10	11	12	13	14
1. $Diary_{it}$	1.00													
2. $DiaryCount_{it}$	0.98	1.00												
3. $Treat_i$	0.04	0.04	1.00											
4. $Post_t$	0.00	0.00	0.14	1.00										
5. $Threshold1_{it}$	0.01	0.01	0.13	0.06	1.00									
6. $PrevComments_{it}$	0.20	0.19	0.04	−0.05	0.02	1.00								
7. $CumDiaries_{it}$	0.10	0.10	0.12	0.05	0.08	0.11	1.00							
8. $Periods_{it}$	−0.17	−0.17	0.02	0.11	0.03	−0.23	0.15	1.00						
9. $Price_i$	−0.01	−0.01	−0.15	−0.11	−0.08	0.09	−0.05	−0.01	1.00					
10. $Surgical_i$	0.04	0.04	−0.20	−0.18	−0.08	0.08	0.12	−0.02	0.30	1.00				
11. $DailyBrowse_{ij}$	—	—	−0.03	−0.07	—	—	—	—	0.07	0.01	1.00			
12. $DiaryLength_{ij}$	—	—	−0.04	−0.02	—	—	—	—	0.08	−0.04	0.19	1.00		
13. $DiaryTopic_{ij}$	—	—	0.01	0.08	—	—	—	—	0.02	−0.05	0.04	0.17	1.00	
14. $SimilarDiaries_{ij}$	—	—	0.02	0.27	—	—	—	—	−0.04	0.27	−0.02	−0.07	0.00	1.00

注: 总的来说, 所有自变量之间的相关系数都很低, 因此多重共线性不是问题

4.4.3 识别策略

识别策略依赖于与政策变化相关的自然实验。使用双重差分（difference-in-difference，DID）模型来确定金钱激励政策对用户贡献持续性用户生产内容的因果影响。根据奖励政策的要求，只有通过该平台预订医美产品且完成线下治疗的术后日记本才有资格获得金钱奖励。因此可以将处理组定义为在线预约治疗的日记本，而控制组定义为没有在线预约治疗的日记本。带有产品链接的日记本是由预先在线上预约的消费者从个人页面创建的；没有预先支付定金的消费者只能从平台主页创建日记本，这导致创建的日记本没有产品链接。因此将有特定产品链接的日记本作为处理组，没有产品链接的日记本作为控制组是合理的。当然，在线预约的用户也可以从平台主页创建日记本，但是主页上的"发布日记"按钮隐藏在主页右上角的下拉菜单中，用户必须手动上传医美项目或产品信息，因此在线订购的用户不太可能选择这种方式来创建日记本，而不使用自动创建日记本的方式。即使控制组包含一些本应属于处理组的日记本，这个问题大概率只会低估金钱激励政策的影响。如果这些日记本被排除在控制组之外，得到的实证结果将会增强。

双重差分模型的一个关键假设是平行趋势假设，即在政策变化之前，处理组和控制组的趋势是平行的。在三个时间段（无政策、第一个政策和第二个政策）中，处理组和控制组的日记本中信息包含日记篇数以及每篇日记中的照片数量的分布情况。通过观察，平行趋势假设很可能得到满足，在第一个政策推出之前，处理组和控制组之间的日记与照片数量没有显著差异。在引入金钱奖励后，可以看到处理组的日记篇数和照片数在第 3 篇日记处的概率分布有所上涨。同时观察到在第二个政策中，处理组的第 15 篇日记和第 3 张照片处的概率有所增加。这些特殊之处与相应政策中的要求一致。在控制组中没有观察到任何被处理的痕迹，这样可以确保没有产品链接的日记本不受金钱奖励政策的影响。为了进一步检验平行趋势假设，本章还使用了相对时间模型。将每个日记本的第一个周期设置为周期 0，比较处理组和控制组在周期 T 中的差异（T= 周期 1, 周期 2, $\cdots$, 周期 n）。分别使用 $PreT_{it}$ 和 $PostT_{it}$ 表示第一个政策前和政策后的周期 T，并将 $Pre7_{it}$ 设为基准期。表 4-5 的结果显示没有事前效应，说明平行趋势得到满足。

表 4-5　相对时间模型的结果

变量	全样本	匹配后的样本
常数项	-4.168^{***}	-3.000^{**}
	（1.397）	（1.504）

续表

变量	全样本	匹配后的样本
Treat_i	0.296	0.031
	(0.231)	(0.234)
$\text{Treat}_i \times \text{Pre1}_{it}$	0.164	0.340
	(0.366)	(0.401)
$\text{Treat}_i \times \text{Pre2}_{it}$	−0.012	−0.003
	(0.423)	(0.487)
$\text{Treat}_i \times \text{Pre3}_{it}$	−0.551	−0.392
	(0.430)	(0.492)
$\text{Treat}_i \times \text{Pre4}_{it}$	0.264	0.550
	(0.489)	(0.590)
$\text{Treat}_i \times \text{Pre5}_{it}$	0.731	0.387
	(0.613)	(0.629)
$\text{Treat}_i \times \text{Pre6}_{it}$	−0.031	0.017
	(0.617)	(0.716)
$\text{Treat}_i \times \text{Pre7}_{it}$	省略基准情形	
$\text{Treat}_i \times \text{Post1}_{it}$	0.331	0.798*
	(0.303)	(0.440)
$\text{Treat}_i \times \text{Post2}_{it}$	0.151	0.302
	(0.322)	(0.498)
$\text{Treat}_i \times \text{Post3}_{it}$	0.034	0.992*
	(0.346)	(0.559)
$\text{Treat}_i \times \text{Post4}_{it}$	0.407	2.043***
	(0.362)	(0.686)
$\text{Treat}_i \times \text{Post5}_{it}$	0.128	0.061
	(0.354)	(0.623)
$\text{Treat}_i \times \text{Post6}_{it}$	0.140	0.158
	(0.311)	(0.495)
$\text{Treat}_i \times \text{Post7}_{it}$	0.048	0.445
	(0.264)	(0.374)
样本数	55 507	20 899
对数似然比	−5 259	−1 849

注：括号里的是稳健标准误，为节省篇幅，此处省略了模型中包含的相对时间的虚拟变量

*表示 $p < 0.1$，**表示 $p < 0.05$，***表示 $p < 0.01$

奖励政策可能会改变用户的构成成分，有人可能会因为金钱奖励而在线上购买医美产品以获得返现奖励。由于医美产品的价格和其他相关成本（如恢复时间和运输费用）通常超过平台提供的奖励，用户不太可能单纯为了获得奖励而购买医美产品。然而，金钱奖励的确可能吸引更多本打算和已经购买医美产品的消费者发布日记，这可能会改变处理组日记本的构成（如金钱导向的用户更有可能被吸引而发布日记）。此外，是否通过平台购买医美产品可能是内生的，因为在线上和线下订购产品的消费者可能是不同的。

为了解决内生性问题，本章使用匹配算法减少处理组和控制组之间的差异。整个匹配过程包含三个使用最短距离进行贪婪匹配的步骤。首先将处理组和控制组分开，对政策出台前和政策出台后的日记本进行匹配配对；其次将配对后的处理组和控制组继续配对为匹配的四组。每两个日记本之间的距离由欧几里得距离测量。匹配变量包括与用户属性相关的变量（年龄和性别）和与治疗属性相关的变量（标准化后的价格、医美治疗类型、医师职称、医院类型）。表4-6显示了匹配前后的对比。可以看到在显性特征上，对照组的日记本和控制组的日记本之间的差异不再显著，之后将匹配后的样本用于双重差分模型。

表4-6 匹配前后处理组和控制组变量之间的差异

变量	匹配前		匹配后	
	统计量	p 值	统计量	p 值
价格	4.732***	0.000	−0.196	0.845
年龄	23.909***	0.000	2.824	0.420
性别	22.963***	0.000	0.012	0.994
医美治疗类型	77.489***	0.000	7.569	0.961
医师职称	24.096***	0.001	11.997*	0.062
医院类型	10.112***	0.006	3.892	0.143

注：价格是连续变量，因此报告了 T 统计量；对其他类别变量则报告了 Pearson 卡方统计量
*表示 $p<0.1$，***表示 $p<0.01$

4.5 实证分析和结果

4.5.1 用户层面分析：对持续性贡献的影响

本章首先构建含门槛的完成即可型金钱激励在用户层面对其持续发布日记概率的影响的离散选择模型，明确描述了奖励政策诱导用户动机的变化如何影响他们的贡献决策。为了检验金钱激励效应（H4-1），验证了双重差分模型中消费者的

贡献选择：

$$\text{Logit}(\text{Diary}_{it}) = \beta_1 \text{Treat}_i + \beta_2 \text{Treat}_i \times \text{Post}_t + \delta \text{Diary}_{i,t-1} + \text{Controls}_{it} + \mu_t + \varepsilon_{it} \quad (4\text{-}1)$$

其中，Diary_{it} 表示一个虚拟变量，当日记本 i 的作者在周期 t 至少发布了一篇日记时，其取值为 1；Treat_i 表示日记本 i 是否处于处理组的虚拟变量；Post_t 表示周期 t 是否在第一个政策的有效期内的虚拟变量；β_2 表示平均意义上金钱奖励政策对用户发布日记决策的影响大小。模型中还包含因变量的滞后一期，以控制可能的滞后效应。其他控制变量包括个人信息（即 Age_i 和 Gender_i），医美产品信息（即 Price_i 和 Surgical_i），日记本 i 在周期 t 开始时的累计日记数（CumDiaries_{it}），以及日记本 i 的第一篇日记的发布周期与周期 t 之间的间隔周期数（Periods_{it}）。μ_t 控制时间固定效应。为了检验结果的稳健性，额外使用一个替代的因变量 DiaryCount_{it}，指的是日记本 i 在周期 t 内发布的日记数量。这种情况下使用了泊松回归模型。

对于本章最关注的策略性反应（H4-2）的检验，聚焦在用户满足第一个政策的日记数量门槛（即发布三篇日记）后的贡献行为变化。Threshold1_{it} 是一个虚拟变量，表示日记本 i 在周期 t 开始时是否满足获得奖励所需的最少日记数量要求。式（4-2）中，$\beta_2 + \beta_3$ 表示日记本有 3 篇日记时的效果。

$$\begin{aligned}\text{Logit}(\text{Diary}_{it}) = {} & \beta_1 \text{Treat}_i + \beta_2 \text{Treat}_i \times \text{Post}_t + \beta_3 \text{Threshold1}_{it} \times \text{Treat}_i \times \text{Post}_t + \\ & \delta \text{Diary}_{i,t-1} + \text{Controls}_{it} + \text{OtherInteractionTerms} + \mu_t + \varepsilon_{it}\end{aligned} \quad (4\text{-}2)$$

对于 H4-3，本章想要验证用户收到其他用户的反馈是否可以缓解达到奖励门槛后持续发布日记概率的下降。使用虚拟变量 PrevComments_{it} 来衡量社交互动，该变量表示日记本 i 在周期 $t-1$ 是否至少收到了一条评论。为了便于解释和减弱多重共线性，根据 PrevComments_{it} 的取值将数据划分为两个子集，并对每个子集进行式（4-2）的回归。进一步，本章在稳健性检验中加入了 PrevComments_{it} 与 $\text{Threshold1}_{it} \times \text{Treat}_i \times \text{Post}_t$ 的 4 阶交互项，并进行回归。

1. 金钱激励对持续性用户生成内容贡献的影响

表 4-7 总结了关于第一个政策的自然实验的双重差分模型回归结果。表 4-7 的左半边（列 1 和列 2）展示了使用全样本的 Diary_{it} 的逻辑回归模型的估计结果和相关统计数据。

表 4-7　全样本的双重差分模型结果

变量	1	2	3	4	5	6	7	8
	全样本		上期没有收到评论的样本	上期收到至少一条评论的样本	匹配后样本		上期没有收到评论的样本	上期收到至少一条评论的样本
常数项	−3.611**	−3.622**	−3.359***	−1.852	−2.649*	−2.707*	−3.267**	1.850
	(1.473)	(1.464)	(1.101)	(1.831)	(1.417)	(1.429)	(1.628)	(1.549)

续表

变量	1	2	3	4	5	6	7	8
	全样本		上期没有收到评论的样本	上期收到至少一条评论的样本	匹配后样本		上期没有收到评论的样本	上期收到至少一条评论的样本
$Treat_i$	0.320*	0.259	0.442*	0.163	0.099	0.030	0.122	0.001
	(0.187)	(0.196)	(0.257)	(0.237)	(0.190)	(0.200)	(0.261)	(0.247)
$Threshold1_{it}$		0.646***	0.572	0.875***		0.725***	0.575	1.080***
		(0.237)	(0.443)	(0.298)		(0.258)	(0.553)	(0.343)
$Treat_i \times Post_t$	0.090	0.219	0.154	0.227	0.513*	0.668**	0.740**	0.639*
	(0.212)	(0.223)	(0.295)	(0.275)	(0.273)	(0.292)	(0.374)	(0.359)
$Threshold1_{it} \times Treat_i \times Post_t$		−1.135***	−1.789***	−0.034		−1.312**	−1.940**	−0.442
		(0.380)	(0.598)	(0.609)		(0.525)	(0.816)	(0.879)
$Threshold1_{it} \times Post_t$		−0.097	0.120	−0.472		0.169	0.545	−0.188
		(0.291)	(0.507)	(0.389)		(0.426)	(0.695)	(0.629)
$Threshold1_{it} \times Treat_i$		0.536*	0.850	−0.183		0.533	0.848	−0.283
		(0.323)	(0.522)	(0.528)		(0.345)	(0.641)	(0.579)
时间固定效应	Yes	Yes	Yes	Yes	Yes	Yes	Yes	Yes
控制变量	Yes	Yes	Yes	Yes	Yes	Yes	Yes	Yes
样本数	55 507	55 507	48 343	7 164	20 899	20 899	18 058	2 841
对数似然比	−5 311	−5 293	−3 173	−1 919	−1 852	−1 836	−1 017	−659.1

注：括号内为稳健标准误；控制变量包括因变量的滞后项（Age_i、$Gender_i$、$Price_i$、$Surgical_i$、$Periods_{it}$ 和 $CumDiaries_{it}$）

*表示 $p<0.1$，**表示 $p<0.05$，***表示 $p<0.01$

为了研究金钱激励的平均效应，首先验证实施第一个政策后，处理组和控制组之间持续发布日记的可能性的变化。如表 4-7 中列 1 所示，$Treat_i \times Post_t$ 前的系数（β_2）为 0.090，但在 0.1 的置信水平下不存在统计意义上的显著，说明处理组与控制组相比，发布持续性日记的概率无明显变化。换句话说，金钱激励对每个消费者的持续贡献没有影响。实证结果不支持 H4-1。不同于对首个贡献的影响，金钱激励似乎对用户在相同医美产品下的持续性贡献没有显著影响。

2. 金钱激励和最小努力效应

为了检验最小努力效应的假设（H4-2），本章对式（4-2）进行回归，表 4-7 中的列 2 展示了结果。本章观察到在累计日记数量满足奖励门槛的要求后，消费者发布后续日记的概率显著下降（$\beta_3 = -1.135$，$p = 0.003$），说明用户确实注意到了奖励门槛，并改变了他们的努力程度。用户试图增加他们获得奖励的机会，但是同时通过勉强满足最低要求来最小化他们的努力。实证结果表明，含

门槛的金钱激励会导致用户在满足数量门槛后降低他们的努力程度，因此 H4-2
成立。

3. 金钱激励和社交认可

为了验证其他用户的反馈的调节作用，在两个子数据集上对式（4-2）进行
回归。表 4-7 中的列 3 和列 4 展示了回归结果。当日记本 i 的用户在上一个周期
收到至少一条在线评论时（表 4-7 列 4），在满足奖励门槛后，本章没有观察到
用户努力程度的显著下降（$\beta_3 = -0.034$，$p = 0.955$）。这表明用户在收到反馈时，
不太可能在达到数量门槛之后减少他们的贡献。相反，当没有收到任何评论时
（表 4-7 列 3），可以看到在 $\text{Threshold1}_{it} \times \text{Treat}_i \times \text{Post}_t$ 之前有显著的负系数（$\beta_3 = -1.789$，$p = 0.003$）。这些结果表明，在用户没有收到反馈时，他们更有可能付
出最少的努力来获得奖励，并在之后减少努力。因此得到的结论是，在满足奖
励门槛后，收到来自其他用户的反馈可以帮助减轻用户贡献水平的下降，H4-3
成立。

4. 使用匹配后样本的双重差分回归结果

表 4-7 的列 5 至列 8 总结了使用匹配样本进行双重差分分析的结果。在列 5
中，金钱激励对发布后续日记的影响结果为正（$\beta_2 = 0.513$，$p = 0.061$）。表 4-7 的
列 6 表示匹配后的样本中用户达到奖励门槛后，发布后续日记的概率显著下降
（$\beta_3 = -1.312$，$p = 0.013$），这更加证实了含门槛的金钱激励导致最小努力行为。
此外，当用户收到其他用户的反馈时（表 4-7 列 8），这种努力程度的下降在统
计意义上不显著（$\beta_3 = -0.442$，$p = 0.615$）；但是当用户没有收到其他用户的反
馈时（表 4-7 列 7），这种下降才显著为负（$\beta_3 = -1.940$，$p = 0.017$）。因此可以确
信与其他用户的社交互动有助于减轻含门槛的金钱激励带来的策略性反应。

5. 敏感性分析

使用线性回归和匹配的方式可以在满足条件独立假设的前提下得到无偏估
计。也就是说，以可观察到的特征为条件，个体是否位于处理组与潜在结果无关。
因为使用的匹配算法只能按照可观测变量进行匹配样本，无法解决由不可观测的
混杂因素引起的可能存在的自选择问题。为了评估条件独立假设是否满足，本节
进行了两次敏感性分析。首先，对 Cerulli（2019）提出的基于不可观测的选择过
程进行数据驱动的敏感性测试。这个测试背后的逻辑是，如果基准匹配估计值对
添加的不可观测变量不敏感，那么也应该对移除的不可观测变量不敏感。因此，
数据驱动方法在匹配变量的不同子集上进行抽样，并对各种匹配变量组合下的匹
配进行仿真估计，用以和基准匹配估计进行比较。当新的匹配估计值与基准匹配

估计值没有显著差异时，基准匹配估计值就不太可能对遗漏的混杂因素敏感。对于所选匹配变量的数量从 1 到 5 不等，最小努力效应的结果和社交认可的调节作用并没有在统计上失去意义，表明估计结果的稳健性和条件独立假设在回归模型中是有效的。

其次，根据 Ichino 等（2008）的做法进行敏感性测试，他们遵循 Rosenbaum（1987，2002）提出的 Rosenbaum 边界，但以仿真的方式应用于本章的匹配算法。该算法假设混杂的不可观测的变量可以用一个 0-1 变量 U 来表示。如果条件独立假设不满足，但是以额外的 0-1 变量 U 为先决条件，就可以满足条件独立假设。这个方法在数据中对该 0-1 混杂变量进行仿真。比较对 U 进行匹配和不匹配获得的估计值，揭示估计量在多大程度上对条件独立假设的这一特定故障源具有稳健性。指定参数 p_{ij} = Prob（$U=1|\text{Treat}=i$，$Y=j$）的值，其中 $i, j \in \{0, 1\}$，通过给出由处理状态和潜在结果 Y 定义的四种情况下 $U=1$ 的概率来表示 U 的分布。然后为每个用户赋予一个混杂变量的值，并在将仿真的变量 U 纳入匹配变量后重新估计模型。通过改变 U 分布的参数，可以检验在不同类型的条件独立假设偏差下匹配结果的敏感性。表 4-8 展示了结果。将仿真的不可观测量代入方程后，估计结果与主要结果保持一致。

表 4-8　基于仿真的敏感性分析

变量		$s=0.1$	$s=0.2$	$s=0.3$	$s=0.4$	$s=0.5$	$s=0.6$	$s=0.7$
β_2	$d=0.1$	0.484 (0.258)	0.544 (0.218)	0.545 (0.204)	0.583 (0.185)	0.562 (0.172)	0.561 (0.185)	0.643 (0.133)
	$d=0.2$	0.562 (0.179)	0.542 (0.207)	0.517 (0.213)	0.601 (0.160)	0.596 (0.165)	0.597 (0.144)	0.573 (0.170)
	$d=0.3$	0.493 (0.265)	0.504 (0.238)	0.516 (0.211)	0.538 (0.192)	0.570 (0.168)	0.565 (0.186)	0.630 (0.113)
	$d=0.4$	0.531 (0.220)	0.554 (0.177)	0.482 (0.256)	0.524 (0.223)	0.610 (0.146)	0.607 (0.143)	0.604 (0.156)
	$d=0.5$	0.562 (0.168)	0.494 (0.251)	0.518 (0.191)	0.517 (0.205)	0.496 (0.228)	0.489 (0.250)	0.565 (0.188)
	$d=0.6$	0.570 (0.162)	0.480 (0.240)	0.526 (0.182)	0.540 (0.204)	0.556 (0.176)	0.607 (0.155)	0.602 (0.154)
	$d=0.7$	0.517 (0.204)	0.512 (0.196)	0.539 (0.186)	0.534 (0.202)	0.501 (0.214)	0.530 (0.205)	0.601 (0.149)
β_3	$d=0.1$	−1.709 (0.052)	−1.718 (0.046)	−1.716 (0.054)	−1.716 (0.049)	−1.605 (0.059)	−1.544 (0.070)	−1.661 (0.055)
	$d=0.2$	−1.717 (0.047)	−1.727 (0.045)	−1.703 (0.057)	−1.718 (0.051)	−1.650 (0.056)	−1.686 (0.055)	−1.596 (0.060)

续表

变量		$s = 0.1$	$s = 0.2$	$s = 0.3$	$s = 0.4$	$s = 0.5$	$s = 0.6$	$s = 0.7$
β_3	$d = 0.3$	−1.682 （0.052）	−1.732 （0.042）	−1.668 （0.051）	−1.702 （0.049）	−1.697 （0.042）	−1.639 （0.054）	−1.658 （0.058）
	$d = 0.4$	−1.741 （0.042）	−1.648 （0.052）	−1.680 （0.047）	−1.678 （0.050）	−1.663 （0.052）	−1.734 （0.046）	−1.672 （0.054）
	$d = 0.5$	−1.701 （0.058）	−1.697 （0.054）	−1.720 （0.046）	−1.718 （0.039）	−1.671 （0.046）	−1.689 （0.046）	−1.674 （0.047）
	$d = 0.6$	−1.643 （0.060）	−1.622 （0.057）	−1.731 （0.041）	−1.673 （0.047）	−1.702 （0.049）	−1.742 （0.044）	−1.689 （0.050）
	$d = 0.7$	−1.700 （0.047）	−1.569 （0.064）	−1.667 （0.050）	−1.708 （0.047）	−1.691 （0.042）	−1.685 （0.048）	−1.784 （0.037）
调节 效应	$d = 0.1$	2.021 （0.065）	1.992 （0.063）	2.010 （0.069）	2.019 （0.065）	1.952 （0.069）	1.958 （0.069）	2.155 （0.049）
	$d = 0.2$	1.997 （0.064）	2.030 （0.061）	2.068 （0.063）	2.065 （0.060）	1.985 （0.067）	2.107 （0.056）	1.974 （0.065）
	$d = 0.3$	2.000 （0.067）	2.004 （0.062）	1.983 （0.069）	1.992 （0.064）	1.998 （0.062）	2.024 （0.063）	2.036 （0.058）
	$d = 0.4$	2.030 （0.066）	1.938 （0.067）	1.958 （0.068）	2.006 （0.067）	1.994 （0.065）	2.055 （0.060）	2.032 （0.064）
	$d = 0.5$	2.019 （0.068）	1.985 （0.065）	1.983 （0.065）	1.999 （0.060）	1.957 （0.067）	2.014 （0.063）	2.018 （0.066）
	$d = 0.6$	2.004 （0.064）	1.936 （0.070）	2.004 （0.066）	1.932 （0.072）	1.964 （0.067）	2.044 （0.057）	1.999 （0.060）
	$d = 0.7$	1.967 （0.066）	1.922 （0.068）	1.994 （0.064）	2.028 （0.059）	1.962 （0.064）	2.007 （0.061）	2.024 （0.061）

注：按照 Ichino 等（2008）的做法，本章定义 $d = p_{01}-p_{00}$ 和 $s = \text{Prob}(U = 1|\text{Treat} = 1)-\text{Prob}(U = 1|\text{Treat} = 0)$。给定 $\text{Prob}(U = 1)$、$p_{11}-p_{10}$、d 和 s 的值，本章可以推断出 p_{00}、p_{01}、p_{10} 和 p_{11} 的值。本章在基于仿真的敏感性分析中设定 $\text{Prob}(U = 1) = 0.4$ 并且令 $p_{11}-p_{10} = 0$，并且使 d 和 s 的取值每隔 0.1 从 0.1 变化到 0.7。然后本章随机仿真不可观测的 U 重复 100 次，在匹配变量中使用仿真的 U 后重新运行匹配算法，括号中表示的是 p 值。调节效应为四向交互项前的系数

6. 证伪测试

本章进行了三个证伪测试，以确保估计结果是由金钱激励政策导致的。首先，用集体账号创建的日记本替换处理组中的日记本。根据奖励政策的要求，由集体账户创建的日记本不具备获得金钱奖励的资格。如果存在其他的混杂因素，如其他未知的政策，不仅影响处理组的日记本，而且影响集体账号的日记本，那么应该在这些日记本中观察到类似的结果。如表 4-9 所示，随着政策的变化，集体账

号发布日记的情况与控制组的日记保持一致。因此进一步证实，这种奖励政策确实影响了那些应该受到影响的用户行为。

表 4-9　包含医美机构账号的样本的证伪测试结果

变量	1	2
$Treat_i \times Post_t$	0.236	0.262
	(0.434)	(0.424)
$Threshold1_{it} \times Treat_i \times Post_t$		−0.331
		(1.118)
样本数	34 542	34 542
对数似然比	−1 983	−1 973

注：括号内为稳健标准误；实证模型和表 4-7 中的模型一致

其次，按照 Cheng 等（2020）的做法，258 个政策前和 749 个政策后的日记本中分别包含 104 个和 451 个处理组的日记本，按照处理组日记本的数量将其随机分配，然后在这种伪处理上估计相同的回归模型。将随机分配过程重复 500 次得到的回归结果如表 4-10 所示，可以看到相同大小的 β_3 系数重复出现的概率极低（$p<0.01$）。

表 4-10　随机实施测试的结果

变量	H4-2
μ of β_3	0.0022
σ of β_3	0.0194
估计 β_3	−1.135
重复次数	500
Z 值	−58.619
p 值	<0.01

最后，根据 Pamuru 等（2021）的做法，通过引入伪政策并将政策生效前的时期分为两个相等的时期（一段为 67 天，另一段为 68 天）来实施政策生效前的安慰剂测试。表 4-11 中报告的估计结果表明，伪政策对消费者发布持续性日记的行为没有显著影响。

表 4-11 事前安慰剂测试

变量	1	2	3	4
$Treat_i \times Post_t$	−0.169	−0.266	−0.129	−0.156
	(0.398)	(0.426)	(0.324)	(0.338)
$Threshold1_{it} \times Treat_i \times Post_t$		0.738		0.374
		(0.830)		(0.660)
样本数	10 099	10 099	15 480	15 480
对数似然比	−937.4	−923.5	−1 208	−1 194

注：括号内为稳健标准误，列 1 和列 2 为删除在伪政策生效前发布的日记本在伪政策后的观测值的估计结果，列 3 和列 4 为保留所有观测值时的估计结果

7. 第二个政策的影响

与第一个政策相比，第二个政策提供了两种等级的奖励：用户发布 3 篇至 14 篇日记可以获得返还 50%订金的奖励，发布 14 篇以上日记可以获得 100%的奖励，因此 3 篇和 15 篇是第二个政策中的两个断点。研究第二个政策的主要目的是进一步验证在添加另一个门槛时存在最小努力效应。本章预计当用户在第二个政策下发布 15 篇日记时，与第一个政策的日记本相比，努力程度会下降。此时控制组（处理组）指的是 2014 年 10 月 15 日至 2015 年 4 月 30 日期间进行的医美治疗中没有（有）产品链接的日记本。因此，将控制组（处理组）的日记本分为两个阶段：第一个政策有效期（2014 年 10 月 15 日至 2015 年 1 月 31 日）的控制组（处理组）的日记本，第二个政策有效期（2015 年 2 月 1 日至 2015 年 4 月 30 日）的控制组（处理组）的日记本。同样回归模型（2），与之前的区别在于模型中有两个门槛（AboveThreshold1$_{it}$ 和 AboveThreshold2$_{it}$）。表 4-12 报告了第二次自然实验的双重差分分析的结果，其中，列 1 显示，AboveThreshold2$_{it} \times$ Treat$_i \times$ Post$_t$ 前的系数显著为负，说明用户在达到数量要求后，有很强的动机停止发布日记。

此外，第二个政策还规定奖励上限为 1000 元人民币，那就意味着购买价值超过 10 000 元的（订金大于等于 2000 元）产品或治疗的用户，在达到奖励门槛（即发布 3 篇日记）后，不太可能继续贡献。因此，将数据划分为两个子集分别进行回归。表 4-12 的列 2 显示价格等于或低于 10 000 元的处理组日记本的回归结果。在超过 3 篇日记之后并未发现显著变化，但是在发布 15 篇日记之后，发布后续日记的概率有所下降。列 3 显示了价格在 10 000 元以上的处理组日记本的回归结果。结果显示，AboveThreshold1$_{it} \times$ Treat$_i \times$ Post$_t$ 前的系数显著为负。这些结果与本章的预期一致。

表 4-12　第二个政策的最小努力效应的估计结果

变量	1 （全样本）	2 （价格小于或等于 10 000 元的 子样本）	3 （价格大于 10 000 元的 子样本）
$\text{Treat}_i \times \text{Post}_t$	0.104	−0.010	0.420
	(0.147)	(0.180)	(0.297)
$\text{AboveThreshold1}_{it} \times \text{Treat}_i \times \text{Post}_t$	0.081	0.399	−0.943**
	(0.223)	(0.275)	(0.405)
$\text{AboveThreshold2}_{it} \times \text{Treat}_i \times \text{Post}_t$	−2.127***	−2.608***	ψ
	(0.720)	(0.845)	
样本数	94 917	73 718	21 199
对数似然比	−11 460	−8 942	−2 322

注：括号内为稳健标准误；控制变量与表 4-7 中的控制变量一致

ψ 表示因观测值太少，$\text{AboveThreshold2}_{it} \times \text{Treat}_i \times \text{Post}_t$ 被删掉，** 表示 $p<0.05$，*** 表示 $p<0.01$

4.5.2　内容层面分析：对日记质量和流量的影响

本章的分析主要集中在用户应对金钱激励政策的发布日记策略的变化上，此部分通过探究金钱激励政策对日记质量（长度和主题）和在线市场表现（在线流量）的影响来扩展本章的发现。过去的文献一直关注在线市场的表现（如在线流量），这些研究为在线流量和企业价值之间的动态关系提供了支持（Benbunan-Fich and Fich，2004；Luo and Zhang，2013；Sun et al.，2020）。为了分析含门槛的金钱激励对日记质量和在线市场表现的影响，本章使用了双重差分的框架验证了日记层面的表现，即每个观测值都对应于一篇日记：

$$\text{DV}_{ij} = \beta_1 \text{Treat}_i + \beta_2 \text{Treat}_i \times \text{Post}_t + \text{Controls}_{ij} + \mu_t + \varepsilon_{jt} \qquad (4\text{-}3)$$

其中，因变量 DV_{ij} 表示本章关注的变量，包括 DiaryLength_{ij}、DiaryTopic_{ij} 和 DailyBrowse_{ij}；Treat_i 表示日记 j 所在的日记本 i 是否属于处理组的虚拟变量；$\text{Treat}_i \times \text{Post}_t$ 表示日记本 i 中涉及的医美治疗是否在第一个政策推出后进行；μ_t 控制了日记本 i 的第 j 篇日记的发布日期当日的时间趋势；β_2 捕获了金钱激励政策对日记质量和在线流量的影响。控制变量包括 Age_i、Gender_i、Price_i、Surgical_i，截至日记本 i 的第 j 篇日记的发布日期前在相同医美产品下的日记数量（$\text{SimilarDiaries}_{ij}$）、日记本 i 在日记 j 之前发布的日记数（CumDiaries_{ij}），以及从治疗日期到日记 j 发布日期的天数（$\text{DaysAfterTreat}_{ij}$）。

除了关注金钱激励政策对内容质量的平均效应之外，本章还对因变量的完整分布感兴趣。具体来说，本章使用分位数回归模型来观察奖励政策是否会影响内容质量的分布。分位数回归模型是估计结果变量分布如何随解释变量变化的强有力工具。

1. 日记长度

之前的研究（Burtch et al., 2018；Khern-Am-Nuai et al., 2018；Yu et al., 2022）发现评论长度是评论质量的一个很好的预测指标。从消费者和在线平台的角度来看，包含丰富信息的日记将会给双方带来更多收益。因此，本章验证了金钱激励对日记长度的影响，即 $DiaryLength_{ij}$，用第 j 篇日记的字数加 1 后的自然对数来衡量。表 4-13 的上半部分显示了结果。双重差分模型的结果显示，金钱激励平均会提高日记长度 43.9%。在分位数回归的结果中，可以看到低分位数日记的影响比高分位数的影响更显著。这一结果可以部分归因于奖励政策中规定的要求。如表 4-13 所示，平台的奖励政策不仅规定了日记数量的门槛，还规定了每篇日记中照片的数量。因此，随着照片的增加，每篇日记可能会有更多的文字。

表 4-13　日记质量的 OLS 回归和分位数回归结果

变量	OLS	分位数回归				
		0.10	0.25	0.50	0.75	0.90
$DiaryLength_{ij}$						
$Treat_i \times Post_t$	0.439***	0.557***	0.559***	0.547***	0.347**	0.382***
	(0.131)	(0.138)	(0.129)	(0.134)	(0.137)	(0.140)
R^2	0.253	0.273	0.202	0.176	0.211	0.292
$DiaryTopic_{ij}$						
$Treat_i \times Post_t$	0.050***	0.073*	0.041***	0.013*	0.006***	0.006***
	(0.014)	(0.044)	(0.015)	(0.007)	(0.002)	(0.001)
R^2	0.201	0.342	0.208	0.120	0.102	0.105
$DailyBrowse_{ij}$						
$Treat_i \times Post_t$	0.200**	0.038	0.131***	0.117*	0.091	0.126
	(0.081)	(0.056)	(0.049)	(0.067)	(0.092)	(0.156)
R^2	0.319	0.237	0.203	0.231	0.289	0.355
样本数	3089	3089	3089	3089	3089	3089

注：括号内为稳健标准误；控制变量与式（4-3）中的控制变量一致，并且汇报了伪 R^2 值；OLS 表示 ordinary least squares，普通最小二乘法

*表示 $p<0.1$，**表示 $p<0.05$，***表示 $p<0.01$

2. 日记的主题分布

除了日记长度外，本章还使用了隐含狄利克雷分布（latent Dirichlet allocation，LDA）方法衡量日记文本中与治疗相关的信息。LDA 模型将每个文本建模为具有一定概率分布的有限主题的集合，每个主题又是关键字的集合。本章使用每篇日记作为 LDA 的输入单位，按照 Khern-Am-Nuai 等（2018）的做法，在 LDA 方法中采用四个常用的标准来选择最优主题数，包括最小化平均配对余弦距离

（Cao et al.，2009）、SVD（singular value decomposition，奇异值分解）、Kullback-
Leibler（KL）散度（Arun et al.，2010）、最大化对数似然（Griffiths and Steyvers，
2004）以及 Jensen-Shannon 信息散度（Deveaud et al.，2014）。数据分析结果显示，
选择对数的似然函数取最大值时的最佳主题数是 2，SVD、KL 散度值最小时的最
佳选择则是 3 个主题，另外两个标准下的最佳主题数却非常大。

　　通过对关键词分布的检查，本章最终将主题的数量设置为 3 个，这为我们提供
了一个直观且有意义的关键词分布。第一个主题包含了"注射""皮肤""玻尿
酸"等词，所以第一个主题主要是描述治疗。第二个主题包含了"感受""效
果""康复""肿块"等词。显然，这个话题更多地与接受治疗后的恢复过程有关。
第一个主题和第二个主题都是与治疗相关的主题。第三个主题中排名靠前的词汇都
与日常生活有关，如"辣椒"、"饮料"和"蔬菜"。表 4-14 显示了每个主题中排
名前 20 的词汇。

表 4-14　三个主题中排名前 20 的词汇

第一个主题	注射，皮肤，治疗，皱纹，牙齿，玻尿酸，脱毛，皮肤，头发，美白，技术，修复，促销，突现，审美，美丽，激光，冷光，问题，仪器
第二个主题	感受，手术，现在，医生，今天，效果，稍微，医院，眼睛，已经，康复，鼻子，感觉，照片，之前，真实，术后，肿块，眼皮，知道
第三个主题	辣椒，睁眼，右眼，闭眼，碰撞，饮料，平静，感觉，麻烦，看不见，21 天，新年前夜，蔬菜，半碗，腰部嫩肉，米饭，昨晚，仍然，知道，睡觉

　　对于每篇日记，得到概率向量（P_1，P_2，P_3），其中 P_i 是日记属于主题 i 的概
率。通过日记与前两个主题（$P_1 + P_2$）相关的概率来测量日记 DiaryTopic$_{ij}$ 中与治
疗相关的信息。然后将 DiaryTopic$_{ij}$ 作为因变量来估计双重差分分析。结果报告在
表 4-13 的中间部分。总的来说，金钱激励政策将使日记包含与治疗相关信息的概
率增加 5%。

　　进一步地，这种影响在较低分位数的日记中更为突出。对于日记长度和文本
主题分布的回归结果可以看作是消费者对奖励政策要求日记必须反映治疗后的真
实变化的回应，因为过于简短或与治疗无关的日记不能完全捕捉到治疗后的变化。
在较低分位数的日记中效应显著表明用户在内容上的最小努力效应。用户倾向于
提供只满足反映治疗后真实变化标准的内容。因此，可以看到整个日记质量的分
布向右偏移，但这种偏移主要来自左边尾部，只有在右边尾部（上十分位数）发
现了轻微的质量提升。

　　3. 日记的在线流量

　　众所周知，高质量的日记会被浏览更多次。本章用 DailyBrowse$_{ij}$ 加 1 后的自

然对数来衡量日记的在线流量,然后将在线流量作为因变量与 $Treat_i \times Post_t$ 进行回归,观察金钱激励是否会增加日记的流量。结果报告在表 4-13 的最下面部分。结果显示,金钱激励平均能增加 20.0%的在线流量。

根据分位数回归结果,奖励政策使日记流量的中位数提高了 11.7%。相比之下,在政策实施前后,日记流量的上下十分位数并没有明显变化。本章的结果表明,金钱激励可能会对日记质量的分布产生不同的影响,即增加了低质量到中等质量日记的在线流量。造成这一结果的部分原因可能是奖励政策规定的要求提高了日记的长度和主题的相关性。虽然奖励政策对日记流量的影响是正向的,但没有证据表明,在上十分位数处有资格获得金钱激励的日记流量可以显著超过控制组的日记流量。

4.5.3　经济效益分析

虽然本章发现奖励政策不会增加每个消费者在同一个医美产品下持续性贡献的数量,但是可以激励他们发布更高质量的日记,从而为平台带来更多流量。平均而言,第一个政策使每个日记的日浏览量增加了 1.338 个单位。如果以政策前日记本中日记的日均浏览量为基准,计算得出日记的日均浏览量的绝对增量为 $6.689 \times 0.20 = 1.338$ 个单位。考虑到第一个政策出台前每个日记本平均包含 3.62 篇日记,该政策使得每个日记本的日浏览量增加了 $1.338 \times 3.62 \approx 4.84$ 个单位。在所有处理组的日记本中,有 52.78%达到了奖励门槛。因此,在线医美平台需要为每个日记本支付 $200 \times 52.78\% = 105.56$ 元。此外,平台中医美产品的平均价格为 12 680 元,通常情况下平台会抽取 10%作为佣金费用。因此,当收支平衡的转换率为 $105.56/(4.85 \times 30 \times 1268) \approx 0.06\%$ 时,该平台可以在 30 天内从金钱激励政策中获益。当然,平台可以从增加流量(如投资)中获益更多,而不是仅从销售产品中获利,但这超出了本章的研究范围。

4.5.4　稳健性检验

本章对主结果进行了若干稳健性检验,以确保实证结果的稳健性。第一,假设医美治疗通常需要提前一段时间预订,那么在临近政策出台的前后,从平台上预订医美产品和治疗的用户的获奖资格存在一定的随机性。同时,鉴于奖励政策对于消费者来说是外生的变化,在临近政策有效前后预订产品和治疗的消费者不太可能有显著差异。这为本章提供了清晰的条件来验证主结果的稳健性。因此,本章将样本限制在政策出台前后 10 天内完成治疗的日记本,并对式(4-4)和(4-5)进行回归。需要说明的是,对于政策出台前已经接受治疗的日记本,此时保留了政策出台后的日记，以便为这些日记本保留足够的观测值。因此，本章使用 $Post_i$ 来表示日记观测值是否属于政策出台后完成治疗的日记本，如果是等于 1。下标 i 表明政策实施前的日记本中可能包含在政策推出后发布的日记。表 4-15 显示了估计的结果。$Post_i \times Threshold1_{it}$ 的系数显著为负，表明在小样本中依然存在最小努力行为。

$$Logit(Diary_{it}) = \beta_1 Post_i + \delta Diary_{i,t-1} + Controls_{it} + \varepsilon_{it} \qquad (4\text{-}4)$$

$$Logit(Diary_{it}) = \beta_1 Post_i + \beta_2 Threshold1_{it} + \beta_3 Post_i \times Threshold1_{it} + \\ \delta Diary_{i,t-1} + Controls_{it} + \varepsilon_{it} \qquad (4\text{-}5)$$

表 4-15　第一个政策出台前后 10 天内处理组的日记本的结果

变量	1 （政策出台前后各 10 天内的样本）		2 （匹配后的样本）	
$Post_i$	−0.470	−0.358	−0.148	−0.019
	(0.578)	(0.572)	(0.632)	(0.625)
$Threshold1_{it} \times Post_i$		−1.849**		−1.810*
		(0.906)		(0.976)
样本数	1500	1500	780	780
对数似然比	−212	−211	−148	−147

注：括号内为稳健标准误

*表示 $p<0.1$，**表示 $p<0.05$

第二，本章采用计数模型来进一步验证关于持续性贡献数量的结果。在此定义了一个新的因变量 $DiaryCount_{it}$ 作为日记本 i 在 t 期发布的日记数量，并进行了一系列的泊松回归分析。结果如表 4-16 所示，泊松模型的估计值与主模型结果一致。

表 4-16　全样本和匹配后样本对 $DiaryCount_{it}$ 的双重差分分析结果

项目	双重差分分析			匹配后的双重差分分析		
	1 （全样本）	2 （上一期未收到评论的样本）	3 （上一期收到评论的样本）	4 （匹配后的样本）	5 （上一期未收到评论的样本）	6 （上一期收到评论的样本）
$Treat_i \times Post_t$	0.093	0.159	0.138	0.251	0.443*	0.591**	0.683*	0.456
	(0.199)	(0.211)	(0.277)	(0.217)	(0.254)	(0.273)	(0.356)	(0.282)
$Threshold1_{it} \times Treat_i \times Post_t$		−0.996***	−1.688***	−0.168		−1.225***	−1.956**	−0.350
		(0.320)	(0.553)	(0.401)		(0.430)	(0.766)	(0.562)
样本数	55 507	55 507	48 343	7 164	20 899	20 899	18 058	2 841
对数似然比	−5 643	−5 627	−3 300	−2 121	−1 982	−1 966	−1 048	−773.1

注：括号内为稳健标准误；控制变量与表 4-7 中的控制变量一致

*表示 $p<0.1$，**表示 $p<0.05$，***表示 $p<0.01$

第三，在主模型的分析中，本章删除了金钱激励政策出台前完成治疗的日记本在政策出台后的日记观测值，以避免奖励政策可能带来的溢出效应。如表 4-17 所示，保留这些观测值可以得到一致的估计结果。

表 4-17　保留所有观测值的双重差分分析结果

项目	双重差分分析			匹配后的双重差分分析		
	1 （全样本）	2 （上一期未收到评论的样本）	3 （上一期收到评论的样本）	4 （全样本）	5 （上一期未收到评论的样本）	6 （上一期收到评论的样本）
$Treat_i \times Post_i$	0.034	0.137	0.029	0.268	0.399	0.512**	0.434	0.748**
	(0.201)	(0.212)	(0.274)	(0.262)	(0.245)	(0.258)	(0.332)	(0.343)
$Threshold1_{it} \times Treat_i$ $\times Post_i$		−1.099***	−1.647***	−0.121		−1.258**	−1.840**	−0.572
		(0.360)	(0.534)	(0.615)		(0.514)	(0.771)	(0.882)
样本数	60 420	60 420	52 910	7 510	24 960	24 960	21 850	3 110
对数似然比	−5 572	−5 553	−3 373	−1 977	−2 083	−2 066	−1 190	−711.6

注：括号内为稳健标准误；模型与表 4-7 中的模型一致
表示 $p<0.05$，*表示 $p<0.01$

第四，为了检验 H4-3，本章根据 $PrevComments_{it}$ 的取值将数据集划分为两个子集，并对每个子集进行回归分析。作为一种稳健性检验，在回归模型中加入一个四重交互项，即 $Threshold1_{it} \times Treat_i \times Post_t$ 与 $PrevComments_{it}$ 交互，结果报告在表 4-18 中，可以看到所有结果都是一致的。

表 4-18　含四重交互项的实证结果

变量	1 （全样本）	2 （匹配后样本）
$Treat_i \times Post_t$	0.179	0.801**
	(0.293)	(0.378)
$PrevComments_{it} \times Treat_i \times Post_t$	0.048	−0.296
	(0.330)	(0.446)
$Threshold1_{it} \times Treat_i \times Post_t$	−1.859***	−2.212***
	(0.597)	(0.793)
$PrevComments_{it} \times Threshold1_{it} \times Treat_i \times Post_t$	1.682**	2.076*
	(0.845)	(1.088)
样本数	55 507	20 899
对数似然比	−5 283	−1 833

注：括号内为稳健标准误；控制变量除了 $PrevComments_{it}$，其余与表 4-7 中的控制变量一致
*表示 $p<0.1$，**表示 $p<0.05$，***表示 $p<0.01$

第五，汇总两个政策的观测数据，用 $Post1_t$ 表示第一个政策的有效期，$Post2_t$ 表示第二个政策的有效期，进行双重差分模型回归，结果汇总于表 4-19 中。可以观察到在第一个政策中，在达到三篇日记的门槛后，发布后续日记的概率有所下降。但是在第二个政策中，达到第一个门槛后发布后续日记的概率的下降幅度较小且显著性降低，这是由第二个门槛导致一些用户被激励去达到更高门槛以获得更多的奖励。这些结果与之前的估计结果一致。

表 4-19　综合两个政策的观测值的回归结果

变量	1（全样本）	2（上一期未收到评论的样本）	3（上一期收到评论的样本）
$Treat_i \times Post1_t$	0.112	0.260	0.247	0.245
	(0.232)	(0.243)	(0.317)	(0.294)
$Threshold1_{it} \times Treat_i \times Post1_t$		−1.302***	−2.012***	−0.245
		(0.389)	(0.622)	(0.636)
$Treat_i \times Post2_t$	0.235	0.303	−0.023	0.576**
	(0.216)	(0.227)	(0.291)	(0.265)
$Threshold1_{it} \times Treat_i \times Post2_t$		−0.658*	−0.736	−0.151
		(0.365)	(0.575)	(0.590)
样本数	105 484	105 484	91 836	13 648
对数似然比	−12 818	−12 788	−7 697	−4 783

注：括号内为稳健标准误；控制变量与表 4-7 中的控制变量一致

*表示 $p<0.1$，**表示 $p<0.05$，***表示 $p<0.01$

第六，对于内容层面的分析，本章使用倾向性得分匹配之后的样本进行分位数回归，重新评估了奖励政策对日记长度、主题和流量的影响。结果如表 4-20 所示，可以看到与主结果一致，因此本章发现金钱激励政策对日记长度、主题相关性和处于低分位数质量的日记流量均有积极的影响。

表 4-20　使用匹配后样本的对内容质量的分位数回归结果

变量	0.10	0.25	0.50	0.75	0.90
$DiaryLength_{ij}$					
$Treat_i \times Post_t$	0.400*	0.619***	0.509***	0.350*	0.168
	(0.220)	(0.177)	(0.173)	(0.202)	(0.212)
$DiaryTopic_{ij}$					
$Treat_i \times Post_t$	0.098**	0.038**	0.012*	0.005**	−0.002
	(0.046)	(0.018)	(0.006)	(0.002)	(0.001)

续表

变量	0.10	0.25	0.50	0.75	0.90
	DailyBrowse$_{ij}$				
Treat$_i$×Post$_t$	0.115*	0.120*	0.105	0.097	−0.091
	(0.063)	(0.069)	(0.090)	(0.138)	(0.145)
样本数	1198	1198	1198	1198	1198

注：括号内为稳健标准误，控制变量与表 4-14 中的控制变量一致

*表示 $p<0.1$，**表示 $p<0.05$，***表示 $p<0.01$

4.6　结论和意义

本章探讨了用户在达到金钱激励政策设定门槛前后发布在线内容行为的变化。该金钱激励政策的目标之一是鼓励产生更多高质量的用户生成内容。然而，基于门槛的奖励策略可能会改变用户的动机，导致意想不到的用户反应。

通过两个自然实验，本章首先证明含门槛的金钱激励确实会改变用户的行为，但不会明显提高他们的贡献。研究结果表明，用户倾向于用最小的努力来回应金钱激励政策。在达到奖励门槛后，用户更有可能降低贡献水平。

此外，本章发现其他用户的反馈减轻了用户的策略性行为。当金钱激励通过排挤用户的内在动机而产生策略性行为时，社交认可似乎是一个强大的激励因素。一个可能的解释是，社交认可促使用户获得社区成员的认同。

最后，该激励政策规定日记应当反映治疗的实际效果。本章的确观察到，在推出金钱激励政策后，日记的质量和流量有所改善。有趣的是，这种改善主要来自中低十分位数的日记。处理组中上十分位数的日记只有轻微或不明显的改善。

本章的实证背景比较独特，因为用户需要一段时间来明确和分享医美治疗的效果。这种独特性让本章能够长期观察用户贡献在线内容的行为。随着互联网在高参与度产品或服务的主流业务中的日益渗透，激励用户持续为一种产品或服务撰写评论将变得更加普遍。此外，设定目标是一种被广泛采用的激励个人的方式。本章认为，含门槛的金钱激励可能会在其他在线环境中被使用。因此，本章关于含门槛的金钱激励导致的策略性行为和其他用户的社交认可的作用的结果可以推广到一般的在线社区和专注于体验或信任商品的行业（如在线健身和在线医疗社区）。

4.6.1　理论贡献

本章对金钱激励、用户生成内容和用户策略性行为的文献做出了几个重大贡

献。第一，尽管在之前的文献中已经考虑过完成即可型金钱激励（Burtch et al.，2018；Khern-Am-Nuai et al.，2018），但是这些奖励政策只需要用户完成一次操作（如撰写一条产品评论）就可以获得金钱奖励，而本章的重点是设置若干要求的金钱激励政策。本章通过揭示消费者在满足含门槛的完成即可型金钱激励的数量门槛之后表现出的策略性反应来拓展相关文献。与之前的研究（Burtch et al.，2018）不同之处在于，以往的因变量是用户是否更有可能在金钱激励下发布用户生成内容，本章关注的则是用户是否会在发布第一篇内容后继续发布在线内容。与对首次贡献就提供激励的影响相比，在金钱奖励中增加用户生成内容的数量门槛会提升用户获得奖励的难度。这些门槛可能会促使用户专注于完成任务和实现目标，但会在达标后排挤用户的内在动机。本章观察到一种最小努力效应，与对照组相比，一些用户发布的内容在达到门槛后减少了他们的贡献。本章不仅扩展了上述研究，而且补充了有关用户动机的文献。

第二，本章建立在过去关注反馈对个人行为影响的工作之上（Burtch et al.，2018；Zhang and Zhu，2011；Jabr et al.，2014；Huang et al.，2019a）。大多数关于社交互动对用户生成内容影响的信息系统领域研究都集中在社交因素对用户行为的直接影响。本章验证了社交互动是否可以作为最小努力行为的调节机制。金钱激励可以将社交框架转变为金钱框架，但随着社交框架的恢复，用户担心他们追逐金钱的行为可能会被其他用户观察到，从而损害他们的社交形象。因此，社交互动可以保留社交框架，限制用户付出最小的努力。Burtch 等（2018）发现社交规范可以降低最小努力效应，但本章是在不同的背景下进行的。在他们的研究中，用户一旦发布内容就能获得奖励，本章关注的则是用户在后续贡献中对含门槛的金钱激励表现出的策略性反应。与用上个月发表评论的用户数量表示的社交规范不同，其他用户的社交认可形成的社交激励对用户更友好且不易被控制。本章的结果表明，社交认可在缓解金钱激励的挤出效应方面也至关重要，并且可以很容易在互联网平台中实施。此外，本章的工作基于自然实验，提供了更好的外部效度的实证结果。因此，本章的结果对在信息系统中验证在线内容生成环境中社交互动影响的研究有广泛的贡献。

第三，本章认为，平均而言术后医美日记的质量和在线流量都有所增加，结果与 Yu 等（2022）在绩效决定型金钱激励研究中的结果相似。不仅如此，本章的结果补充了上述研究，证明了在线内容质量的提升主要来自低十分位数和中十分位数，用户试图提高日记的质量，以满足奖励政策的要求，而处在高十分位数的在线内容质量只是略有改善。此外，高十分位数处的在线流量在政策上线前后没有明显变化。因此，这些结果表明依赖外部动机（即金钱激励）的用户会提高日记质量来满足政策的最低要求。

4.6.2　管理启示

在竞争日益激烈的当今社会，激励设计比以往任何时候都更加重要。本章提供了几个有趣的管理启示。第一，本章为打算设计和开发用户生成内容奖励机制的在线社区提供了参考。金钱激励政策往往没有考虑到意料之外的后果，然而本章认为实施金钱激励应该谨慎，并且发现用户对含门槛的金钱激励比较敏感。虽然这种金钱激励政策旨在刺激用户生成内容的贡献，但使用基于门槛的标准来确定获得奖励的资格可能会使得用户表现出策略性行为。用户可能会权衡自己的努力和获得奖励的机会，因此选择只满足最低门槛要求。本章对含门槛的激励方案的实证结果证明了含门槛的金钱激励会使用户的注意力从预期结果转移到可量化的产出。管理者应该仔细设计奖励政策，注意到奖励门槛可能引发的最小努力行为，从而提前做好预案。

第二，利用金钱激励提升用户贡献的有效性取决于这些激励措施是否影响了相关各方之间的信任关系。本章对第二个奖励政策的实证结果表明，用户确实以一种意料之外的方式回应不同政策中的要求。因此，在线平台必须警惕奖励政策的频繁变化可能给用户带来不信任的信号（Gneezy et al.，2011）。

第三，本章也为在线平台的功能设计提供了启示。本章发现当其他用户对日记提供反馈时，用户的反应是积极的。Gallus（2017）揭示，纯粹的象征性奖励对保留新用户有相当大的影响，在最初的政策干预后持续了四个季度。本章在其基础上，验证了促进其他用户表达社交认可是诱导亲社会行为的一种合理方式。本章的结果还表明，在社交框架中用户不会在含门槛的金钱激励作用下表现出策略性行为，因此在线平台应该积极地考虑在平台中整合反馈机制。例如，平台可以帮助用户快速搜索高质量的医美日记，或者鼓励用户和作者之间进行更多的社交互动。培养用户对平台的忠诚度和黏性有助于保留社交框架。

4.6.3　研究局限和未来展望

本章存在一些局限，为进一步的研究提供了机会。第一，本章验证了加入用户生成内容数量要求的金钱激励政策带来的用户策略性反应。本章的目标社区不仅要求最少的日记数，而且在随后推出的一项激励计划中要求每篇日记的最少字数。包含用户生成内容质量要求的政策也可能产生意料之外的用户反应。因此，未来的研究有必要了解旨在改善用户生成内容贡献的激励计划在数量和质量要求上对用户生成内容的影响。第二，本章探讨了其他用户的评论对用户行为的调节作用。未来的工作需要探索不同的社交机制（如社交关系）如何减弱用户的策略性反应。此外，平台是否以及如何正确地使用这些机制仍然是一个开放性的实证问题。第三，本章涉及的金钱激励政策的奖励金额相对较大。根据实证结果，增加奖励金额的大小可能会促使用户以意想不到的方式做出反应。例如，本章发现在第二个政策中，那些在达到第一个门槛后获得 1000 元奖励上限的用户，不太可能继续努力达到第二个门槛。虽然本章没有具体研究大额和小额的金钱奖励之间的差异，但这是一个有前景的研究方向。第四，本章选择了在线医美行业作为研究背景。尽管研究结果表明，一般来说，激励计划可能会引起用户的策略性反应，但是在不同环境下研究激励-贡献梯度的大小是有意义的。

参 考 文 献

Akerlof G A. 1970. The market for "lemons"：quality uncertainty and the market mechanism[J]. The Quarterly Journal of Economics，84（3）：488-500.

Angrist J D，Pischke J S. 2009. Mostly Harmless Econometrics：An Empiricist's Companion[M]. Princeton：University Press.

Arun R，Suresh V，Veni Madhavan C E，et al. 2010. On finding the natural number of topics with latent Dirichlet allocation：some observations[M]//Sistla A，Wolfson O，Chamberla S，et al. Lecture Notes in Computer Science. Berlin：Spinger.

Ashraf N，Bandiera O. 2018. Social incentives in organizations[J]. Annual Review of Economics，10（1）：439-463.

Ashraf N，Bandiera O，Jack B K. 2014. No margin，no mission? A field experiment on incentives for public service delivery[J]. Journal of Public Economics，120：1-17.

Bandiera O，Barankay I，Rasul I. 2010. Social incentives in the workplace[J]. The Review of Economic Studies，77（2）：417-458.

Barasch A，Berger J. 2014. Broadcasting and narrowcasting：how audience size affects what people share[J]. Journal of Marketing Research，51（3）：286-299.

Behr P，Drexler A，Gropp R，et al. 2020. Financial incentives and loan officer behavior：multitasking and allocation of effort under an incomplete contract[J]. Journal of Financial and Quantitative Analysis，55（4）：1243-1267.

Bénabou R，Tirole J. 2006. Incentives and prosocial behavior[J]. American Economic Review，96（5）：1652-1678.

Benbunan-Fich R，Fich E M. 2004. Effects of web traffic announcements on firm value[J]. International Journal of Electronic Commerce，8（4）：161-181.

Burtch G，Hong Y L，Bapna R，et al. 2018. Stimulating online reviews by combining financial incentives and social norms[J]. Management Science，64（5）：2065-2082.

Cabral L，Li L I. 2015. A dollar for your thoughts：feedback-conditional rebates on eBay[J]. Management Science，61（9）：2052-2063.

Çakir A E. 2015. Social interaction online[J]. Behaviour & Information Technology，34（9）：855-857.

Cao J，Xia T，Li J T，et al. 2009. A density-based method for adaptive LDA model selection[J]. Neurocomputing，72（7/8/9）：1775-1781.

Cavusoglu H，Li Z L，Kim S H. 2021. How do virtual badges incentivize voluntary contributions to online communities?[J]. Information & Management，58（5）：103483.

Cerulli G. 2019. Data-driven sensitivity analysis for matching estimators[J]. Economics Letters，185：108749.

Chen H L，Hu Y J，Huang S. 2019. Monetary incentive and stock opinions on social media[J]. Journal of Management Information Systems，36（2）：391-417.

Chen Y B，Wang Q，Xie J H. 2011. Online social interactions：a natural experiment on word of mouth versus observational learning[J]. Journal of Marketing Research，48（2）：238-254.

Cheng Z A，Pang M S，Pavlou P A. 2020. Mitigating traffic congestion：the role of intelligent transportation systems[J]. Information Systems Research，31（3）：653-674.

Cialdini R B，Trost M R. 1998. Social influence：social norms，conformity and compliance[M]// Gilbert D T，Fiske S T，Lindzey G. The Handbook of Social Psychology. New York：McGraw-Hill.

Corgnet B，Gunia B，Hernán González R. 2021. Harnessing the power of social incentives to curb shirking in teams[J]. Journal of Economics & Management Strategy，30（1）：139-167.

Deci E L. 1975. Conceptualizations of intrinsic motivation[R]. Intrinsic Motivation.

Deci E L，Ryan R M. 1985. The general causality orientations scale：self-determination in personality[J]. Journal of Research in Personality，19（2）：109-134.

Deveaud R，Sanjuan E，Bellot P. 2014. Accurate and effective latent concept modeling for ad hoc information retrieval[J]. Document Numérique，17（1）：61-84.

Gallus J. 2017. Fostering public good contributions with symbolic awards：a large-scale natural field experiment at wikipedia[J]. Management Science，63（12）：3999-4015.

Garnefeld I，Iseke A，Krebs A. 2012. Explicit incentives in online communities：boon or bane?[J]. International Journal of Electronic Commerce，17（1）：11-38.

Georgiev D. 2023. How much time do people spend on social media?[EB/OL]. https://review42.com/resources/how- much- time-do-people-spend-on-social-media[2023-03-21].

Gneezy U，Meier S，Rey-Biel P. 2011. When and why incentives（don't）work to modify behavior[J]. Journal of Economic Perspectives，25（4）：191-210.

Gneezy U，Rustichini A. 2000. Pay enough or don't pay at all[J]. The Quarterly Journal of Economics，115（3）：791-810.

Goes P B，Guo C H，Lin M F. 2016. Do incentive hierarchies induce user effort? Evidence from an online knowledge exchange[J]. Information Systems Research，27（3）：497-516.

Goes P B，Lin M F，Au Yeung C M. 2014. "Popularity effect" in user-generated content：evidence from online product reviews[J]. Information Systems Research，25（2）：222-238.

Griffiths T L，Steyvers M. 2004. Finding scientific topics[J]. Proceedings of the National Academy of Sciences，101：5228-5235.

Hollander H. 1990. A social exchange approach to voluntary cooperation[J]. The American Economic Review, 80 (5): 1157-1167.

Huang N, Burtch G, Gu B, et al. 2019a. Motivating user-generated content with performance feedback: evidence from randomized field experiments[J]. Management Science, 65 (1): 327-345.

Huang N, Hong Y, Burtch G. 2017. Social network integration and user content generation: evidence from natural experiments[J]. MIS Quarterly, 41 (4): 1035-1058.

Huang N, Sun T S, Chen P Y, et al. 2019b. Word-of-mouth system implementation and customer conversion: a randomized field experiment[J]. Information Systems Research, 30 (3): 805-818.

Ichino A, Mealli F, Nannicini T. 2008. From temporary help jobs to permanent employment: what can we learn from matching estimators and their sensitivity? [J]. Journal of Applied Econometrics, 23 (3): 305-327.

Imbens G W, Rubin D B. 2015. Causal Inference in Statistics, Social, and Biomedical Sciences[M]. Cambridge: Cambridge University Press.

Jabr W, Mookerjee R, Tan Y, et al. 2014. Leveraging philanthropic behavior for customer support: the case of user support forums[J]. MIS Quarterly, 38 (1): 187-208.

Khansa L, Ma X, Liginlal D, et al. 2015. Understanding members' active participation in online question-and-answer communities: a theory and empirical analysis[J]. Journal of Management Information Systems, 32 (2): 162-203.

Khern-Am-Nuai W, Kannan K, Ghasemkhani H. 2018. Extrinsic versus intrinsic rewards for contributing reviews in an online platform[J]. Information Systems Research, 29 (4): 871-892.

Lerner J, Tirole J. 2002. Some simple economics of open source[J]. The Journal of Industrial Economics, 50 (2): 197-234.

Liu T X, Yang J, Adamic L A, et al. 2014. Crowdsourcing with all-pay auctions: a field experiment on taskcn[J]. Management Science, 60 (8): 2020-2037.

Liu Y W, Feng J. 2021. Does money talk? The impact of monetary incentives on user-generated content contributions[J]. Information Systems Research, 32 (2): 394-409.

Locke E A, Latham G P. 2002. Building a practically useful theory of goal setting and task motivation: a 35-year odyssey[J]. The American Psychologist, 57 (9): 705-717.

Lunenburg F C. 2011. Goal-setting theory of motivation[J]. International Journal of Management, Business, and Administration, 15 (1): 1-6.

Luo X M, Zhang J. 2013. How do consumer buzz and traffic in social media marketing predict the value of the firm?[J]. Journal of Management Information Systems, 30 (2): 213-238.

MacDonald G, Saltzman J L, Leary M R. 2003. Social approval and trait self-esteem[J]. Journal of Research in Personality, 37 (2): 23-40.

Mayer C, Morrison E, Piskorski T, et al. 2014. Mortgage modification and strategic behavior: evidence from a legal settlement with countrywide[J]. American Economic Review, 104 (9): 2830-2857.

Muchnik L，Aral S，Taylor S J. 2013. Social influence bias：a randomized experiment[J]. Science，341（6146）：647-651.

Pamuru V，Khern-Am-Nuai W，Kannan K. 2021. The impact of an augmented-reality game on local businesses：a study of pokémon go on restaurants[J]. Information Systems Research，32（3）：950-966.

Pavlou P A，Dimoka A. 2006. The nature and role of feedback text comments in online marketplaces：implications for trust building，price premiums，and seller differentiation[J]. Information Systems Research，17（4）：392-414.

Prendergast C. 1999. The provision of incentives in firms[J]. Journal of Economic Literature，37（1）：7-63.

Qiao D D，Lee S Y，Whinston A B，et al. 2020. Financial incentives dampen altruism in online prosocial contributions：a study of online reviews[J]. Information Systems Research，31（4）：1361-1375.

Qiao D D，Lee S Y，Whinston A B，et al. 2021. Mitigating the adverse effect of monetary incentives on voluntary contributions online[J]. Journal of Management Information Systems，38（1）：82-107.

Reinholt M，Pedersen T，Foss N J. 2011. Why a central network position isn't enough：the role of motivation and ability for knowledge sharing in employee networks[J]. Academy of Management Journal，54（6）：1277-1297.

Roberts J A，Hann I H，Slaughter S A. 2006. Understanding the motivations，participation，and performance of open source software developers：a longitudinal study of the Apache projects[J]. Management Science，52（7）：984-999.

Rosenbaum P R. 1987. Sensitivity analysis for certain permutation inferences in matched observational studies[J]. Biometrika，74（1）：13-26.

Rosenbaum P R. 2002. Overt bias in observational studies[M]//Springer Series in Statistics. New York：Springer.

Sun H Y，Fan M，Tan Y. 2020. An empirical analysis of seller advertising strategies in an online marketplace[J]. Information Systems Research，31（1）：37-56.

Sun Y C，Dong X J，McIntyre S. 2017. Motivation of user-generated content：social connectedness moderates the effects of monetary rewards[J]. Marketing Science，36（3）：329-337.

Wang C A，Zhang X M，Hann I H. 2018. Socially nudged：a quasi-experimental study of friends' social influence in online product ratings[J]. Information Systems Research，29（3）：641-655.

Wang J，Ghose A，Ipeirotis P G. 2012. Bonus，disclosure，and choice：what motivates the creation of high-quality paid reviews?[R]. The Thirty Third International Conference on Information Systems.

Wang J，Li G，Hui K L. 2022. Monetary incentives and knowledge spillover：evidence from a natural experiment[J]. Management Science，68（5）：3549-3572.

Wirtz J，Chew P. 2002. The effects of incentives，deal proneness，satisfaction and tie strength on word-of-mouth behaviour[J]. International Journal of Service Industry Management，13（2）：141-162.

Woolley K，Sharif M A. 2021. Incentives increase relative positivity of review content and enjoyment of review writing[J]. Journal of Marketing Research，58（3）：539-558.

Wu C H，Che H，Chan T Y，et al. 2015. The economic value of online reviews[J]. Marketing Science，34（5）：739-754.

Yu Y，Khern-Am-Nuai W，Pinsonneault A. 2022. When paying for reviews pays off：the case of performance-contingent monetary rewards[J]. MIS Quarterly，46（1）：609-626.

Zhang X M，Zhu F. 2011. Group size and incentives to contribute：a natural experiment at Chinese wikipedia[J]. American Economic Review，101（4）：1601-1615.

第5章　移动互联网时代营销渠道战略研究：
机遇挑战与对策

5.1　营销渠道战略研究概述

进入21世纪以来，中国的许多学者开始研究营销渠道战略，并在知名的英文期刊（Liu et al.，2009，2012；Shou et al.，2011，2016；Zeng et al.，2015；Zhou et al.，2015）和中文期刊（钱丽萍等，2010；邵昶和蒋青云，2014；王国才等，2011；张闯和关宇虹，2013；庄贵军等，2008a）上发表研究成果。然而，尽管这些国内学者是营销渠道战略研究的中坚力量，但他们的工作并未受到最近进行营销渠道战略文献综述的国际学者的关注（Johnston et al.，2018；Krafft et al.，2015）。

中国是全球最大和发展最快的电子商务市场，互联网和数字经济已经改变了中国的线下营销渠道结构（Wang et al.，2016）。因此，长期专注于线下渠道实践研究的中国学者，对营销渠道战略研究前景存在一定疑惑。为了解决这个问题，我们对中国学者的营销渠道战略研究进行了回顾和梳理，总结了互联网和数字经济时代下营销渠道战略面临的挑战，并提出了应对这些挑战的可行对策。这些工作有助于国内营销渠道战略学者厘清该领域的研究现状和未来研究前景。

营销渠道被定义为向最终消费者提供产品的过程中的一系列相互依赖的参与者和组织（Kumar et al.，1995）。战略被定义为企业与环境之间的动态互动行为，这些互动行为使企业能够通过合理利用资源来实现其目标或提高业绩（Ronda-Pupo and Guerras-Martin，2012）。因此，我们将营销渠道战略定义为企业为了管理与其他渠道组织的关系而采取的战略性行动，营销渠道战略的目的是减少冲突、促进合作并最终提高渠道关系和财务绩效。

为了梳理中国学者在营销渠道战略研究方面的现状，我们选择了七本著名的英文期刊（表5-1）。其中，*Journal of Marketing*（《市场营销杂志》）、*Journal of Marketing Research*（《市场营销研究杂志》）、*Journal of Operations Management*（《运营管理杂志》）和 *Journal of the Academy of Marketing Science*（《市场营销科学院学报》）均是 UTD 24 和 FT 50 列表中的期刊。我们还涵盖了 *International Journal of Research in Marketing*（《国际市场营销研究杂志》）、*Journal of Retailing*（《零售杂志》）和 *Industrial Marketing Management*（《工业销售管理》），因为它们在营销渠

道战略领域具有很高的知名度。我们选择了国家自然科学基金委员会管理科学部认可的 30 本中文期刊（22 本 A 类期刊和 8 本 B 类期刊）。因为专门的中文营销期刊较少，所以国内营销渠道战略学者倾向于在这些管理学期刊上发表文章。我们还将《营销科学学报》添加到检索列表中，是因为这本期刊是国内为数不多的专注于营销学的期刊（表 5-2）。

表 5-1　英文期刊检索列表

期刊来源	期刊名称
UTD 24 或 FT 50 期刊列表	*Journal of Marketing*、*Journal of Marketing Research*、*Journal of Operations Management* 和 *Journal of the Academy of Marketing Science*
其他期刊	*International Journal of Research in Marketing*、*Journal of Retailing* 和 *Industrial Marketing Management*

表 5-2　中文期刊检索列表

期刊类型	期刊名称
A*	《管理科学学报》《系统工程理论与实践》《管理世界》《数量经济技术经济研究》《中国软科学》《金融研究》《中国管理科学》《系统工程学报》《会计研究》《系统工程理论方法应用》《管理评论》《管理工程学报》《南开管理评论》《科研管理》《情报学报》《公共管理学报》《管理科学》《预测》《运筹与管理》《科学学研究》《中国工业经济》《农业经济问题》
B*	《管理学报》《工业工程与管理》《系统工程》《科学学与科学技术管理》《研究与发展管理》《中国人口·资源与环境》《数理统计与管理》《中国农村经济》
专业期刊	《营销科学学报》

*表示这些级别是根据国家自然科学基金委员会管理科学部制定的分类标准

　　根据营销渠道战略的定义，我们使用关键词"marketing channel"（营销渠道），"channel strategy"（渠道战略）和"marketing channel strategy"（营销渠道战略）来搜索初始样本文献。具体而言，我们在 Web of Science 中搜索了 2001 年至 2020 年中国学者发表的英文期刊论文。在人工核对这些研究的主题后，我们确定了 48 篇中国学者发表的营销渠道战略研究论文（表 5-3）。最终样本的构成如下：85.42%（41 篇）为实证研究，12.50%（6 篇）为分析建模研究，2.08%（1 篇）为案例研究。实证研究聚焦于渠道治理问题，如减轻冲突（Zeng et al., 2015; Zhou et al., 2007）和提高关系绩效（Liu et al., 2012）。许多分析建模研究普遍使用经济模型来分析制造商、零售商和消费者的行为（Guan et al., 2019; Zeng et al., 2014）。唯一的案例研究探讨了思科中国的多渠道分销模式（Chen et al., 2014）。

表 5-3　中国学者在英文期刊上发表的营销渠道战略研究论文

搜索关键词	"marketing channel"、"channel strategy" "marketing channel strategy"	
搜索数据库	Web of Science	
期刊列表	*Journal of Marketing*、*Journal of Marketing Research*、*Journal of Operations Management*、*Journal of the Academy of Marketing Science*、*International Journal of Research in Marketing*、*Journal of Retailing* 和 *Industrial Marketing Management*	
总数	48	
年份范围	2001～2005 年	0（0.00%）
	2006～2010 年	13（27.08%）
	2011～2015 年	17（35.42%）
	2016～2020 年	18（37.50%）
研究类型	实证研究	41（85.42%）
	分析建模研究	6（12.50%）
	案例研究	1（2.08%）

　　同样，对于中文期刊，我们在相同的时间窗口内使用关键词"营销渠道""渠道战略""营销渠道战略"在 CNKI 数据库中进行搜索。在人工核对这些文章的研究主题后，最终样本包括 2001 年至 2020 年发表的 64 篇中文文章（表 5-4）。与英文营销渠道战略文章类似，大多数文章为实证研究（65.63%，42 篇），17.19%（11 篇）为分析建模研究，12.50%（8 篇）为理论综述，4.69%（3 篇）为案例研究。大多数实证研究关注的主题有：渠道治理战略对建立信任的作用（邵昶和蒋青云，2014；寿志钢等，2011）、抑制机会主义（庄贵军和刘宇，2010）和促进合作（张闯和关宇虹，2013）。分析建模研究主要分析了渠道成员为了最大化各自利益而采取的行动（李宝库，2007；王津港和赵晓飞，2010）。理论综述方面的文章对以往文献进行了综述并引入新的理论模型（翟森竞等，2008；庄贵军，2012）。案例研究利用企业行为实例分析了营销渠道的演变（胡左浩等，2004）。

表 5-4　中国学者在中文期刊上发表的营销渠道战略研究论文

搜索关键词	"营销渠道""渠道战略""营销渠道战略"	
搜索数据库	CNKI	
期刊列表	国家自然科学基金委员会管理科学部认可期刊及国内顶级营销期刊（《营销科学学报》）	
总数	64	
年份范围	2001～2005 年	10（15.63%）
	2006～2010 年	25（39.06%）
	2011～2015 年	22（34.38%）
	2016～2020 年	7（10.94%）

续表

	实证研究	42（65.63%）
研究类型	分析建模研究	11（17.19%）
	理论综述	8（12.50%）
	案例研究	3（4.69%）

注：因四舍五入存在相加不为100%情况

在英文营销学期刊上，Shou等（2011）研究了渠道成员的个体层面信任（包括善意信任和能力信任）以及公司层面信任（即计算信任）对边界代理人关系网络的影响。研究结果显示，在激励关系网络中，能力信任和善意信任之间存在互相替代的关系。与此相反，计算信任对渠道成员的关系网络产生负面影响，并且对个体层面信任的效果具有负向调节作用。Zeng等（2015）在二元观点的基础上，探讨了水平网络如何影响买方对供应商的机会主义行为。研究发现，竞争强度促进了买方的机会主义行为的增加，而合作强度抑制了该行为。在结构层面上，买方的网络中心性与其机会主义行为呈正相关关系。Zhou等（2015）关注了关系治理对渠道伙伴机会主义的影响。他们指出，关系规范可以抑制机会主义行为，但协作活动（如联合规划和联合问题解决）的效果取决于关系规范的水平。

由于营销渠道与供应链管理领域存在交叉领域（Krafft et al.，2015），一些中国营销学者在运营管理领域的期刊上发表了研究，如 *Journal of Operations Management*。例如，在经济交换理论和社会交换理论的基础上，Liu等（2009）检验了交易机制如何阻碍买方与卖方的机会主义行为，以及关系机制如何改善买方与供应商的关系绩效。他们的研究结果表明，联合使用这两种机制比分开使用更为有效。在松散耦合理论的基础上，Liu等（2012）提出，高度认知的互利共赢可以通过加强知识共享、持续承诺和关系投资的纽带来推动买方与卖方的关系绩效。Shou等（2016）确定了两个重要的制度因素，即信息透明度和法规可执行性，对买方与卖方合同有效性的影响。他们发现，合同无效会促使买方寻求社会联系，包括业务联系和政治联系，并受到效率压力和公平压力的调节。

在中文期刊上，庄贵军等（2008a）检验了关系营销定位和组织间人际关系（情感关系和工具关系）对买方与卖方关系治理的影响。钱丽萍等（2010）研究了供应商的强制影响战略和非强制影响战略对买方知识转移的直接和间接影响，其中渠道关系期限和关系纽带分别调节和中介了这种关系。王国才等（2011）检验了渠道伙伴之间的双边专属投资如何影响合作创新绩效。他们发现，双边专属投资有助于建立正式契约和关系信任，从而提高关系学习和合作创新绩效。在社会网络理论的基础上，张闯和关宇虹（2013）将买方网络结构的两个特征，即网络密度和网络中心性，引入渠道权力理论。他们发现，这两个特征对供应商的渠道权力（强制权力和非强制权力）与渠道成员的冲突–合作绩效之间的关系起调节作用。邵昶和蒋青云（2014）研究了渠道成员之间的双重知识共享（探索性知识共享和开发性知识共享）对其长期竞争优势和短期客户绩效的影响。

　　总的来说，营销渠道战略研究关注于渠道伙伴在营销渠道活动和运营中的互动，包括冲突、合作、知识转移、知识共享、利他行为和机会主义行为，以及这些互动如何影响伙伴的关系绩效（或关系价值创造）。这些研究表明，治理机制在渠道伙伴的互动中发挥着至关重要且明确区分的作用，其中经济型控制（如契约、依赖、强制性权力、专项投资、结果控制和过程控制）和关系型控制（如信任、忠诚、认同、公平和关系规范）起着重要作用。宏观环境包括制度环境、任务环境、市场环境、技术环境；关系环境包括持续时间、关系团结、网络嵌入和关系稳定性等因素，这些对渠道伙伴的互动产生重要的影响。同样，研究表明，买方的采购不确定性、渠道认同、渠道适应性和关系导向，以及供应商（卖方）的市场导向、营销能力、技术能力和运营能力等一些异质性的组织变量，也会影响渠道伙伴之间的互动。以上发现可以概括为图 5-1。

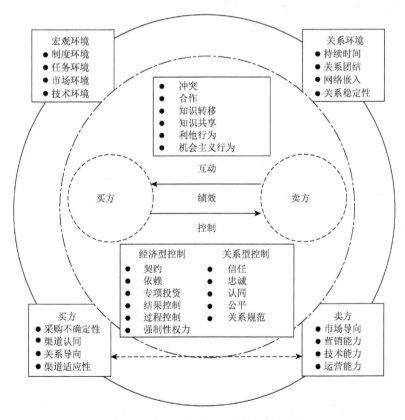

图 5-1　营销渠道战略研究的理论框架

5.2 营销渠道战略研究面临的挑战

互联网和数字经济时代为营销环境带来了新的格局，这对于中国学者来说意味着在研究问题、模型和方法上面临着新的挑战。作为全球互联网用户最多的国家和最大最快增长的电子商务市场（Wang et al.，2016），中国的消费者越来越多地选择从多渠道进行深度参与型购物。不仅传统线下企业（如国美电器和沃尔玛）开始探索互联网转型之路，电商企业（如阿里巴巴和京东）也竞相开展线下渠道的发展，并利用其技术优势和数据积累来实施新的营销模式，实现线上线下渠道的深度整合。

尽管互联网渠道日益普及，新的营销实践不断出现，但研究营销渠道战略的中国学者仍在努力开拓新的研究视角。他们希望将新的营销现象纳入研究范畴，但是在全渠道背景下如何明确营销渠道战略研究存在一定不确定性。特别是电子商务、数据科学和信息系统管理领域的快速发展改变了全球营销渠道的结构，因此这些领域的学者开始从各自的角度探讨营销渠道问题。举例来说，2020 年信息系统管理领域的学者就发表了 10 篇关于营销渠道的文章，其中涵盖了线上渠道、多渠道和全渠道营销等新兴主题。其中有 6 篇采用实证研究方法进行探索（表 5-5）。其他领域学者的转变可能进一步引发营销渠道战略学者对未来研究方向的担忧。

表 5-5 信息系统管理领域发表的营销渠道研究论文（2020 年）

杂志	研究类型					年度文章总数/篇	营销渠道占比
	理论综述	分析建模	实证模型	实验	总计		
ISR	0	1	4	1	6	69	8.70%
MIS	0	1	2	1	4	58	6.90%
JMIS	0	0	0	0	0	40	0
总计	0	2	6	2	10	167	5.99%

注：ISR 为 *Information Systems Research*，《信息系统研究》；MIS 为 *The MIS Quarterly*，《管理信息系统季刊》；JMIS 为 *The Journal of Management Information Systems*，《管理信息系统杂志》

当前营销渠道战略学者面临的挑战可以概括如下：首先，在互联网和数字经济时代，企业比过去拥有更多元的线上线下渠道选择。这种变化产生了新的研究问题，涉及线上线下多渠道实践活动，只关注线下渠道的研究机会慢慢在减少，如买方-卖方二元互动关系的研究。对于那些专注于企业线下行为的学者来说，这是一个挑战，因为长期以来的理论基础和路径依赖导致他们很难在理论和范式上获得新的视角。

其次，互联网和数字经济的发展带来了大量的数据，大数据研究的流行给传统基于问卷调查数据研究带来了挑战。例如，大多数中国营销渠道战略的实证研究都采用因子分析、结构方程模型、聚类分析和层次回归分析等方法来分析原始数据。针对这类研究，批评者指出共同方法偏差和问卷调查法的主观性可能使这些研究的结论受到质疑，因此审稿人可能对使用这些方法的研究持负面评价。

再次，顶级营销期刊（如 *Journal of Marketing* 和 *Journal of Marketing Research*）发表有关营销渠道战略的文章日渐减少，因此营销战略学者选择在其他领域的顶级期刊上发表相关文章，如 *Strategic Management Journal*（《战略管理杂志》）、*Journal of Operations Management*、*Journal of Management Studies*（《管理研究杂志》）、*Journal of Management*（《管理学报》）、*Journal of International Business Studies*（《国际商业研究杂志》）等。这对研究渠道战略的学者提出了新的要求。

最后，相较于消费者行为和营销科学研究，营销战略研究（包括营销渠道战略研究）的学术空间较小。如图 5-2 所示，四大营销期刊［*Journal of Marketing*、*Journal of Marketing Research*、*Marketing Science*（《营销科学》）和 *Journal of Consumer Research*（《消费者研究杂志》）］在 2020 年发表的文章中，消费者行为和营销科学研究分别占 47.34% 和 32.37%，而营销战略和理论综述文章仅占 11.59% 和 8.70%，其中，营销战略中的营销渠道战略文章只占全部文章的 0.96%。这些数据表明，在顶级营销期刊上发表营销战略研究的难度较大。因此，营销渠道战略学者（包括其他领域的学者）必须加大努力来扩大研究成果的传播范围。

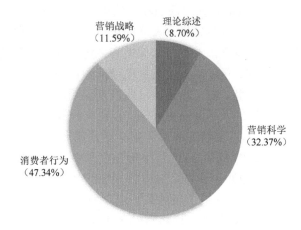

图 5-2　2020 年四种营销顶级期刊的研究主题分布

5.3　相应挑战的对策

营销渠道战略的学者应更加关注以下与全渠道和数字经济相关的研究课题。

首先，他们可以将线上渠道视为一个新的研究情境，并研究第三方电子商务平台公司（如阿里巴巴或京东）的治理战略。这些企业作为新兴产业，拥有创新的运营模式，并对传统的买卖渠道关系产生了前所未有的影响。因此，有必要进行深入研究，探究这些平台对营销渠道的影响。其次，学者还应探索企业线上和线下渠道之间的互动和整合问题。特别是需要研究线上和线下渠道整合战略，并探讨与之相关的全渠道组织结构模式和战略选择。此外，多样化的线上、线下和移动渠道为消费者提供了更多选择。因此，渠道战略研究者可以与营销科学或消费者行为学者合作，研究营销战略与线上、线下渠道以及渠道间消费者行为之间的关系。最后，研究者可能需要采用新的研究方法，如实验研究、基于二手数据（如时间序列数据、面板数据和机器学习）的研究，或结合一手和二手数据的研究。考虑到移动互联网的快速发展和海量数据的积累，中国的营销渠道战略研究者应该学会处理和应用这些数据。此外，他们还可以扩展研究范围，涵盖其他营销战略课题，如营销能力、营销组织的学习、产品创新、品牌管理和国际营销战略。

5.4　结　　论

本章总结了中国学者对营销渠道战略的研究，确定了互联网和数字经济增长带来的新实践和新挑战，并提供了一些可能的应对方案。结果表明，主导 2001 年至 2020 年线下营销渠道战略研究的课题和方法可能会受到电子商务和线上渠道发展的挑战。此外，顶级国际营销期刊发表的渠道营销战略文章呈下降趋势，并且在大数据研究兴起的背景下，共同方法偏差和主观性的缺陷凸显。同时，电子商务和信息系统管理领域的学者对研究营销渠道问题也越来越感兴趣，增加了发表营销渠道战略研究的难度。综上所述，这些发现表明，中国学者研究营销渠道战略需要建立和发展新颖的课题和研究方法，以研究跨渠道的营销战略。

本章对文献做出了几点贡献，并对营销渠道战略研究者具有启发意义。首先，我们系统地综述了 2001 年至 2020 年中国学者在中英文顶级期刊上发表的营销渠道战略研究论文，发现中国学者专注于买方和卖方的互动行为。此外，我们还开发了一个理论框架，总结了当前关于上下游渠道成员的互动行为，以及微观和宏观因素如何影响其互动。这将有助于中国营销渠道战略学者认识到该领域的现状和未来可研究的领域。其次，我们确定了互联网和数字经济时代营销渠道战略学者面临的挑战，包括新研究课题的出现、新研究方法、其他领域学者对营销渠道的日益关注以及纯线下营销渠道战略研究的衰落。最后，提供了应对这些挑战的具体方法，帮助学者顺利从传统线下营销渠道战略研究转向全渠道营销战略的研究。

参 考 文 献

胡左浩，欧阳桃花，段志蓉. 2004. 日本家电企业营销渠道模式的动态演变及其特征分析：从控制关系到合作伙伴关系[J]. 中国工业经济，（9）：103-109.

李宝库. 2007. 消费者信息、中间商行为与制造商渠道的管理效率[J]. 管理世界，（6）：94-102，113.

钱丽萍，刘益，喻子达，等. 2010. 制造商影响战略的使用与零售商的知识转移：渠道关系持续时间的调节影响[J]. 管理世界，（2）：93-105.

邵昶，蒋青云. 2014. 渠道成员间双元式知识共享对自身绩效的影响：基于"Im—Rai"模型的分析[J]. 科学学研究，（4）：585-592.

寿志钢，朱文婷，苏晨汀，等. 2011. 营销渠道中的行为控制如何影响信任关系：基于角色理论和公平理论的实证研究[J]. 管理世界，（10）：58-69，188.

王国才，刘栋，王希凤. 2011. 营销渠道中双边专用性投资对合作创新绩效影响的实证研究[J]. 南开管理评论，（6）：85-94.

王津港，赵晓飞. 2010. 基于关系租金视角的营销渠道模式选择谱系及案例研究[J]. 管理评论，（1）：68-75.

翟森竞，黄沛，高维和. 2008. 渠道关系中的感知不公平研究：基于心理契约及不公平容忍区域的视角[J]. 南开管理评论，（6）：86-93.

张闯，关宇虹. 2013. 营销渠道网络结构对渠道权力应用结果的放大与缓冲作用：社会网络视角[J]. 管理评论，（6）：141-153，169.

庄贵军. 2012. 基于渠道组织形式的渠道治理策略选择：渠道治理的一个新视角[J]. 南开管理评论，（6）：72-84.

庄贵军，李珂，崔晓明. 2008a. 关系营销导向与跨组织人际关系对企业关系型渠道治理的影响[J]. 管理世界，（7）：77-90，187-188.

庄贵军，刘宇. 2010. 渠道投机行为的相互性以及交易专有资产的影响[J]. 管理科学，（6）：43-52.

庄贵军，徐文，周筱莲. 2008b. 关系营销导向对企业使用渠道权力的影响[J]. 管理科学学报，（3）：114-124.

Chen K，Kou G，Shang J. 2014. An analytic decision making framework to evaluate multiple marketing channels[J]. Industrial Marketing Management，43（8）：1420-1434.

Guan X，Mantrala M，Bian Y W. 2019. Strategic information management in a distribution channel[J]. Journal of Retailing，95（1）：42-56.

Johnston W J，Le A N H，Cheng J M S. 2018. A meta-analytic review of influence strategies in marketing channel relationships[J]. Journal of the Academy of Marketing Science，46（4）：674-702.

Krafft M，Goetz O，Mantrala M，et al. 2015. The evolution of marketing channel research domains and methodologies：an integrative review and future directions[J]. Journal of Retailing，91（4）：569-585.

Kumar N，Scheer L K，Steenkamp J B E M. 1995. The effects of perceived interdependence on dealer attitudes[J]. Journal of Marketing Research，32（3）：348-356.

Liu Y，Huang Y，Luo Y D，et al. 2012. How does justice matter in achieving buyer-supplier relationship performance？[J]. Journal of Operations Management，30（5）：355-367.

Liu Y，Luo Y，Liu T. 2009. Governing buyer-supplier relationships through transactional and relational mechanisms：evidence from China[J]. Journal of Operations Management，27（4）：294-309.

Ronda-Pupo G A，Guerras-Martin L Á. 2012. Dynamics of the evolution of the strategy concept 1962-2008：a co-word analysis[J]. Strategic Management Journal，33（2）：162-188.

Shou Z G，Guo R，Zhang Q，et al. 2011. The many faces of trust and guanxi behavior：evidence from marketing channels in China[J]. Industrial Marketing Management，40（4）：503-509.

Shou Z G，Zheng X，Zhu W T. 2016. Contract ineffectiveness in emerging markets：an institutional theory perspective[J]. Journal of Operations Management，46（1）：38-54.

Wang K W，Lau A，Gong F. 2016. How savvy，social shoppers are transforming e-commerce[R]. McKinsey iConsumer China 2016.

Zeng F E，Chen Y，Dong M C，et al. 2015. Understanding distributor opportunism in a horizontal network[J]. Industrial Marketing Management，46：171-182.

Zeng X H，Dasgupta S，Weinberg C B. 2014. The effects of a "no-haggle" channel on marketing strategies[J]. International Journal of Research in Marketing，31（4）：434-443.

Zhou N，Zhuang G J，Yip L S. 2007. Perceptual difference of dependence and its impact on conflict in marketing channels in China：an empirical study with two-sided data[J]. Industrial Marketing Management，36（3）：309-321.

Zhou Y，Zhang X B，Zhuang G J，et al. 2015. Relational norms and collaborative activities：roles in reducing opportunism in marketing channels[J]. Industrial Marketing Management，46：147-159.

第6章 中国供应商-分销商-供应商三方交易中的交易专用投资：机会主义与合作

6.1 研究背景

交易专用投资（transaction specific investment，TSI）被定义为在特定关系之外几乎没有价值的资产（Williamson，1985），长期以来一直被认为是买方-供应商关系（buyer-supplier relationships，BSR）发展和持续的关键因素（Anderson and Weitz，1992；Ganesan，1994；Corsten et al.，2011）。在当今竞争激烈的世界中，供应商在实施和管理与分销商的 TSI 时往往面临着严峻挑战。在几乎所有行业中，供应商经常与同行供应商竞争分销商的业务（Vinhas and Gibbs，2012）。在这种情况下，相互竞争的供应商会努力争取与分销商的合作，从而通过加强供应商与分销商之间的 TSI 关系来创造竞争优势。例如，宝洁和联合利华建立了专门的客户开发团队来协调与沃尔玛的销售（Corsten and Kumar，2005）。在原始设备制造商（original equipment manufacturer，OEM）网络中，许多同行 OEM 供应商为了服务同一客户而相互竞争，因此不得不进行大量的特定资产投资来满足客户的期望（Lin et al.，2017）。然而，当多个相互竞争的供应商在与分销商的关系中加入 TSI 时，分销商对供应商 TSI 的积极和消极反应可能不仅取决于供应商的具体 TSI，还取决于与其他同行供应商相比的 TSI 水平。

供应链管理和市场营销文献将机会主义和合作视为对 TSI 的两种截然不同的反应。关于 TSI 会导致机会主义行为还是改善合作的研究主要有两种观点。交易成本经济学（transaction cost economics，TCE）认为，TSI 为投资者创造了一种锁定状态，同时使接受者能够利用投资的价值（Williamson，1985；Achrol and Gundlach，1999；Cai and Yang，2008）。与此相反，关系交换理论（relational exchange theory，RET）认为，TSI 表明投资者希望维持一种持久的关系，从而增强信任和互惠承诺（Anderson and Weitz，1992；Ganesan，1994；Jap and Ganesan，2000；Terpend et al.，2008）。另一种研究试图通过将 RET 变量整合到 TCE 理论中来解决 RET 和 TCE 之间的矛盾。研究发现，关系扩展性、团结规范、社会互动和互动公正在 BSR 中调节了 TSI 与机会主义行为之间的关系（Rokkan et al.，2003；Wang et al.，2013；Crosno et al.，2013）。表 6-1 总结了有关 TSI 与关系行为之间

表 6-1 关于 TSI 对买方-供应商关系影响的代表性文献

研究	实证情景和数据	研究方法	主效应（自变量/因变量）	中介	调节	分析单位	主要结果
Rokkan 等 (2003)	制造商-分销商关系；198 对匹配双元关系	企业问卷调查和普通最小二乘法回归模型	买方的专用投资/供应商的机会主义行为		关系扩展性和团结规范	匹配双元关系	未来随着时间跨度的延长和团结规范会使专用投资的效果从侵占转变为约束作用；时间跨度的延长和团结规范则会使特殊利益的效果从征用转变为纽带作用
Liu 等 (2009)	香港贸易商-供应商关系；311 家贸易公司	企业问卷调查和结构方程模型	买方的资产专用性/供应商的机会主义与合作行为	买方的正式合同和信托		双元关系	买方的资产专用性会通过提高信任促进合作，但并没有利用正式合同减少机会主义
Crosno 等 (2013)	挪威零售商-供应商关系；120 家零售商	企业问卷调查和普通最小二乘法回归模型	TSI/被动机会主义行为		分配正义、程序正义和互动正义	双元关系	互动正义将 TSI 与被动机会主义之间的关系从正向转变为负向
Wang 等 (2013)	中国制造商-供应商关系；400 家制造商	企业问卷调查和结构方程模型	制造商的关系资产投资/供应商的机会主义行为		社会互动、基于认同的信任和共同价值观	双元关系	社会互动增强了制造商的关系资产对其合作伙伴的积极影响
Kang 和 Jindal (2015)	韩国加盟商-特许经营商关系；270 家特许经营商	企业问卷调查和结构方程模型	加盟商的 TSI/加盟商的机会主义行为	替代吸引力和冲突		双元关系	通过减少替代品的吸引力和冲突对机会主义行为产生影响
Wu 等 (2015)	在台湾的 158 个战略联盟和伙伴关系	企业问卷调查和结构方程模型	专用资产投资对合作伙伴的忠诚与合作			双元关系	公司的专用资产投资对其忠诚有积极影响，对合作没有影响
Lin 等 (2017)	台湾 OEM 供应商-买方关系；204 家 OEM 供应商	企业问卷调查和结构方程模型	OEM 供应商的资产专用性/客户的依赖性	联合学习能力和积极的市场导向		双元关系	OEM 供应商的资产专用性通过培养学习能力和积极的市场导向，增加了客户的依赖性
本章	供应商-分销商-供应商关系	企业问卷调查和普通最小二乘法回归模型	供应商的 TSI/分销商的机会主义行为、承诺和信任		同一分销商中两个相互竞争的供应商承诺的相对性	三元关系	分销商是侵占焦点供应商其机会主义行为，还是抑制了供应商的市场竞争关系中焦点 TSI 的相对水平

关系的代表性研究及其结论。然而，这些研究仅考察了供应商–买方二元组合中的
TSI，而忽略了嵌入到包括许多同行供应商的大型网络中的买方（Choi and Wu，
2009；Mena et al.，2013）。最近的研究发现，竞争供应商的吸引力会导致买方对
其焦点供应商的机会主义行为（Tanskanen and Aminoff，2015；Yen and Hung，
2017）。此外，一些研究者认为，应将三元组而非二元组作为 BSR 的基本构件，
因为买方–供应商二元组的关系背景不仅受到二元组内部互动的影响，还受到二元
组之间互动的影响（Choi and Kim，2008；Choi and Wu，2009；Vedel et al.，2016；
Kim and Henderson，2015；Pardo and Michel，2015）。例如，焦点供应商与分销
商的关系不仅会受到二元内部互动的影响，还会受到分销商与其他同行供应商互
动的影响。此外，在这样的三方关系中，分销商会不由自主地比较供应商实施的
TSI 的相对水平，这可能会影响分销商对焦点供应商 TSI 的态度和行为（如机会
主义行为或合作）。根据这一推理，本章超越了二元关系的关注，选择三元关系作
为分析单位，以解决一个经常被忽视的问题：分销商对供应商 TSI 的反应是否以
及如何受到竞争供应商的相对 TSI 水平的影响。

　　通过解决上述研究问题，我们的研究为 BSR 和组织间三元组研究做出了多项
贡献。首先，我们使用三元组框架研究了 TSI 的影响，该框架被认为是理解潜在
关系的复杂性和决策过程的基础（Wilhelm，2011）。通过考虑竞争关系中的 TSI，
我们证明了分销商是以机会主义行为还是合作的方式回应供应商的 TSI，取决于
这些 TSI 在焦点关系和竞争关系中的相对水平。我们的研究在发展 BSR 的网络观
点方面取得了进一步的进展。其次，有关三元组的实证研究，尤其是针对下游渠
道的研究还很少。通过利用 276 份问卷中的三元组数据来检验我们的假设，我们
的研究响应了 Choi 和 Wu（2009）的呼吁，即需要更多的研究应用各种类型的三
元组来理解供应链网络中的交换。最后，我们借鉴前景理论（prospect theory），
研究 TSI 相对水平在预测分销商侵占或维持焦点供应商 TSI 行为中的作用。我们
的研究发现了两种情况。第一种情况基于侵占效应，即当供应商的 TSI 低于竞争
对手的 TSI 时，分销商侵占焦点供应商的 TSI 并减少与他们的合作。第二种情况
是基于约束效应，即使供应商的 TSI 远高于竞争对手，分销商也只能减少对焦点
供应商的机会主义行为，而不能改善与焦点供应商的合作。利用这一理论视角，
我们的研究揭示了三方关系中 TSI 对机会主义行为和合作的不同影响。

6.2　三元关系与前景理论

6.2.1　三元关系

　　本章探讨了分销商–供应商关系如何受到竞争供应商的影响，这意味着至少要

建立一个三方交换表征。三方关系一词最早出现于 Simmel 和 Wolff（1950）的著作中，其中三方关系被描述为由三个行为体组成的系统，在该系统中，第三方不仅会强化两个行为体之间的关系，而且还会干扰二元关系的直接互惠性，这表明三方关系为理解二元关系分析中不可见的整合性和分裂性社会过程提供了手段（Siltaloppi and Vargo，2017）。

由于三元组强调与行动者的间接联系，一些研究进一步将其视为网络的最小单位，而不仅仅是由三个行动者组成的系统。相关研究一致认为，组织间三元组至少由三个相关行为体之间共存的两条纽带所连接（Choi and Wu，2009；Vedel et al.，2016）。这一定义意味着三元组的形成至少有两个重要条件：关联性和联系性。关联性指的是关系的存在，而联系性指的是关系影响彼此的方式。Vedel 等（2016）认为，只有当行为体之间存在关联和联系时，三个行为体才能形成三元组。三个行为体的关联性和联系性形成了各种类型的三元组结构，因此一系列研究对三元组关系的各个方面进行了探索。

在有关供应链和市场营销的文献中，似乎有两种主要的结构性安排。在以供应商-买方-客户三元组为重点的结构安排中，买方通常充当供应商和客户之间的桥梁。例如，McFarland 等（2008）调查了 151 个垂直联系的制造商-经销商-客户供应链三元组，发现制造商对其经销商使用的下游影响策略被这些经销商对终端客户模仿应用。Hartmann 和 Herb（2015）通过三个案例研究描述了社会资本在服务提供者-服务购买者-合作伙伴三方企业中的协调机制。Kim 和 Henderson（2015）研究了供应商和客户对制造商财务业绩依赖性的收益和风险，发现在供应商-制造商-客户三元组中，供应商与客户之间基于依赖性的嵌入风险不同。

另一种是买方-供应商-供应商三元关系，涉及买方和两个供应商之间的关系。例如，Choi 和 Wu（2009）构建了一种供应商-买方-供应商的三元关系，在这种关系中，两个相互没有直接联系的竞争供应商与买方保持着一种关系。他们认为，买方可以利用与竞争供应商的交流来管理与焦点供应商的关系（如利用竞争供应商迫使焦点供应商修改或终止合同）。

尽管这些研究丰富了三元关系的文献，但仍有一些被忽视的领域需要进一步研究。大多数实证性三元关系研究集中于供应商-买方-客户三元关系。然而，关于买方-供应商-供货商三元关系的研究却很少，而且几乎所有这些研究都只关注上游供应链中的三元关系。对下游供应链（即营销渠道）的三元关系研究很少。

然而，在实践中，分销商往往同时与多个供应商建立关系，以确保丰富的供应来源，并保持供应商之间的竞争。多个供应商也使分销商能够比较焦点关系和竞争关系的投入与收益。这种比较会对分销商在焦点关系中的行动产生重大影响（Vinhas and Gibbs，2012）。一些关于 BSR 的研究强调了替代供应商在当前买方-

供应商关系中的决定性作用。Anderson 和 Narus（1990）的研究表明，与替代供应商相比，焦点关系的结果会影响买方的合作和对关系的满意度。Abraham（2009）认为，当替代供应商比现有合作伙伴更具吸引力时，企业很难限制自己的机会主义行为。Yen 和 Hung（2017）发现，即使买方感知到竞争供应商的吸引力，并对当前供应商表现出一些机会主义行为，他们也可能不会改变对当前供应商的忠诚和承诺。根据这一逻辑，当供应商对分销商进行 TSI 时，分销商随之而来的态度和行为可能取决于其对竞争供应商 TSI 的判断。换句话说，与竞争供应商在平行关系中的 TSI 水平可作为分销商对焦点关系反应的参考点。

　　因此，本章构建了供应商-分销商-供应商的三元关系，其中分销商与两个相互竞争的供应商密切合作。这种三元关系框架包括两种二元关系。第一种二元关系是"焦点关系"，涉及供应商与分销商之间的关系；第二种二元关系是"竞争关系"，涉及供应商的竞争对手与同一分销商之间的关系（图 6-1）。本章的重点是分销商对供应商 TSI 的反应是否受到 TSI 水平相对于竞争供应商 TSI 水平的影响。

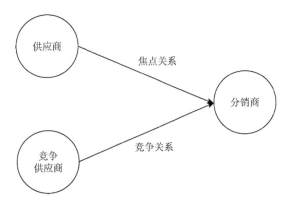

图 6-1　供应商-分销商-供应商三元关系示意图

6.2.2　前景理论

　　前景理论认为，企业在选择战略时倾向于使用参考点，企业寻求或规避风险取决于其决策者认为现状高于或低于给定的参考点（Kahneman and Tversky，1979）。换句话说，如果企业认为其现状高于参考点，则会规避风险；如果企业认为其现状低于参考点，则会承担风险（Kumar et al.，1990）。

　　从这个意义上说，如果分销商发现供应商的 TSI 低于竞争对手的 TSI（参考点），分销商可能会偏向竞争对手而不是供应商，因为与供应商的焦点关系存在更大的不确定性（Chang et al.，2012）。此外，如果竞争者 TSI 的收益超过焦点关系中机会主义行为的损失，分销商可能会冒险利用供应商的 TSI，从而危及焦点关系。另一种情况是，如果分销商发现供应商的 TSI 高于竞争对手的 TSI，那么分销商可能会规避风险，期望与该供应商建立长期稳定的关系。在这种情况下，供应商较高的 TSI 既能减轻分销商的机会主义行为倾向，又能鼓励分销商与重点供应商合作。简而言之，比较供应商和竞争对手的 TSI 会改变分销商的风险认知，进而影响分销商在焦点关系中对供应商 TSI 的反应。在本章中，我们认为供应商及其竞争对手的 TSI 的相对水平会影响供应商的 TSI 对分销商的机会主义行为和合作的影响程度。图 6-2 是理论框架与假设。

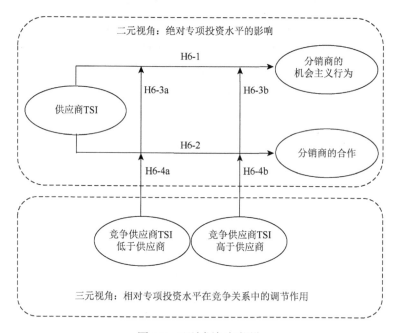

图 6-2　理论框架与假设

6.3　供应商-分销商-供应商三方交易中的交易专用投资

6.3.1　交易专用投资、机会主义与二元合作

TSI 是指企业对其他企业的持续投资（Anderson and Weitz，1992；Jap and Ganesan，2000）。渠道关系中 TSI 包括培训或投入人员为特定的交换伙伴提供服务、建设专门设施、开发特定产品或采用通用订单处理系统（Anderson and Weitz，1992）。由于 TSI 不能轻易调配到其他关系中，如果关系结束，投资者将遭受重大损失。

根据 TCE，投资于合伙关系中的特定资产会增加机会主义行为的风险（Parkhe，

1993；Nyaga et al.，2010）。最初的 TCE 文献将机会主义行为定义为"以不完全或扭曲的信息披露为幌子寻求自身利益，特别是通过精心策划的误导、扭曲、伪装或其他方式混淆信息"（Williamson，1985）。在买方与供应商的关系中，机会主义通常表现为隐瞒或歪曲信息和/或违背明确或隐含的承诺（Wathne and Heide，2000；Jap and Anderson，2003）。由于关系中的每个成员都会努力保护自己的利益，并且每个成员事实上都有权操纵自己的贡献和承诺，因此渠道合作不可避免地涉及某种程度的机会主义行为（Stump and Heide，1996；Wathne and Heide，2000）。

TSI 会从几个方面增加接受方机会主义行为的风险。首先，TSI 在特定合伙关系之外的价值大大降低（Williamson，1985）。因此，TSI 在为投资者创造锁定条件的同时，也使接收者能够提出机会主义要求，并以投资者为代价提高自己的利润（Klein，1996；Rokkan et al.，2003）。其次，TSI 的存在意味着投资者可能会放弃对这些资产的控制权，这就使投资者面临着接盘者通过扣留资产进行机会主义行为的风险（Hawkins et al.，2008）。最后，TSI 将原来的交易状况转变为一个小数目状况，使投资者难以转向其他选择，从而使投资者面临机会主义行为的风险（Buvik and Reve，2002）。随着 TSI 越来越大，被侵占资产的吸引力也越来越大，投资者的应对能力也会减弱（Wang et al.，2013）。因此可以合理地预期，投资者更有可能被接收者侵占，特别是以自我利益为中心的公司。基于以上分析，我们提出如下假设。

H6-1：在焦点关系中，供应商的 TSI 增加了分销商的机会主义行为。

合作指的是渠道合作伙伴共同努力实现共同目标的情况（Anderson and Narus，1990；Morgan and Hunt，1994）。关系营销理论表明，有效的合作与关系承诺和信任直接相关（Morgan and Hunt，1994；Ganesan，1994；Luo et al.，2011）。因此，由于承诺和信任可被视为买方-供应商背景下合作的两个关键特征，这两个维度的变化可反映合作的变化。

信任可以被定义为一种情感状态，它反映了渠道成员相信其合作伙伴真诚地关心其利益，并且在不可预见的情况下不会采取不利或意外的行为（Kumar et al.，1995）。承诺是指有持续维持有价值关系的愿望（Anderson and Weitz，1992）。在交换关系中，承诺鼓励渠道成员重视长期经济收益，而不是看似诱人的短期利益（Morgan and Hunt，1994）。承诺和信任共同构成了买方与供应商合作关系的基石（Morgan and Hunt，1994；Cannon et al.，2010）。

当焦点供应商对合作关系做出高水平的 TSI 承诺时，分销商与其的合作会得到加强。供应商的 TSI 包括对人员、长期资产和生产线的投资，并非空洞的承诺（Anderson and Weitz，1992）。这些投资提供了有形的证据，证明供应商在维持与合作伙伴的关系方面拥有既得利益，并愿意分担相关风险和责任（Jap and

Ganesan，2000；Skarmeas et al.，2002）。这可能会赢得分销商的信任。此外，从长远来看，TSI 有可能为合作双方创造可观的价值（Rokkan et al.，2003）。在焦点关系中，供应商的高水平 TSI 可以激励分销商致力于这种关系，以便在未来获得更大的利润。TSI 还为相互性、合作和规范建立提供了基础，这往往会加强双方之间的联系，并鼓励对关系的进一步承诺（Jap and Ganesan，2000；Cai and Yang，2008；Wu et al.，2015）。基于以上分析，我们提出如下假设。

H6-2：供应商的 TSI 提升了分销商在焦点关系中的合作（包括信任和承诺）。

6.3.2　三方关系中相对交易专用投资的调节作用

"相对交易专用投资"（relative transaction specific investment，RTSI）是指与竞争关系中的交易专用投资水平相比，焦点关系中的交易专用投资水平。这种相对差异表现在两个方面：①供应商的 TSI 高于其竞争对手的 TSI（简称"相对 TSI-供应商"或"RTSI-供应商"）；②供应商的 TSI 低于其竞争对手（简称"相对 TSI-竞争供应商"或"RTSI-竞争供应商"）。

当分销商感知到相对 TSI-供应商时，分销商就更有理由相信焦点供应商具有创造价值的巨大潜力，并对竞争关系感到不确定。这导致分销商重视与供应商的焦点关系，并限制了分销商从事机会主义行为的动机（Wuyts and Geyskens，2005）。如果供应商的 TSI 水平高于竞争对手，那么供应商就需要更频繁地与分销商互动，以确保分销商了解 TSI 的运作方式（Subramani and Venkatraman，2003）。在此过程中，供应商将能够了解分销商的意图和行为，从而降低分销商从事机会主义行为的可能性。此外，如果分销商利用了供应商承诺比竞争对手实施更多 TSI 的弱点，那么这种机会主义行为就会被透露给其他供应商，而这些供应商又会通过公司间合作网络将信息传递给其他公司（Polidoro et al.，2011；Wagner et al.，2011）。因此，分销商有可能受到网络中其他合作伙伴的惩罚。供应商的 TSI 越大，分销商的机会主义行为就越会被网络中的其他合作伙伴视为不道德。因此，担心损害公司声誉将阻止分销商在焦点关系中采取机会主义行为。

另一种情况是，当分销商感知到相对 TSI-竞争供应商时，分销商很可能会降低对焦点关系的满意度（Ping，2003），并对竞争对手有更高的评价。更好的替代品的存在可以在一定程度上减轻分销商的转换成本（Kang and Jindal，2015）。因此，分销商很可能会以牺牲焦点供应商的 TSI 为代价，采取机会主义行为。更具体地说，如果竞争供应商的 TSI 比焦点供应商高，分销商可能会在竞争关系中投入大量时间和精力，以获得更高的利润（Stump and Heide，1996；Buvik and Reve，2002）。同时，由于资源有限，分销商很可能会降低重点关系的质量标准或推卸责任。有目的地克扣行为是机会主义行为的表现形式之一（Wathne and Heide，2000）。

此外，供应商有限的 TSI 增加了分销商向竞争供应商转移市场信息的经济动机（Luo et al.，2009）。与供应商相比，竞争对手投入的专用资产越多，分销商就越有可能及时向竞争对手提供有关市场和客户的信息。在此过程中，分销商很容易隐瞒供应商的关键信息，并将其泄露给竞争对手。此外，分销商的这种故意疏忽可能会导致信息不对称，从而进一步增加分销商机会主义行为的可能性。基于上述分析，我们提出如下假设。

H6-3a：当供应商的 TSI 高于竞争对手的 TSI 时，供应商 TSI 的增加会减少分销商在焦点关系中的机会主义行为。

H6-3b：当供应商的 TSI 低于竞争对手的 TSI 时，供应商 TSI 的增加会增加分销商在焦点关系中的机会主义行为。

同样，焦点供应商的 TSI 对分销商合作的影响也会因分销商对供应商与其竞争对手之间的 TSI 差距的看法而改变。根据前景理论，竞争供应商的 TSI 可以作为分销商在焦点关系中做出反应的参考点。相对 TSI-供应商表示供应商的 TSI 高于参考点。在这种情况下，分销商可能更愿意与供应商保持稳定的焦点关系，从而更有可能投入所需的时间、精力和资源，与供应商建立信任并做出承诺（Anderson and Weitz，1992）。此外，供应商相对较多的 TSI 增加了其与分销商开展联合行动的机会，这反过来又为分销商提供了供应商能力和良好意愿的证明（Athanasopoulou，2009）。这就放大了供应商 TSI 的黏合效应，增强了分销商对供应商诚实和仁慈的信念（Heide and John，1990）。由于 TSI 会给投资者带来较高的转换成本，因此 TSI 水平高于竞争对手的供应商也会有较高的转换成本，并被锁定在焦点关系中。因此，分销商有理由相信，与供应商发展和维持长期关系的风险要小于与竞争对手发展和维持长期关系的风险，从而增加了分销商对焦点关系的承诺。

相反，如果供应商对 TSI 的贡献小于竞争对手（即相对 TSI-竞争供应商），分销商可能会对焦点关系感到不满。认知一致性理论认为，个人会选择性地感知和解释事件，使其与所持信念和态度保持一致（Greenwald，1980）。根据这一理论，如果一家供应商的 TSI 水平低于其竞争对手，分销商就可能会保持而不是改变其对焦点供应商的不满情绪和负面信念（Fiske and Taylor，1991）。这种不满情绪和负面信念会导致分销商对供应商的行为建立在怀疑、不信任和短期思维的基础上（Ganesan，1994）。此外，分销商在交换关系中获得的经济和社会成果往往是相对于最佳替代交换关系中的利益来判断的（Anderson et al.，1994）。如果供应商的 TSI 低于竞争对手的 TSI，分销商可能会认为供应商的反应能力和适应环境变化的能力不如竞争对手。如果供应商无法达到分销商的标准（基于竞争关系的假定利益），分销商和供应商之间可能会产生分歧甚至冲突（Chang et al.，2012）。研究发现，冲突会对工作关系中产生的信任和承诺产生不利影响（Anderson and

Narus，1990；de Ruyter et al.，2001；Athanasopoulou，2009）。基于这些分析，我们提出如下假设。

H6-4a：当供应商的 TSI 高于竞争对手时，供应商 TSI 的增加会提高分销商在焦点关系中的合作程度（包括信任和承诺）。

H6-4b：当供应商的 TSI 低于竞争对手时，供应商 TSI 的增加会降低分销商在焦点关系中的合作程度（包括信任和承诺）。

6.4　研　究　结　果

6.4.1　数据

本章的分析单位是由三个成员组成的分销渠道，即供应商-分销商-供应商三方（图 6-1）。在这种情况下，分销商同时与两个相互竞争的供应商互动。因此，我们选择对分销商的采购经理进行调查，了解他们公司与两个主要供应商之间的交换关系。

为了验证我们的假设，我们对中国 900 家分销商企业的采购经理进行了调查，了解他们与两个主要供应商的关系的特点。我们选择中国作为研究背景有两个原因。首先，中国作为世界最大的市场之一、全球制造中心以及国际外包的主要地点，是调查 BSR 的理想环境。家电行业是中国最发达、最成熟的行业之一。它拥有世界一流的供应商（如海尔、TCL、长虹）和分销商（如沃尔玛、苏宁、国美）。其次，中国正在从计划经济向市场经济转型，企业在这一复杂而不确定的过程中面临着巨大挑战。在这种不断变化的环境中，如何管理商业合作伙伴关系中的 TSI，并防止合作伙伴公司采取机会主义行为，就变得尤为重要。预计这将使受访者更愿意回答与这些相关的问题。因此，我们的研究背景为检验提出的假设提供了一个丰富的环境。

我们从海尔提供的 900 家经销商名单中获得了经销商企业的抽样池。海尔是中国主要的家电制造商，其经销商遍布全国各地，是大规模分销的典范。首先，我们联系了这些经销商公司的总裁（或负责采购的副总裁），询问他们是否愿意参与我们的调查（在海尔的支持下）。我们共确定了 900 名信息提供者，并要求每家经销商在两家供应商（供应商 A 和供应商 B）中做出选择，这两家供应商在某类家用电器（如冰箱、电视机、空调）中的销售量分别排名第一和第二。由于这两家公司都是经销商的主要供应商，它们之间显然存在竞争关系。接下来，我们致电与供应商 A 和供应商 B 打交道的采购经理或总监，并向他们发送了一份调查问卷。我们对每位受访者进行了多达三次的提醒（电话、出差、电子邮件和再次邮

寄）。在发出的 900 份问卷中，共收回 305 份，其中 276 份完整，回复完整率为
30.7%。

调查问卷是根据相关文献的指导原则设计的。根据 Cavusgil 和 Das（1997）
的研究，我们采用了回译技术，以实现问卷的工具等效性。问卷的英文版由三位
市场营销专业的博士生起草并翻译成中文。然后，由另外两名市场营销专业的博
士生将中文版译回英文版，并检查与原文的一致性，以排除任何因习惯用语或口
语化措辞而产生的问题。然后，我们对随机抽取的八家分销商及其指定的八家制
造商进行了预试和深入访谈。根据反馈意见，我们对部分项目的措辞和顺序进行
了细微修改，以确定问卷中的项目是否易于理解和反映实际的 BSR。

我们使用了几种方法来确保参与者是回答问卷项目的合适受访者。首先，
84.3% 的受访者是负责供应关系的采购经理，其余的是直接与供应商打交道的工作人
员。参与问卷调查的人员担任这一职务和参与供应关系的平均时间分别为 5.03 年
（SD = 3.01）和 3.58 年（SD = 2.34）。我们还采用利克特五级量表测量了信息提供
者对整体关系的了解程度，平均值为 4.16（SD = 0.66）。

其次，我们检查了无应答偏差。我们从名单中随机抽取了 50 家未回复的公司，
并收集了他们的人口统计学信息，包括公司规模、员工数量和销售额。我们比较
了 50 个未回复样本和总体的人口统计学变量的平均值，以确定是否存在显著差
异。经 t 检验，样本与总体之间无显著差异（置信区间为 99%）。这些结果表明，
调查中似乎不存在无响应偏差问题。

6.4.2　测量

除关系存续时间和相对 TSI 外，所有变量均采用多项目量表进行操作，相对
TSI 的计算方法是供应商的 TSI 减去竞争对手的 TSI。我们主要从过去的研究中获
得了这些项目，并根据本章的具体情况对其中一些项目进行了微调。我们采用七
分利克特量表来测量这些项目，量表的极点为"非常不同意"和"非常同意"。

（1）主要变量。供应商的 TSI 和竞争对手的 TSI 分别评估焦点关系和竞争关
系的长期投资水平。我们改编了五个项目来测量这两个构念（Anderson and Weitz，
1992）。分销商的机会主义行为由五个项目来衡量，这与 Provan 和 Skinner（1989）
的研究类似，他们使用了几个项目来衡量一方为最大化自身利益而走捷径、违背
承诺、掩盖工作不足和撒谎的行为。分销商的合作反映了分销商与重点供应商为
实现共同目标而合作的程度，由信任和承诺构成。信任涉及分销商相信其供应商
诚实和/或仁慈的程度。五个项目（Kumar et al.，1995）被用来测量这一构建。承
诺评估分销商的忠诚度、做出牺牲的意愿和预期的连续，由五个项目来衡量，这
五个项目改编自 Anderson 和 Weitz（1992）以及 Jap 和 Ganesan（2000）。相对 TSI

分为竞争对手供应商相对较低和较高的 TSI 水平。按照 Kim 和 Henderson（2015）使用的处理相对相互依存关系的方法，我们计算了 RTSI-供应商（RTSI-supplier）和 RTSI-竞争供应商（RTSI-rival supplier），具体如下：

$$RTSI\text{-}supplier = \begin{cases} STSI - CTSI, & STSI - CTSI > 0 \\ 0, & STSI - CTSI \leqslant 0 \end{cases}$$

$$RTSI\text{-}rival\, supplier = \begin{cases} CTSI - STSI, & STSI - CTSI \leqslant 0 \\ 0, & STSI - CTSI > 0 \end{cases}$$

其中，STSI 表示焦点关系中的供应商的 TSI；CTSI 表示竞争关系中竞争供应商的 TSI。

（2）控制变量。对可能影响机会主义行为、信任和承诺的几个变量进行了控制，包括分销商的 TSI 和讨价还价能力、交易复杂性和关系存续时间。分销商的 TSI 会激励分销商保持合作关系（de Ruyter et al.，2001），并将分销商自身的机会主义行为降至最低（Luo et al.，2009），因为分销商无法在不遭受经济损失的情况下脱离这种关系。"权力不对称"是指分销商比焦点供应商拥有更多讨价还价的权力。巨大的权力不对称将使分销商能够从弱势供应商那里侵占资源，从而产生机会主义行为并破坏关系（Crosno and Dahlstrom，2008）。"交易复杂性"指的是协调过程的复杂性。高度的交易复杂性会增加管控合作伙伴机会主义行为的难度，而这种不确定性会增加合作伙伴对关系的信任和承诺（Mooi and Ghosh，2010）。最后，"关系存续时间"也包括在内，因为在一些研究中，它被认为是机会主义行为与合作的前因之一（Johnson，1999；Athanasopoulou，2009）。

6.4.3 共同方法偏差评估

共同方法偏差通过两种方式进行评估。首先，根据 Harman（1967）的单因素检验法，我们使用特征值大于 1 的标准进行非旋转因素分析，结果显示有 10 个不同的因子，占方差的 70.11%。第一个因子仅占数据方差的 21.87%。因此，我们的数据不太可能存在共同方法偏差。为了加强这一结论，我们按照 Widaman（1985）建议的程序进行了第二次检验。在这种情况下，我们测试了两种不同的潜在变量模型：一种测量模型只包括特质（即理论建构），另一种测量模型除特质外还包括共同方法偏差因子（Williams et al.，1989；Podsakoff et al.，2003；Ketokivi and Schroeder，2004）。尽管这些分析结果表明，共同方法偏差因子略微改善了模型拟合度［规范拟合指数（normed fit index，NFI）增加 0.03，非规范拟合指数（non-normed fit index，NNFI）增加 0.01，CFI 增加 0.02］，但它只占总变异的 11.13%，大大低于 Williams 等（1989）观察到的方法偏差量（25%）。此外，两个模型的路径系数及其显著性差异很小，表明尽管加入了一个共同的方法偏差因子，这两个模型仍然是稳健的。

6.4.4　测量信效度验证

我们对本章中使用的构念的信度和效度进行了多次检验。首先，我们诊断了每个变量的项目与总相关系数，没有一个项目低于 0.4。然后，我们进行了探索性因子分析，以确保假设因子的高载荷。所有项目都在预期因子上加载，没有明显的交叉载荷。每个构念的 Cronbach's α 均超过 0.70，表明这些构念具有较高的内部一致性。我们还计算了 CR 得分，以评估建构信度。如表 6-2 所示，所有因子的 CR 值均大于 0.70。

表 6-2　测量量表的信度和效度

构念测量	构念效度	因子载荷	AVE	CR
供应商/竞争供应商的 TSI	0.76/0.77		0.52/0.53	0.84/0.85
1. 人员敬业度		0.71/0.70		
2. 如果换到别的分销商会有重大损失		0.57/0.66		
3. 商业投资		0.78/0.78		
4. 设备专业度		0.80/0.80		
5. 报告系统投资		0.72/0.72		
分销商的机会主义行为	0.87		0.66	0.90
1. 对特定事物说谎		0.87		
2. 不遵守承诺		0.85		
3. 夸大需求		0.85		
4. 在能力范围内促进利益增加		0.63		
5. 稍微修改事实		0.83		
分销商的信任	0.81		0.57	0.87
1. 真诚		0.75		
2. 提供帮助与支持		0.77		
3. 考虑你的福祉和利益		0.72		
4. 考虑供应商的决策		0.79		
5. 依赖供应商的支持		0.74		
分销商的承诺	0.78		0.54	0.85
1. 对此供应商忠诚		0.77		
2. 希望延续关系		0.70		
3. 不终止此关系		0.76		

构念测量	构念效度	因子载荷	AVE	CR
4. 愿意牺牲		0.71		
5. 长期伙伴关系		0.72		

其次，我们使用 AMOS 20.0 对测量模型进行了验证性因子分析。拟合指数显示数据拟合良好 [$\chi^2 = 336.95$；df = 159；$\chi^2/df = 2.12$；RMSEA = 0.07；拟合优度指数（goodness-of-fit index，GFI）= 0.88；CFI = 0.91；NFI = 0.84；增量拟合指数（incremental fit index，IFI）= 0.91]。除四个项目外，所有项目都与各自的构念相关，每个项目的相关系数都超过了 0.70。通过考虑新的项目或在新的背景下使用的项目，该值可降至 0.4，这是一个常见的接受阈值。所有构念的 AVE 值都超过了 0.50。这些结果证实了项目与构念之间关系的统计意义以及单个项目的可靠性。

最后，我们采用了 Fornell 和 Larcker（1981）推荐的程序来检验构念之间的区分效度。每个构念的 AVE 都超过了构念对之间的相关平方，这证明了潜在因素之间的区分效度。表 6-3 报告了平均值、标准差和相关系数。

表 6-3　平均值、标准差和相关系数

项目	平均值	SD	1	2	3	4	5	6	7	8	9
1. 供应商的 TSI	4.91	0.94	0.52								
2. 竞争供应商的 TSI	4.80	1.02	0.60**	0.53							
3. 分销商的机会主义行为	4.21	1.29	0.19**	0.29**	0.66						
4. 分销商的信任	5.29	0.79	0.53**	0.40**	0.09	0.57					
5. 分销商的承诺	5.13	0.91	0.50**	0.45**	0.09	0.57**	0.54				
6. 分销商的 TSI	4.92	1.07	0.58**	0.35**	0.20**	0.32**	0.32**	0.57			
7. 交易复杂性	4.74	1.12	0.30**	0.26**	0.36**	0.23**	0.25**	0.28**	0.64		
8. 关系存续时间	5.82	3.23	0.14**	0.22**	0.06	0.17*	0.21**	0.17**	0.11	—	
9. 权力不对称	4.43	1.66	0.22**	0.20**	0.10	0.23**	0.09	0.11	0.17**	0.06	—

*表示 $p < 0.05$，**表示 $p < 0.01$

6.4.5　结果

为验证假设，我们估计了以下回归模型：

$$\text{DO/DT/DC} = \gamma_0 + \gamma_1 X_1 + \gamma_2 X_2 + \gamma_3 X_3 + \gamma_4 X_4 \tag{6-1}$$

$$\text{DO/DT/DC} = \gamma_0 + \gamma_1 X_1 + \gamma_2 X_2 + \gamma_3 X_3 + \gamma_4 X_4 + \gamma_5 X_5 + \gamma_6 X_6 + \gamma_7 X_7 \tag{6-2}$$

$$DO/DT/DC = \gamma_0 + \gamma_1 X_1 + \gamma_2 X_2 + \gamma_3 X_3 + \gamma_4 X_4 + \gamma_5 X_5 + \gamma_6 X_6 + \gamma_7 X_7 + \gamma_8 X_5 X_6 + \gamma_9 X_5 X_7$$

$$(6\text{-}3)$$

其中，DO 表示分销商的机会主义行为；DT 表示分销商的信任；X_1 表示分销商的 TSI；X_2 表示交易复杂性；X_3 表示关系存续时间；X_4 表示权力不对称；X_5 表示供应商的 TSI；X_6 表示 RTSI-供应商；X_7 表示 RTSI-竞争供应商。为减少多重共线性的潜在威胁，我们对所有构成交互项的自变量进行了均值化处理（Aiken and West，1991）。

回归结果见表 6-4。从模型 2 的结果来看，供应商的 TSI（STSI）与分销商的机会主义行为（DO）之间存在显著的正相关关系（$\beta = 0.16$，$p < 0.05$），支持 H6-1。如模型 5 和模型 8 所示，供应商的 TSI（STSI）对分销商的信任（DT）（$\beta = 0.52$，$p < 0.01$）和承诺（DC）（$\beta = 0.49$，$p < 0.01$）的影响均为正且显著。因此，H6-2 得到支持。

表 6-4 中的模型 3 用于检验相对 TSI（包括 RTSI-供应商和 RTSI-竞争供应商）对 STSI 与 DO 之间关系的调节作用。结果表明，STSI×RTSI-供应商（$\beta = -0.30$，$p < 0.05$）和 STSI×RTSI-竞争供应商（$\beta = 0.15$，$p < 0.1$）的交互效应均显著，从而为 H6-3a 和 H6-3b 提供了支持。

表 6-4 分层多元回归结果（$N = 276$）

预测变量	分销商的机会主义行为（DO）			分销商的信任（DT）			分销商的承诺（DC）		
	模型 1	模型 2	模型 3	模型 4	模型 5	模型 6	模型 7	模型 8	模型 9
分销商的 TSI	0.10	0.08	0.07	0.24***	−0.01	−0.00	0.24***	0.01	0.02
交易复杂性	0.33***	0.30***	0.34***	0.14**	0.07	0.05	0.18***	0.10*	0.09
关系存续时间	0.03	0.02	0.02	0.12*	0.08	0.08	0.17***	0.11*	0.11*
权力不对称	0.03	0.02	0.02	0.17***	0.10*	0.11**	0.02	−0.06	−0.05
供应商的 TSI		0.16**	0.14*		0.52***	0.53***		0.49***	0.50***
RTSI-供应商		−0.05	0.04		−0.05	−0.11*		−0.22**	−0.27***
RTSI-竞争供应商		0.26***	0.40***		0.05	−0.18**		−0.44**	−0.22**
STSI×RTSI-供应商			−0.30**			0.05			0.05
STSI×RTSI-竞争供应商			0.15*			−0.32***			−0.23***
模型 R^2	0.15	0.21	0.24	0.17	0.32	0.36	0.16	0.32	0.35
调整后的 R^2	0.13	0.18	0.21	0.15	0.29	0.34	0.14	0.3	0.32
模型 F	9.73***	8.44***	14.1***	11.33***	14.91***	14.11***	10.69***	15.43***	13.42***
ΔR^2		0.06	0.03		0.05	0.04		0.06	0.03
分层 F		6.78***	5.25***		6.57***	8.31***		7.88***	6.14***

注：对表中所有标准系数；$F(\Delta K, N-K_2-1) = (\Delta R^2/\Delta K)(N-K_2-1)/(1-R_2^2)$，其中 K 为预测变量数量，N 为总样本量
*表示 $p < 0.1$，**表示 $p < 0.05$，***表示 $p < 0.01$

正如 H6-4a 和 H6-4b 所预测的那样，模型 6 和模型 9 检验了相对 TSI 对 STSI 与分销商合作关系的调节作用。与我们的预测不一致的是，与 DT（$\beta = 0.05$，不显著）和 DC（$\beta = 0.05$，不显著）相关的 STSI×RTSI-供应商交互项不显著，这没有为 H6-4a 提供支持。结果还表明，STSI×RTSI-竞争供应商的交互效应与 DT（$\beta = -0.32$，$p < 0.01$）和 DC（$\beta = -0.23$，$p < 0.01$）呈显著负相关，这支持了 H6-4b。

6.5　结　　论

本章探讨了分销商对供应商的 TSI 的反应（即机会主义行为或合作）是否以及如何受到 TSI 水平（相对于竞争供应商的 TSI 水平）的影响。先前的研究探讨了供应商-买方二元关系中 TSI 与合作伙伴关系行为之间的关系。与之前的研究一致，我们的研究结果表明，在双向 BSR 中，TSI 改善了合作伙伴的合作（包括信任和承诺），同时也诱发了合作伙伴的机会主义行为。不过，我们关注的是分销商-供应商-供应商三元关系，其中两个相互竞争的供应商在与同一分销商的关系中承诺 TSI。根据假设，在供应商的 TSI 高于其竞争对手的 TSI 的焦点关系中，供应商 TSI 的增加会减少分销商的机会主义行为，增加分销商的 TSI。相反，当供应商的机会主义行为指数低于其竞争对手的机会主义行为指数时，供应商机会主义指数的增加会增加分销商在焦点关系中的机会主义行为。因此，我们提供的证据表明了竞争关系中的 TSI 对焦点关系中 TSI 的有效性的重要性。我们认为我们的研究结果具有理论和管理意义。

6.5.1　理论贡献

第一，我们确定了渠道中的供应商-分销商-供应商三方关系，并研究了竞争关系中的技术创新机制对焦点关系中技术创新机制有效性的影响。在有关三方关系的现有文献中，一些研究揭示了与第三方关系中的交易机制（如显性协议）和关系机制（如隐性社会规范）对焦点关系中的活动构成了制约（Siltaloppi and Vargo，2017）。例如，Wathne 和 Heide（2000）发现，制造商与供应商在上游关系中签订的正式合同会影响制造商对下游与分销商关系的不确定性做出反应的能力。Hartmann 和 Herb（2015）发现，社会关系的质量构成了重要的协调机制，使服务三方能够朝着共同的目标运作。作为这些研究的延伸，本章提供了更多证据，证明 TSI 作为一种交易机制（Liu et al.，2009；Wathne and Heide，2000）在监控和维护三方关系中的重要性。

第二，我们的研究结果表明，竞争供应商的 RTSI 增加了分销商对焦点供应商的 TSI 的机会主义侵占，削弱了焦点关系中的合作。这一研究结果是对 BSR 中替代吸引力讨论的延伸。现有文献指出，替代吸引力是指与当前供应商相比，买方从替代供应商处感知到的吸引力水平，它对关系承诺至关重要，并显著影响买方与当前供应商之间的关系（Kang and Jindal，2015；Yen and Hung，2017）。在我们的研究中，竞争对手供应商的 TSI 水平相对高于焦点供应商，这可以被视为一种经济或资源型吸引力。我们的发现支持了渠道成员的机会主义行为会随着替代品更具吸引力而增加的论点（Abraham，2009；Kang and Jindal，2015；Yen and Hung，2017）。现有文献仍然认为，即使买方感知到竞争供应商的吸引力并对当前供应商表现出一些机会主义行为，他们也可能不会改变对当前供应商的承诺（Yen and Hung，2017）。然而，我们的研究结果与这一论点并不一致，我们的研究结果表明，竞争供应商在 TSI 中的吸引力不仅与买方的承诺负相关，而且还会削弱供应商的 TSI 在与买方的焦点关系中的黏合效应。这种不一致可能是由于之前的研究将吸引力定义为一个单一维度的概念，而没有考虑吸引力的不同基础。Tanskanen 和 Aminoff（2015）确定了不同的吸引力基础，并认为它们在 BSR 中发挥着不同的作用。我们的研究结果从一个方面提供了支持这一论点的证据，即关注 RTSI-竞争供应商，这可以被视为基于经济或资源的吸引力。

第三，我们的研究结果还表明，RTSI-供应商会削弱分销商在焦点关系中对供应商 TSI 的机会主义侵占。此外，我们还发现，RTSI-竞争供应商会改变供应商的 TSI 对买方在焦点关系中的机会主义行为的影响。也就是说，当 RTSI-竞争供应商较小时，供应商 TSI 的增加会增加买方的机会主义行为。然而，当 RTSI-竞争供应商非常高时，供应商 TSI 的增加会减少买方的机会主义行为。根据标准的交易成本经济学，企业的单边投资通常被认为容易受到机会主义侵占的影响。然而，这些结果表明，供应商的单边 TSI 是否会促进买方的机会主义行为增加，在一定程度上取决于供应商和竞争对手的 TSI 相对水平。在供应商-分销商-供应商三方中，当供应商与分销商的 TSI 远大于竞争对手的 TSI 时，单边 TSI 对机会主义行为的影响就会由正转负。

然而，与我们的预测不一致的是，RTSI-供应商对供应商 TSI 与分销商合作关系的调节作用并不显著。这可能是由于分销商在与比竞争对手投入更多 TSI 的供应商打交道时会产生矛盾心理。虽然分销商通常会与供应商保持重点合作关系，希望获得更多的利益，但分销商也可能会担心对供应商的依赖性增加，因为几乎没有可比的替代品，而且该供应商在分销商的总采购量中占很大比例（Kumar et al.，1995）。在这种情况下，分销商往往会变得谨慎和理性，可能会停止投入时间和/或资源来加强合作关系（Hedaa，1993）。因此，很难改善分销商与重点供应商的合作关系。

第四，我们利用前景理论来研究单边投资在三方渠道关系中的影响。研究通常通过两种理论来解释这些效应：交易成本经济学和关系交换理论。交易成本经济学认为，当 TSI 使接收方能够伺机利用投资价值时，就会产生 TSI 的侵占效应。关系交换理论则强调纽带效应，即 TSI 可以"绑定"接收方，减少机会主义行为。我们的研究利用前景理论来解释 TSI 与接收方行为之间的模糊关系，为有关 TSI 的文献做出了贡献。根据这一理论，我们认为分销商对 TSI 的反应是侵占还是绑定，取决于其对焦点关系中风险的感知。将焦点关系中的 TSI 与竞争关系中的 TSI 进行比较，可以放大或缩小分销商的风险认知，从而影响其反应。因此，在这一模型中，我们发现了两种情况，即焦点供应商的单边投资对其与买方的关系产生了不同的影响。首先，与侵占效应一致，当供应商的 TSI 低于竞争对手的 TSI 时，供应商的 TSI 会导致分销商机会主义行为和合作减少。在这种情况下，买方会将供应商的 TSI 视为提高个人报酬的机会，因为机会主义行为的减少会被竞争关系带来的当前和未来收益所抵消。其次，在一定程度上支持绑定效应的是，当焦点供应商承诺的 TSI 远远大于竞争对手的 TSI 时，分销商会抑制自己的机会主义行为，因为在这种情况下，分销商的风险意识会降低。然而，分销商不会与供应商"绑定"，因为它不会改善与供应商的合作。这一结果表明，在三方关系中，TSI 具有约束效应而非绑定效应，因为分销商需要在供应商和竞争对手供应商之间平衡其依赖性，以便与焦点供应商保持适当而非深入的关系。这一结果与之前从二元对立视角研究 TSI 效果的研究结果不同，后者认为当 TSI 阻碍了接收方的机会主义行为时，BSR 中就会出现绑定效应（Rokkan et al.，2003）。此外，这两种不同的情况揭示了三方关系中 TSI 的动态变化，这一发现表明，分销网络中的投资者可能会动态调整其相对于竞争对手的 TSI 水平，以减少接收者的机会主义行为。

6.5.2　管理启示

我们的研究对供应商企业的高层管理者也有管理启示。在当今竞争激烈的环境中，供应商需要具有积极性的渠道成员，如分销商，他们的工作重点是推广自己的品牌，而不是销售竞争品牌。因此，供应商通常会在与买方的关系中制定 TSI，以提供良好的服务并维持长期关系。然而，现有文献对竞争如何影响供应商 TSI 的后果所提供的见解十分有限。我们的研究通过探讨当竞争对手对同一买方进行 TSI 时，供应商如何管理其与买方关系中的 TSI 这一问题，认为竞争对手的 TSI 可被视为供应商与买方关系的一个指标。通过关注竞争对手的 TSI，供应商的高层管理者可以预测机会主义行为发生的可能性以及与买方关系的质量，并通过调整自己公司的 TSI 来努力改善自己的地位。此外，这些信息还能帮助供应商决定投资战略，保持现有关系的稳定和健康。

第一，供应商的管理者在投入和管理与分销商关系中的 TSI 时，应更多地关注其他竞争者在与同一分销商关系中的专用投资，而不是只关注与分销商焦点关系中的 TSI。如果管理者在不了解竞争关系中的 TSI 水平的情况下，就在焦点关系中进行专用投资，那么这些 TSI 就无法促进与分销商的合作，并可能进一步以感知机会主义行为的形式成为一种负担。由于竞争对手的 TSI 难以被观察到，因此管理者应采取各种方法了解并估计竞争对手的 TSI。例如，管理者需要经常对经销商进行实地考察，检查自己的品牌与竞争对手品牌的展示和销售情况。

第二，根据前景理论，供应商企业的管理者需要了解分销商是决定采取机会主义行为还是合作行为来应对供应商的 TSI。这不仅取决于供应商或竞争供应商 TSI 的绝对水平，还取决于它们之间的相对水平。对焦点关系和竞争关系中的 TSI 进行比较，会改变分销商对焦点关系中风险的感知，从而影响其机会主义行为和合作。因此，供应商的管理者应找到一个或多个与同一分销商有关系的主要竞争对手作为参照点，并密切关注自己的 TSI 与竞争对手的 TSI 之间的差距，以预测分销商机会主义行为的可能性。这将有助于供应商确定焦点关系中"最佳"的 TSI 水平，以避免分销商的机会主义行为，并争取分销商更多的合作。

第三，供应商企业的管理者应根据供应商的 TSI 与竞争对手的 TSI 之间的不对称性来管理与分销商的焦点关系中的 TSI。如果供应商发现竞争对手的 TSI 高于自己，就应该在与分销商的焦点关系中加大 TSI 的力度，努力追赶竞争对手。例如，供应商的经理需要花更多的时间对分销商进行销售培训，在特定设施和产品上进行更多的投资，修改业务流程以满足分销商的要求。如果供应商发现竞争对手的 TSI 低于自己，不断提高 TSI 可以在差距较大时减少分销商的机会主义行为，但却无法改善分销商的承诺和信任，而这正是长期合作关系的基石。因此，供应商的管理者应该认识到，与竞争对手相比，TSI 的相对优势可以暂时控制分销商的机会主义行为，但无法实现与分销商的进一步合作。

6.5.3　不足与未来研究展望

这项研究有一些局限性。第一，参与者报告了自己的机会主义行为，这可能会降低机会主义的程度。然而，潜在的否认机会主义行为似乎并不是一个问题。具体来说，分销商的机会主义行为七级量表的平均值为 4.21，这表明买方愿意在保密的情况下报告自己的机会主义行为。第二，基于供应商和竞争对手制造同质 TSI 的假设，我们只调查了竞争对手 TSI 数量的调节作用。事实上，供应商会根据各自不同的实力和专长，做出不同的 TSI。例如，一个供应商可能在电子数据交换方面提供主要的 TSI，而另一个供应商可能在培训销售人员方面提供主要的 TSI。因此，今后的研究还可以探讨供应商满意度指标质量的调节作用。第三，只调查了供应商-买方-供应商关系中的一种特殊类型，即买方与两个供应商互动，而供应商之间没有直接互动的三方关系。这不同于一些以供应商之间的合作关系为特征的三方互动关系。随着信息技术的飞速发展，分销网络的耦合速度越来越快（Pagell and Krause，2004）。因此，供应商之间的互动会影响买方的战略（Wu et al.，2010）。因此，探讨 TSI 对供应商焦点关系的影响可能是有益的。第四，所有假设都是在中国家电行业垂直渠道体系的背景下进行检验的。因此，由于这一特定背景，可能存在一些固有的局限性。此外，中国幅员辽阔，各地都有不同的经销商企业。虽然我们的样本覆盖了中国的大部分地区，但仍不能代表全国范围内的所有经销商。因此，未来的研究可以将分析的经验和方法范围扩大到更多的环境中，从而提高研究结果的理论普适性。

参 考 文 献

Abraham M. 2009. Why reputation is not always beneficial: tolerance and opportunism in business networks[J]. The Journal of Socio-Economics，38（6）：908-915.

Achrol R S，Gundlach G T. 1999. Legal and social safeguards against opportunism in exchange[J]. Journal of Retailing，75（1）：107-124.

Aiken L S，West S G. 1991. Multiple Regression: Testing and Interpreting Interactions[M]. California: Sage Publications.

Anderson E，Weitz B. 1992. The use of pledges to build and sustain commitment in distribution channels[J]. Journal of Marketing Research，29（1）：18-34.

Anderson J C，Håkansson H，Johanson J. 1994. Dyadic business relationships within a business network context[J]. Journal of Marketing，58（4）：1-15.

Anderson J C，Narus J A. 1990. A model of distributor firm and manufacturer firm working partnerships[J]. Journal of Marketing，54（1）：42-58.

Athanasopoulou P. 2009. Relationship quality: a critical literature review and research agenda[J]. European Journal of Marketing，43（5/6）：583-610.

Buvik A，Reve T. 2002. Inter-firm governance and structural power in industrial relationships: the moderating effect of bargaining power on the contractual safeguarding of specific assets[J]. Scandinavian Journal of Management，18（3）：261-284.

Cai S H，Yang Z L. 2008. Development of cooperative norms in the buyer-supplier relationship: the Chinese experience[J]. Journal of Supply Chain Management，44（1）：55-70.

Cannon J P，Doney P M，Mullen M R，et al. 2010. Building long-term orientation in buyer-supplier relationships: the moderating role of culture[J]. Journal of Operations Management，28（6）：506-521.

Cavusgil S T，Das A. 1997. Methodological issues in empirical cross-cultural research: a survey of the management literature and a framework[J]. Management International Review，37（1）：71-96.

Chang M L，Cheng C F，Wu W Y. 2012. How buyer-seller relationship quality influences adaptation

and innovation by foreign MNCs' subsidiaries[J]. Industrial Marketing Management，41（7）：
1047-1057.

Choi T Y，Kim Y. 2008. Structural embeddedness and supplier management：a network perspective[J].
Journal of Supply Chain Management，44（4）：5-13.

Choi T Y， Wu Z H. 2009. Triads in supply networks： theorizing buyer-supplier-supplier
relationships[J]. Journal of Supply Chain Management，45（1）：8-25.

Corsten D，Gruen T，Peyinghaus M. 2011. The effects of supplier-to-buyer identification on
operational performance-an empirical investigation of inter-organizational identification in
automotive relationships[J]. Journal of Operations Management，29（6）：549-560.

Corsten D，Kumar N. 2005. Do suppliers benefit from collaborative relationships with large
retailers？ An empirical investigation of efficient consumer response adoption[J]. Journal of
Marketing，69（3）：80-94.

Crosno J L，Dahlstrom R. 2008. A meta-analytic review of opportunism in exchange relationships[J].
Journal of the Academy of Marketing Science，36（2）：191-201.

Crosno J L，Manolis C，Dahlstrom R. 2013. Toward understanding passive opportunism in dedicated
channel relationships[J]. Marketing Letters，24（4）：353-368.

de Ruyter K，Moorman L，Lemmink J. 2001. Antecedents of commitment and trust in customer-supplier
relationships in high technology markets[J]. Industrial Marketing Management，30（3）：271-286.

Fiske S T，Taylor S E. 1991. Social Cognition[M]. New York：McGraw-Hill Inc.

Fornell C，Larcker D F. 1981. Evaluating structural equation models with unobservable variables and
measurement error[J]. Journal of Marketing Research，18（1）：39-50.

Ganesan S. 1994. Determinants of long-term orientation in buyer-seller relationships[J]. Journal of
Marketing，58（2）：1-19.

Granovetter M. 1985. Economic action and social structure：the problem of embeddedness[J].
American Journal of Sociology，91（3）：481-510.

Greenwald A G. 1980. The totalitarian ego：fabrication and revision of personal history[J].
American Psychologist，35（7）：603-618.

Harman H H. 1967. Modern Factor Analysis[M]. Chicago：University of Chicago Press.

Hartmann E，Herb S. 2015. Interconnectedness of actor bonds in service triads-a social capital
perspective[J]. Industrial Marketing Management，44（1）：154-165.

Hawkins T G，Wittmann C M，Beyerlein M M. 2008. Antecedents and consequences of opportunism
in buyer-supplier relations：research synthesis and new frontiers[J]. Industrial Marketing
Management，37（8）：895-909.

Hedaa L. 1993. Distrust，uncertainties and disconfirmed expectations in supplier-customer
relationships[J]. International Business Review，2（2）：191-206.

Heide J B，John G. 1990. Alliances in industrial purchasing：the determinants of joint action in
buyer-supplier relationships[J]. Journal of Marketing Research，27（1）：24-36.

Jap S D，Anderson E. 2003. Safeguarding interorganizational performance and continuity under ex post opportunism[J]. Management Science，49（12）：1684-1701.

Jap S D，Ganesan S. 2000. Control mechanisms and the relationship life cycle：implications for safeguarding specific investments and developing commitment[J]. Journal of Marketing Research，37（2）：227-245.

Johnson J L. 1999. Strategic integration in industrial distribution channels：managing the interfirm relationship as a strategic asset[J]. Journal of the Academy of Marketing Science，27（1）：4-18.

Kahneman D，Tversky A. 1979. Prospect theory：an analysis of decision under risk[J]. Econometrica，47（2）：263-291.

Kang B，Jindal R P. 2015. Opportunism in buyer-seller relationships：some unexplored antecedents[J]. Journal of Business Research，68（3）：735-742.

Ketokivi M A，Schroeder R G. 2004. Perceptual measures of performance：fact or fiction[J]. Journal of Operations Management，22（3）：247-264.

Kim Y H，Henderson D. 2015. Financial benefits and risks of dependency in triadic supply chain relationships[J]. Journal of Operations Management，36（1）：115-129.

Klein B. 1996. Why hold-ups occur：the self-enforcing range of contractual relationships[J]. Economic Inquiry，34（3）：444-463.

Kumar K R，Thomas H，Fiegenbaum A. 1990. Strategic groupings as competitive benchmarks for formulating future competitive strategy：a modelling approach[J]. Managerial and Decision Economics，11（2）：99-109.

Kumar N，Scheer L K，Jan-Benedict Steenkamp E M. 1995. The effects of perceived interdependence on dealer attitudes[J]. Journal of Marketing Research，32（3）：348-356.

Lin C W，Wu L Y，Chiou J S. 2017. The use of asset specific investments to increase customer dependence：a study of OEM suppliers[J]. Industrial Marketing Management，67（9）：174-184.

Liu Y，Luo Y D，Liu T. 2009. Governing buyer-supplier relationships through transactional and relational mechanisms：evidence from China[J]. Journal of Operations Management，27（4）：294-309.

Luo Y D，Liu Y，Xue J Q. 2009. Relationship investment and channel performance：an analysis of mediating forces[J]. Journal of Management Studies，46（7）：1113-1137.

Luo Y D，Liu Y，Zhang L N，et al. 2011. A taxonomy of control mechanisms and effects on channel cooperation in China[J]. Journal of the Academy of Marketing Science，39（2）：307-326.

McFarland R G，Bloodgood J M，Payan J M. 2008. Supply chain contagion[J]. Journal of Marketing，72（2）：63-79.

Mena C，Humphries A，Choi T Y. 2013. Toward a theory of multi-tier supply chain management[J]. Journal of Supply Chain Management，49（2）：58-77.

Mooi E A，Ghosh M. 2010. Contract specificity and its performance implications[J]. Journal of Marketing，74（2）：105-120.

Morgan R M，Hunt S D. 1994. The commitment-trust theory of relationship marketing[J]. Journal of Marketing，58（3）：20-39.

Nyaga G N, Whipple J M, Lynch D F. 2010. Examining supply chain relationships: do buyer and supplier perspectives on collaborative relationships differ?[J]. Journal of Operations Management, 28 (2): 101-114.

Pagell M, Krause D R. 2004. Re-exploring the relationship between flexibility and the external environment[J]. Journal of Operations Management, 21 (6): 629-649.

Pardo C, Michel S. 2015. Dynamics in a distribution triad-a case study[J]. Journal of Business & Industrial Marketing, 30 (8): 915-925.

Parkhe A. 1993. Strategic alliance structuring: a game theoretic and transaction cost examination of interfirm cooperation[J]. Academy of Management Journal, 36 (4): 794-829.

Ping R A. 2003. Antecedents of satisfaction in a marketing channel[J]. Journal of Retailing, 79 (4): 237-248.

Podsakoff P M, MacKenzie S B, Lee J Y, et al. 2003. Common method biases in behavioral research: a critical review of the literature and recommended remedies[J]. The Journal of Applied Psychology, 88 (5): 879-903.

Polidoro F, Jr, Ahuja G, Mitchell W. 2011. When the social structure overshadows competitive incentives: the effects of network embeddedness on joint venture dissolution[J]. Academy of Management Journal, 54 (1): 203-223.

Provan K G, Skinner S J. 1989. Interorganizational dependence and control as predictors of opportunism in dealer-supplier relations[J]. Academy of Management Journal, 32 (1): 202-212.

Rokkan A I, Heide J B, Wathne K H. 2003. Specific investments in marketing relationships: expropriation and bonding effects[J]. Journal of Marketing Research, 40 (2): 210-224.

Siltaloppi J, Vargo S L. 2017. Triads: a review and analytical framework[J]. Marketing Theory, 17 (4): 395-414.

Simmel G, Wolff K H. 1950. The Sociology of Georg Simmel[M]. Glencoe: Free Press.

Skarmeas D, Katsikeas C S, Schlegelmilch B B. 2002. Drivers of commitment and its impact on performance in cross-cultural buyer-seller relationships: the importer's perspective[J]. Journal of International Business Studies, 33 (4): 757-783.

Stump R L, Heide J B. 1996. Controlling supplier opportunism in industrial relationships[J]. Journal of Marketing Research, 33 (4): 431-441.

Subramani M R, Venkatraman N. 2003. Safeguarding investments in asymmetric interorganizational relationships: theory and evidence[J]. Academy of Management Journal, 46 (1): 46-62.

Tanskanen K, Aminoff A. 2015. Buyer and supplier attractiveness in a strategic relationship-a dyadic multiple-case study[J]. Industrial Marketing Management, 50: 128-141.

Terpend R, Tyler B B, Krause D R. et al. 2008. Buyer-supplier relationships: derived value over two decades[J]. Journal of Supply Chain Management, 44 (2): 28-55.

Vedel M, Holma A M, Havila V. 2016. Conceptualizing inter-organizational triads[J]. Industrial Marketing Management, 57: 139-147.

Vinhas A S, Gibbs R. 2012. Competitive channel relationship management: when resellers establish competing manufacturer relationships[J]. Marketing Letters，23（3）：645-659.

Wagner S M，Coley L S，Lindemann E. 2011. Effects of suppliers' reputation on the future of buyer-supplier relationships：the mediating roles of outcome fairness and trust[J]. Journal of Supply Chain Management，47（2）：29-48.

Wang Q，Li J J，Ross W T，et al. 2013. The interplay of drivers and deterrents of opportunism in buyer-supplier relationships[J]. Journal of the Academy of Marketing Science，41（1）：111-131.

Wathne K H，Heide J B. 2000. Opportunism in interfirm relationships：forms，outcomes and solutions[J]. Journal of Marketing，64（4）：36-51.

Widaman K F. 1985. Hierarchically nested covariance structure models for multitrait-multimethod data[J]. Applied Psychological Measurement，9（1）：1-26.

Wilhelm M M. 2011. Managing coopetition through horizontal supply chain relations：linking dyadic and network levels of analysis[J]. Journal of Operations Management，29（7/8）：663-676.

Williams L J，Cote J A，Buckley M R. 1989. Lack of method variance in self-reported affect and perceptions at work：reality or artifact[J]. Journal of Applied Psychology，74（3）：462-468.

Williamson O E. 1985. The Economic Institutions of Capitalism[M]. Glencoe：Free Press.

Wu L Y，Chen P Y，Chen K Y. 2015. Why does loyalty-cooperation behavior vary over buyer-seller relationship？[J]. Journal of Business Research，68（11）：2322-2329.

Wu Z H，Choi T Y，Rungtusanatham M J. 2010. Supplier-supplier relationships in buyer-supplier-supplier triads：implications for supplier performance[J]. Journal of Operations Management，28（2）：115-123.

Wuyts S，Geyskens I. 2005. The formation of buyer-supplier relationships：detailed contract drafting and close partner selection[J]. Journal of Marketing，69（4）：103-117.

Yen Y X，Hung S W. 2017. The influences of suppliers on buyer market competitiveness：an opportunism perspective[J]. Journal of Business & Industrial Marketing，32（1）：18-29.

第 7 章　消费者思维模式对渠道迁徙意愿的影响研究

7.1　研　究　背　景

随着移动互联网技术的发展和移动设备的普及，移动渠道逐渐渗透人们的生活，网购群体已经相当庞大。据中国互联网络信息中心（China Internet Network Information Center，CNNIC）发布的第 43 次《中国互联网络发展状况统计报告》，2008 年，中国网民数量仅为 2.98 亿人，到 2018 年，我国网民规模上升至 8.29 亿人；互联网普及率由 2008 年的 22.6%上升至 2018 年的 59.6%。同时，2018 年手机网民数量占比达到了 98.6%，移动渠道的渗透令网络购物行为更加便利。据 CNNIC 统计，2018 年进行过网络购物的中国网民规模已达 6.1 亿人，占网民总数量的 73.6%。毫无疑问，网络购物，尤其是手机端等移动网购的方式，使得消费者能够随时随地地浏览商品并进行下单；由于其便利性（Fritz et al.，2017），网络购物已发展成为除传统线下购物外的另一重要渠道。

消费者面临更多、更丰富的渠道选择，在不同渠道间的迁徙也更为便利（Chou et al.，2017）。迁徙一词原先是人口学中的概念，指人口从当前所在地短暂或永久地移动到另一目的地，后被引入消费者行为的研究。在微观视角下，可以将消费者单次购买的序贯行为分为搜索和购买两个阶段（Steinfield et al.，2002），在消费者某次购买过程中，其会在搜索阶段对想要购买的商品进行搜索比较，然后在购买阶段选择渠道完成购买行为。跨渠道迁徙是指搜索阶段选择某一渠道，而在购买阶段选择另一渠道的消费移动过程。具体而言，迁徙行为包括线上搜索线下购买行为（Chiu et al.，2011）和线下搜索线上购买行为。一方面，消费者可能从经济或便利的角度考虑，到店购买时会使用网络工具比价；另一方面，在线下试衣间试穿衣物后，到线上寻求低价格也是很多人的选择。

因此，将线上、线下渠道融合起来研究消费者决策行为的"全渠道"研究渐受关注（Emrich and Verhoef，2015；康海燕，2020）。线下渠道连同传统线上 PC 渠道和新兴的移动渠道一起，在营销活动的各个环节不断互动融合，使得营销环境逐渐呈现出"全渠道"的特征。在全渠道环境下，不同渠道之间的转换壁垒进一步降低，这使得消费者可以在其消费决策过程的各个不同阶段，选择不同的渠道以最大化自身的效用。换言之，全渠道环境赋予了消费者更多的渠道选择权力（Heitz-Spahn，2013）。

　　在此背景下，越来越多的消费者会依据自身需求，在其消费决策过程的不同阶段，利用不同的渠道和触点与企业沟通交流，其消费决策过程逐渐呈现出"跨渠道"（即渠道迁徙）的趋势。如果说，消费者的渠道迁徙是出于对消费者自身利益最大化的考量，那么这种消费方式对商家本身的品牌和经济效益造成了较大的影响：对于已经部署全渠道的商家而言，引导目标消费者在合适的渠道消费能达到降本增效的效果；对于尚未部署全渠道的商家而言，消费者在非自己渠道进行消费则意味着销量的流失。因此，如何正确引导消费者的这种消费方式也成为商家关注的重点。在此影响下，消费者渠道迁徙行为渐渐成为研究重点。

　　现有对渠道迁徙意愿的前因研究，主要聚焦在渠道特征与零售商活动、商品属性、消费者特点（Li et al.，2018；Pookulangara et al.，2011；Thomas and Sullivan，2005），但较少考虑消费者心理特征对渠道迁徙意愿的影响。少数心理特征的研究主要包括价值观、态度和目标，但这些心理特征的改变一般由渠道、商品、消费者等因素激发，进而影响消费者的渠道迁徙意愿，但是心理特征中诸如目标、思维模式等直接决定消费者渠道选择决策的因素却鲜少涉及。从心理特征-思维模式的视角出发，去研究洞悉消费者渠道迁徙的原因，对理解消费者决策行为、指导商业活动具有重大意义。

7.2　消费者思维模式和渠道迁徙意愿

　　通常，消费者做出消费决策都是基于利益最大化的原则去考虑——性价比最高、质量品质最高、最符合自己独特的口味等，因而如果没有条件限制的话，消费者一般倾向于穷尽搜索所有可能的选择，进而选择能令自己利益最大化的选择（Hastie and Dawes，2001）；但现实情况下，由于最优选择相当稀缺、最优选择无法获得等客观条件限制（Dai et al.，2008）和消费者时间精力有限的主观因素，消费者很难找到客观上利益最大化的选择，因而他们会倾向于选择一个自己能够接受的选择（Simon，1978），事实上，这是综合考虑了商品选择和时间精力耗费的"最大化"。因此，是否穷尽搜索或者说穷尽搜索到什么程度取决于消费者对商品选择和时间精力哪个更加看重（Ma and Roese，2014）。基于此，学界按照思维模式将消费者划分为最大化和满意型两类（Schwartz et al.，2002；韩小花等，2016）：最大化思维模式的消费者更重视结果而忽略时间和精力的投入，倾向于寻找最佳选择后进行决策，从而争取得到最优结果；满意型思维模式的消费者则在一定时间和精力限制下找寻满意的选择，倾向于设定一个能够接受的标准，如果遇到的选项达到标准即可进行决策，而不做多余的比较，从而获取能够令其满意的结果。

消费者决策领域的研究表明，追求最大化思维模式的消费者在消费决策中展现的两个核心特点是倾向比较策略和追求最好目标（Ma and Roese，2014）。一方面，相比满意型思维模式的个体，最大化思维模式的个体在处事过程中自始至终采取穷尽搜索替代选择的策略比较优劣（Levav et al.，2012），因而倾向于投递更多的职位并参加更多的面试（Iyengar et al.，2006），在社交关系中牵扯更多向上向下的比较（Liberman et al.，2009）；另一方面，最大化思维模式的个体有追求最好的、明确的目标，这从早期对最大化/满意型个体个人区别的研究中可见端倪，如"不管花费什么，我都会选择最好的""不管我做什么，我对自己都有最高的要求""不管我等候多久，我都将等待最好的选择"（Schwartz et al.，2002）。

渠道选择是消费者在消费阶段需要做出的决策之一，因而消费者的思维模式能够显著影响渠道选择这一决策。在搜索阶段，抱着追求最好目标的最大化思维模式的消费者将采取趋向比较的策略（Ma and Roese，2014），通过穷尽搜索以扩大自己的决策集，有更多的浏览行为，探索并考察更多的替代选择。需要注意的是，由于搜索阶段线上渠道和线下渠道是互补的关系——两种渠道提供的商品选择不尽相同，提供单个产品的属性也各有特色，线上渠道的商品信息较多地展示商品的搜索属性，而线下渠道的商品信息较多地展示商品的体验属性（Gupta et al.，2004），最大化思维模式的消费者不仅在某个渠道中搜索得更多，他们更有可能综合比较两个渠道和渠道上的商品信息；与之相对的是，满意型思维模式的消费者决策集就会相对较小，因为他们预先设定了一个满意型的标准，在遇到令自己满意的选项后，就直接做出决策，不再做多余的比较和选择（Ma and Roese，2014），因而他们更可能仅在一个渠道上完成信息搜索行为。作为一种思维模式，在商品的单次消费决策过程中，最大化/满意型思维模式同样会贯穿搜索阶段和购买阶段，持续影响消费者的决策。因此等到消费者做出选择后的购买阶段，最大化思维模式的消费者仍然会是最大化思维，以追求最好为目标，且其最大化程度很可能加深，因为在搜索阶段，该类消费者出于趋向比较的策略，其决策集经历了一个由小变大再变大的过程，如前所述，初始决策集相对小但逐渐增大的决策集序列能激发消费者的最大化思维模式，因而原先最大化思维模式的消费者追求更好的目标得到强化，更加趋向比较，其搜索深度变得更深（Diehl，2005；Meyer，1997），并将通过扩展渠道进一步扩大决策集；由于购买阶段线上渠道和线下渠道是替代关系——消费者选择了某一渠道进行消费，就不能选择其他渠道消费了，最大化思维模式的消费者更可能在消费购买的决策阶段选择替代渠道，即渠道迁徙的意愿更大。与之相比，在购买阶段满意型思维模式的消费者仍将是满意型的思维模式，虽然其从搜索阶段过渡到购买阶段的过程中也经历了一个决策集由小变大的过程，但满意型思维模式的消费者在搜索阶段考察的决策集相对有限，因而最大化思维模式被激发的可能性很小，由于现有渠道已经能够帮助他们达成购

买操作的需求，其更可能留在现渠道完成购买行为，即满意型思维模式的消费者
渠道迁徙的意愿相对较小。据此提出假设。

H7-1：消费者思维模式对渠道迁徙意愿产生影响。最大化思维模式的消费者，
相比于满意型思维模式的消费者，其渠道迁徙意愿更高。

7.3　可行性和心智锁定的作用

可行性（feasibility）是指为达成某项结果而付出的努力，可行性越高，个体
付出的金钱、时间、劳动越小，达成结果的难度也越小（Luan and Li，2017）。可
行性的概念常与价值（value）概念相比较，价值代表最终结果好坏，而可行性代
表实现这一结果所付出的努力。例如，在一场课程的期末考试中个体获得的分数
代表该课程的价值，而个体为达到高分数所必须付出的努力代表该课程的可行性
（Trope and Liberman，2010），个体在某次实验中为获得实验结果所必须付出的努
力代表该实验的可行性（Todorov et al.，2007）；个体在某次实验中获得的唱片个
数代表价值，而为获得这些唱片付出的努力代表可行性（Todorov et al.，2007）。
价值-可行性的概念来自著名的解释水平理论（construal level theory，CLT）（Trope
and Liberman，2010；Maglio and Trope，2012），该理论描述了心理距离和个体
对物体的感知抽象程度的关系（Trope and Liberman，2010）：个体考虑事物的
价值属于高解释水平，倾向于对物体有大概的认知，更重视事物最终的结果；
个体考虑事物的可行性属于低解释水平，倾向于对事物有具体的认知，更重视
事物到达结果的过程（Lu et al.，2013）。对于价值和可行性的侧重其实根植于
个体的认知过程和感知当中，研究表明，人们在默认情况下倾向于以一种低解
释水平和抽象的方式来做决定（Luan and Li，2017），即最大化思维模式的消费
者和满意型思维模式的消费者对价值同样重视，这很容易理解，因为个体都基
于利益最大化原则追求性价比最高、质量品质最高、最符合自己独特口味的商
品；但相对于最大化思维模式的消费者，满意型思维模式的消费者更重视可行
性，因为满意型思维模式的消费者会在时间、精力、预算等限制条件下选择一
个自己能够接受的选择。由此可见，效益最大化是人做决策时的基本目标，但
与最大化思维模式的消费者相比，满意型思维模式的消费者更关注效益最大化
的可行性（Luan and Li，2017），认为现实中绝对的最大化很难实现，并且决策
过程中消耗的资源是有限的（Schwartz et al.，2002），这也解释了为什么满意型
思维模式的消费者经常做出价值相对较低但付出努力相对较小的选择（Hassan
et al.，2019）。

心智锁定（cognitive lock-in）的概念来自技术领域，Arthur 在 1989 年提出"技
术锁定"（technological lock-in）这个概念来描述单一技术通过增加其他技术的成

本来获得市场优势的现象（Arthur，1989），并在 1999 年将这种技术锁定效应归因于技术创新的路径依赖（path dependency）。技术锁定效应具体表现为，如果使用者花费了可观的时间和精力用于学习和适应某项技术，随着使用者对这项技术掌握得更加娴熟和越来越多的使用者采用这项技术，对于现有使用者整体而言，放弃这项技术而采用新兴技术变得十分困难。由于技术锁定效应的存在，日常生活中网络技术的越发普及使其变得"不可或缺"（Hoffman et al.，2004）。更有趣的是，根据田野实验数据，那些商业网站的访问时间变短了，但购买率却得到了提升（Johnson et al.，2003）。Gal（2003）在研究信息成本结构随时间对消费者搜索和迁徙行为的动态影响时，引入了锁定效应，首次将其应用于消费者行为领域的研究：他认为信息成本结构包含初始获取信息成本和后续处理信息的成本（包括搜索和交易成本），引入"心智锁定"的概念，将其定义为消费者获取初始信息付出成本后，其搜索和迁徙的勉强（不愿意）程度。Gal 同时也指出，心智锁定程度受消费者最小化即将付出的成本的偏好程度和未来可能发生的转换成本的不确定性程度两个因素的影响。本章认为心智锁定是消费者在单次购物决策中结束搜索阶段后，付出额外时间与精力搜索和进行跨渠道研究的勉强程度。心智锁定程度越高，消费者越不愿意付出额外时间与精力搜索和进行跨渠道研究，因而渠道迁徙的意愿也就越低。心智锁定一般发生在消费者继续使用某一购买渠道以比较替代选择时（Murray and Häubl，2007），由于渠道本身的便利性和消费者的习惯性（Davis，1989），他们继续搜索的认知资源消耗降低，在这个渠道发生交易的认知成本也降低了，使得他们更愿意留在原渠道而不是迁徙到新渠道（Johnson et al.，2003）。心智锁定的概念有别于"渠道忠诚度"（channel loyalty），虽然二者描述的都是消费者执着于某一渠道进行消费的现象，但渠道忠诚度是渠道选择领域消费者行为的一个复杂课题，其前因包含了消费者满意度（Fournier and Yao，1997）、情绪反应（Jacob and Chestnut，1978）、习惯体现（Oliver，1999）等，而心智锁定则有所不同，它并不需要对渠道持有正面的态度，更信任渠道或者主观上认为渠道的功能性更好（Johnson et al.，2003），而主要是从感知经济性的视角去考虑（Cripps and Meyer，1994），衡量感知收益和感知成本，感知收益指的是消费者购买阶段可能找到更加便利、更具吸引力的渠道，感知成本是指消费者购买阶段可能付出的信息搜索和渠道迁徙带来的成本（Klemperer，1987），一般而言，迁徙成本的不确定性越大、消费者对付出时间精力成本偏好性越低，其对渠道迁徙的感知成本越大，因而心智锁定的程度越高。

我们认为，可行性是消费者思维模式影响渠道迁徙的调节变量，而心智锁定是其中介机制。在搜索阶段，线上渠道和线下渠道呈现互补的关系。对于最大化思维模式的消费者，他们愿意付出更多的时间和精力以获得最优的结果，更容易穷尽搜索，也更有可能在现有渠道基础上，借助其他渠道获得更多产品信息；

对于满意型思维模式的消费者，在搜索阶段考虑的决策集相对较小，倾向于仅在同一渠道完成信息搜索。到了购买阶段，现有渠道和其他渠道呈现替代的关系。①在可行性较低时，消费者为达到效益最大化而做出的消费决策所付出的时间和精力更多，难度也更大。对于最大化思维模式的消费者来说，他们只关心消费决策的价值属性，不重视可行性属性，尽管渠道迁徙的成本很高，但他们对最小化即将付出成本的偏好度较低，因而他们心智锁定的程度较低，进而在购买阶段发生渠道迁徙的意愿更高（Klemperer，1987；Shapiro and Varian，1998）；对于满意型思维模式的消费者来说，他们重视购买决策价值属性的同时，也重视可行性属性，他们最小化即将付出成本的偏好程度较高，考虑到需要花费巨大的时间和精力来完成渠道迁徙，他们更偏好即时效用，通过有限搜索，遇到满意型的选项就停止搜索完成购买，因而发生渠道迁徙的意愿相对较低。②在可行性较高时，消费者为达到效益最大化而做出的消费决策所付出的时间和精力更少，难度也更小，达到最优决策需要付出的努力更少。此时不管是最大化思维模式的消费者，还是满意型思维模式的消费者，不管他们对消费购买决策的可行性属性重视程度如何，渠道迁徙带来的成本客观上很低，所以价值性属性成为是否发生渠道迁徙的主要考量因素，因而发生渠道迁徙行为的可能性无差异。据此提出假设。

H7-2：可行性在消费者思维模式对渠道迁徙意愿的影响中起到调节作用。

H7-2a：当可行性较低时，最大化思维模式的消费者，相比于满意型思维模式的消费者，其渠道迁徙意愿更高。

H7-2b：当可行性较高时，最大化思维模式的消费者，相比于满意型思维模式的消费者，其渠道迁徙意愿无差异。

H7-3：心智锁定是可行性调节消费者思维模式对渠道迁徙意愿影响的中介变量。

最终理论框架如图 7-1 所示。

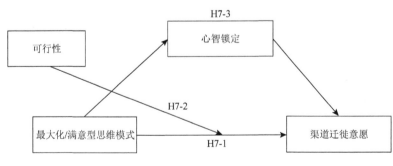

图 7-1　理论框架

7.4　研　究　结　果

实验一采用 2（消费者思维模式：最大化与满意型对比）组间对比实验设计来验证 H7-1。将被试随机分为最大化思维模式和满意型思维模式两组。研究采用了一家公司市场部对消费者所做的网络问卷调研，实验被试为全国各地的 116 名人员（女性 58 人，年龄均值 = 27.35，SD = 6.50）。实验一包括消费者思维模式操控预实验、消费者思维模式操控检验、渠道迁徙意愿测量、人口信息采集四个步骤。

结果分析：将渠道迁徙意愿作为因变量，消费者思维模式作为自变量，主效应显著 $[F(1, 114) = 4.08,\ p = 0.05,\ \eta_p^2 = 0.04]$。如图 7-2 所示，最大化思维模式被试的渠道迁徙意愿（$M = 5.37$，SD = 0.80）高于满意型思维模式被试（$M = 5.01$，SD = 1.08），H7-1 得到验证，即最大化/满意型思维模式对消费者渠道迁徙意愿存在主效应。相比满意型思维模式，最大化思维模式的消费者的渠道迁徙意愿更高。

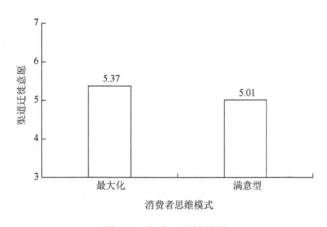

图 7-2　实验一分析结果

实验二采用 2（消费者思维模式：最大化与满意型对比）×2（可行性：高与低对比）组间对比实验设计来验证 H7-1 和 H7-2。将被试随机分为最大化思维模式和满意型模式两组。本实验将可行性作为调节变量，并进行组间对比，以验证可行性在消费者思维模式对渠道迁徙意愿的影响中的调节作用。研究采用的是通过一家公司市场部对消费者所做的网络问卷调研，实验被试为全国各地的 176 名人员（女性 91 人，年龄均值 = 27.76，SD = 6.54）。实验二包括消费者思维模式和可行性操控预实验、消费者思维模式和可行性操控检验、渠道迁徙意愿测量、人口信息采集四个步骤。

结果分析：将渠道迁徙意愿作为因变量，消费者思维模式作为自变量，可行性作为调节变量并作方差分析。结果显示，交互效应显著 $[F(1, 172) = 4.28$，$p = 0.04$，$\eta_p^2 = 0.02]$。分解交互效应，在低可行情境下，最大化思维模式被试的渠道迁徙意愿（$M = 5.28$，$SD = 0.73$）高于满意型思维模式被试（$M = 4.67$，$SD = 1.13$）$[F(1, 172) = 5.92$，$p = 0.02$，$\eta_p^2 = 0.03]$；在高可行情境下，最大化思维模式被试的渠道迁徙意愿（$M = 4.81$，$SD = 1.19$）与满意型思维模式被试（$M = 4.92$，$SD = 1.40$）$[F(1, 172) = 1.92$，$p = 0.66$，$\eta_p^2 = 0.01]$无差异，H7-2 得到验证。加入性别（$p = 0.76$）和年龄（$p = 0.37$），不改变交互效应显著性。实验结果如图 7-3 所示。

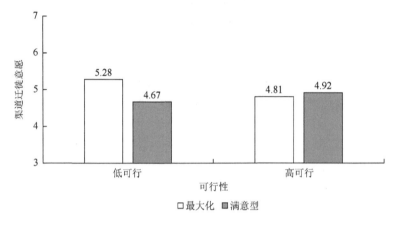

图 7-3　实验二分析结果

　　实验三采用 2（消费者思维模式：最大化与满意型对比）×2（可行性：高与低对比）组间对比实验设计来验证 H7-2。将被试随机分为最大化思维模式和满意型思维模式两组。本实验将可行性作为调节变量，并进行组间对比，以验证可行性在消费者思维模式对渠道迁徙意愿的影响中的调节作用。另外，实验三中对心智锁定进行测量，以验证心智锁定对可行性调节消费者思维模式对渠道迁徙意愿影响的中介作用，验证 H7-3。实验被试为上海某大学的 150 名学生（女性 103 人，年龄均值 = 19.91，SD = 1.78）。

　　实验三通过线上分发问卷的方法完成数据采集，具体操作方式为：实验人员在携带的移动设备（平板、手机等）上预先准备网址和二维码，被试可以选择其中的任何一种方式链接到实验问卷，进而完成问卷的回答工作。实验过程中，被试将被随机地分至实验 2（消费者思维模式：最大化与满意型对比）×2（可行性：高与低对比）的四组中，每个组都将接受构念思维模式不同水平的操控，接着被试会分组接受渠道迁徙意愿和心智锁定的测量。然后，被试会接受最大化/满意型思维模式和可行性的操控检验。最后，被试将填写主要内容为人口统计特征的调查问卷。

　　第一，实验三的载体是网上调查问卷，所以实验人员要准备好问卷链接，并在被试回答之前告知被试填写注意点；第二，为提高被试参与问卷填写的积极性，确保其认真程度，这次实验为有偿实验，每位参加实验的被试都会得到一份精美的礼品，因此实验人员还需进行礼品采购。本次实验的具体实施是组织实验人员携带已打印好的问卷二维码前往上海某高校自习室，在获得被试认可的前提下，督促被试回答网上问卷，在填写结束后赠送小礼品一件。

结果分析：将渠道迁徙意愿作为因变量，消费者思维模式作为自变量，可行性作为调节变量并进行方差分析。结果显示，交互效应显著 $[F(1, 146) = 7.11$，$p = 0.009$，$\eta_p^2 = 0.05]$。如图 7-4 所示，进一步分解交互效应，在低可行的情况下，最大化思维模式被试的渠道迁徙意愿（$M = 4.90$，SD $= 1.68$）高于满意型思维模式被试（$M = 4.04$，SD $= 1.33$）$[F(1, 146) = 6.70$，$p = 0.01$，$\eta_p^2 = 0.04]$；在高可行的情况下，最大化消费思维模式被试的渠道迁徙意愿（$M = 4.25$，SD $= 1.61$）与满意型思维模式被试（$M = 4.69$，SD $= 1.24$）$[F(1, 146) = 1.51$，$p = 0.22$，$\eta_p^2 = 0.01]$无差异。H7-2 得到验证。加入性别（$p = 0.44$）和年龄（$p = 0.23$），不改变交互效应显著性。

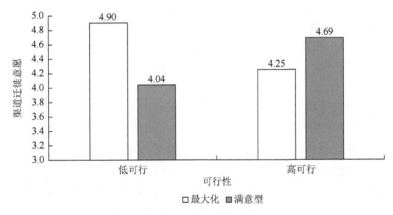

图 7-4　实验三分析结果

将渠道迁徙意愿作为因变量，消费者思维模式作为自变量，可行性作为调节变量并进行回归分析。本章根据 Preacher 等（2007）的模型 1 进行了调节分析，用 Bootstrap 抽样 10 000 次来进行回归，分析结果表明，在因变量模型中，消费者思维模式与信息独特性对渠道迁徙意愿的交互预测显著（$B = -0.32$，$t = -2.67$，$p = 0.009$），置信区间为[-0.56, -0.08]。进一步分解交互效应，在低可行的情况下，最大化思维模式被试的渠道迁徙意愿高于满意型思维模式被试（$B = 0.43$，$t = 2.59$，$p = 0.01$），置信区间为[0.101, 0.754]；在高可行的情况下，最大化思维模式被试的渠道迁徙意愿与满意型思维模式被试无差异（$B = -0.22$，$t = -1.23$，$p = 0.22$），置信区间为[-0.565, 0.132]。这同样验证了 H7-2。

心智锁定的中介效应：本章根据 Preacher 等（2007）的模型 8 进行了调节中介的分析，用 Bootstrap 抽样 10 000 次来进行回归。分析结果表明，在中介模型中，消费者思维模式（1＝满意型；2＝最大化）×可行性（1＝低可行；2＝高可行）预测了心智锁定（$B = -0.26$，$t = -2.37$，$p = 0.02$）；在因变量模型中，心智锁定预测了渠道迁徙意愿（$B = 0.50$，$t = 6.06$，$p < 0.001$），消费者思维模式×可行性对渠道迁徙意愿的预测不显著（$B = -0.19$，$t = -1.75$，$p = 0.08$）。在低可行条件下，心智锁定是调节效应的中介（间接影响的效应是 0.21，95%置信区间[0.06, 0.42]不包括 0）。在高可行条件下，心智锁定不是调节效应的中介（间接影响的效应是 -0.05，95%置信区间[-0.20, 0.10]包括 0）。进一步而言，高阶的调节影响的间接效应是显著的（效应是 0.31，95%置信区间[0.03, 0.73]不包括 0），这验证了 H7-3，即心智锁定的完全中介机理。

7.5　讨　　论

本章利用三个心理学实验进行验证。实验一通过 2（消费者思维模式：最大化与满意型对比）组间实验，研究消费者最大化/满意型思维模式对渠道迁徙意愿的影响，验证 H7-1：相比满意型思维模式的消费者，最大化思维模式的消费者进行渠道迁徙的意愿更强。实验二通过 2（消费者思维模式：最大化与满意型对比）×2（可行性：高与低对比）组间对比实验设计来验证 H7-1 的同时进一步验证了 H7-2：可行性在消费者思维模式对渠道迁徙意愿的影响中起到调节作用。当可行性较低时，最大化思维模式的消费者，相比于满意型思维模式的消费者，其渠道迁徙意愿更高；当可行性较高时，最大化思维模式的消费者，相比于满意型思维模式的消费者，其渠道迁徙意愿无差异。实验三在实验一和实验二的基础上，采用另一种方式操控最大化/满意型思维模式和可行性，采用 2（消费者思维模式：最大化与满意型对比）×2（可行性：高与低对比）组间对比实验设计，验证 H7-2 的同时进一步验证了 H7-3：心智锁定对可行性调节消费者思维模式对渠道迁徙意愿影响的中介效应，即在低可行性条件下，相比满意型思维模式，最大化思维模式心智锁定的程度更低，渠道迁徙意愿更高；在高可行性条件下，最大化和满意型思维模式的消费者心智锁定的程度无差异。

在管理实践层面，本章对商家如何利用消费者思维模式做好全渠道部署有一定的参考意义。对已经部署全渠道的商家而言，可以利用最大化和满意型思维模式的区别进行市场划分，也可根据思维模式引导消费者，从而最大化多渠道管理的协同效应。

首先，对于已经部署全渠道的商家而言，为最大化线上渠道和线下渠道的协同效应，可以利用消费者最大化和满意型思维模式进行市场划分，更有效地进行全渠道管理。目前，最大化和满意型思维模式的测量量表发展得较为成熟，商家可以利用现有研究成果通过分发问卷、市场调研、电话回访等方式了解目标消费者的固有思维方式，并据此进行市场划分。同时，最大化和满意型思维模式的消费者各自展现出一些特点，如最大化思维模式的消费者以追求最好为目标和倾向比较策略，在决策前倾向于穷尽搜索以扩充决策集、更重视消费决策的价值属性而倾向于忽略可行性属性，商家可以根据这些特点有针对性地进行营销。一些典型的应用包括：①最大化思维模式的消费者一般感知稀缺性会较强，商家可以通过限制数量、限制时间等饥饿营销活动来吸引这部分消费者；②商家在实行价格歧视策略时，由于最大化思维模式的消费者更不重视之前的购物体验，而更看重本次购物中诸如产品质量、价格等因素（Schwartz，2004），因而对价格因素更敏感，所以商家可以对最大化思维模式的消费者采取更积极的降价政策以促进销售，或者对满意型思维模式的消费者略微提价以提升客单价；③在低可行性的情况下，满意型思维模式的消费者更容易心智锁定，这种心智锁定不仅体现在渠道选择上，也同样会体现在对产品、品牌、商家的复购上，因而商家可以针对这类消费者采取更积极的产品推荐营销活动。

其次，全渠道商家可以利用最大化和满意型思维模式的可操控性引导消费者进行渠道选择，达到降本增效的全渠道管理效果。①商家在实行渠道转换策略时，如从线下渠道向线上渠道转换时，可以通过广告、促销语等方式对消费者进行短暂的操控，使他们处于高可行性的情形，这样无论是最大化还是满意型思维模式的消费者都会倾向渠道迁徙，可以最大限度地降低渠道转换对个体带来的诸如不满、沮丧、心理不适、低忠诚度等负面情绪。②商家在进行全渠道管理时，如果有线上线下多渠道的优势，可以通过填写问卷、赠送小样、广告等方式对消费者进行短暂的操控，即使用户不是最大化思维模式，也使他们在购买时是最大化思维模式，以激发用户浏览和广泛挑选的欲望，增加不同渠道的购买量，从而促进用户在多个渠道都有成单可能；如果商家有单个渠道迅速成单的需求，同样可以通过对消费者进行短暂的操控，使他们在购买时是满意型思维模式，由于满意型思维模式的消费者更容易心智锁定，这样更能达到顾客留存的目的。

对尚未部署全渠道的商家而言，本章提供了最大化多渠道协同效应的参考意见以吸引商家部署全渠道，商家也可利用最大化和满意型思维模式的操控方式引导消费者留在现有渠道。

首先，针对全渠道构成中究竟是掣肘效应还是协同效应起主导作用的研究问题，本章给出了提升协同效应的参考。掣肘效应的存在代表着新渠道销量的增加必然会抢夺部分原有传统线下渠道的订单（Deleersnyder et al.，2002），本章为增加协同效应提供了参考：按照最大化和满意型思维模式进行市场划分，能够进行更具有针对性的多渠道管理。而且随着渠道迁徙现象的普遍化，跨渠道购买的消费者的客户终生价值普遍更高。因此，更多单渠道或者传统线下渠道商家将愿意积极拥抱多渠道营销管理这一趋势。其次，尚未部署全渠道的商家可以通过操控消费者思维模式，引导他们到现有渠道进行消费。对于单渠道商家而言，他们可以通过传单、电话促销、广告等方式对消费者进行短暂操控，使他们用满意型思维方式进行思考，进而更容易被心智锁定，留在单渠道商家处持续进行消费。

政府可以利用最大化和满意型思维模式的操控进行舆论引导。从社会角度而言，最大化思维模式可能会对人造成一些负面效应。由于最大化思维模式的个体追求最好的目标和倾向比较策略，倾向于依赖外部信息，并不断进行社会比较，对社会比较结果更为敏感，因而可能遭受更多的遗憾、不满等负面情绪（Taylor，1997）；这类个体也更有可能不满足于现状，出于其感知稀缺性，在后续决策中可能表现出社会适应力不强等情况，也可能做出不道德行为，如谎报或瞒报自己的经济情况，少数极端个体甚至可能会出现自杀倾向、违法行为（Goldsmith et al.，2018）。基于这种情况，政府可以采取比较积极的态度来进行舆论引导。首先，政府可以在进行人口普查时加入对最大化和满意型思维模式的测量项，并针对少数最大化思维模式、行为不端的极端个体进行心理引导；其次，政府可以在公益广告、电视节目、官方宣传网站等渠道中对大众进行思维模式操控，引导个体以满意型的思维模式看待问题，疏解社会遗憾、不满等负面情绪，提升社会居民的幸福程度；最后，当遇到新冠疫情这种极端情况时，部分最大化思维模式的消费者仍可能在商场、菜场等人群密集场所滞留进行穷尽搜索，此时政府同样可以根据最大化和满意型思维模式进行更具针对性的引导。因而，政府可以参考本章的结论进行合理的舆论引导，提升社会幸福感。

<h1 style="text-align:center">参 考 文 献</h1>

韩小花，韩双，周维浪. 2016. 最大化-满意化决策风格对报童订货决策的影响[J]. 统计与决策，（3）：47-51.

康海燕. 2020. 全渠道零售文献综述[J]. 商业经济研究，（4）：24-27.

Arthur W B. 1989. Competing technologies, increasing returns, and lock-in by historical events[J]. The Economic Journal, 99: 116-131.

Arthur W B. 1994. Increasing Returns and Path Dependence in the Economy[M]. Michigan: University of Michigan Press.

Chiu H C, Hsieh Y C, Roan J, et al. 2011. The challenge for multichannel services: cross-channel free-riding behavior[J]. Electronic Commerce Research and Applications, 10 (2): 268-277.

Chou S F, Yu Y J, Pang A C. 2017. Mobile small cell deployment for service time maximization over next-generation cellular networks[J]. IEEE Transactions on Vehicular Technology, 66 (6):

　　5398-5408.

Cripps J D，Meyer R J. 1994. Heuristics and biases in timing the replacement of durable products[J].
　　Journal of Consumer Research，21：304-318.

Dai X C，Wertenbroch K，Brendl C M. 2008. The value heuristic in judgments of relative frequency[J].
　　Psychological Science，19（1）：18-19.

Davis F D. 1989. Perceived usefulness，perceived ease of use，and user acceptance of information
　　technology[J]. MIS Quarterly，13：319-339.

Deleersnyder B，Geyskens I，Gielens K，et al. 2002. How cannibalistic is the Internet channel? A
　　study of the newspaper industry in the United Kingdom and the Netherlands[J]. International
　　Journal of Research in Marketing，19：337-348.

Diehl K. 2005. When two rights make a wrong：searching too much in ordered environments[J].
　　Journal of Marketing Research，42（3）：313-322.

Emrich O，Verhoef P C. 2015. The impact of a homogenous versus a prototypical Web design on
　　online retail patronage for multichannel providers[J]. International Journal of Research in
　　Marketing，32（4）：363-374.

Fournier S，Yao J L. 1997. Reviving brand loyalty：a reconceptualization within the framework of
　　consumer brand relationships[J]. International Journal of Research in Marketing，14：451-472.

Fritz W，Sohn S，Seegebarth B. 2017. Broadening the perspective on mobile marketing：an
　　introduction[J]. Psychology & Marketing，34（2）：113-118.

Gal Z. 2003. The intertemporal dynamics of consumer lock-in[J]. Journal of Consumer Research，
　　30（3）：405-419.

Goldsmith K，Roux C，Ma J J. 2018. When seeking the best brings out the worst in consumers：
　　understanding the relationship between a maximizing mindset and immoral behavior[J]. Journal
　　of Consumer Psychology，28（2）：293-309.

Gupta A，Su B C，Walter Z. 2004. Risk profile and consumer shopping behavior in electronic and
　　traditional channels[J]. Decision Support Systems，38（3）：347-367.

Hassan L M，Shiu E，McGowan M. 2019. Relieving the regret for maximizers[J]. European Journal of
　　Marketing，54（2）：282-304.

Hastie R，Dawes R M. 2001. Rational Choice in an Uncertain World：The Psychology of Judgment
　　and Decision Making[M]. Thousand Oaks：Sage Publications.

Heitz-Spahn S. 2013. Cross-channel free-riding consumer behavior in a multichannel environment：an
　　investigation of shopping motives，sociodemographics and product categories[J]. Journal of
　　Retailing and Consumer Services，20（6）：570-578.

Hoffman D L，Novak T P，Venkatesh A. 2004. Has the Internet become indispensable？[J].
　　Communications of the ACM，47：37-42.

Iyengar S S，Wells R E，Schwartz B. 2006. Doing better but feeling worse：looking for the "best"
　　job undermines satisfaction[J]. Psychological Science，17（2）：143-150.

Jacob J，Chestnut R W. 1978. Brand Loyalty：Measurement and Management[M]. New York：Wiley.

Johnson E J, Bellmans, Lohes G L. 2003. Cognitive lock-in and the power law of practice[J]. Journal of Marketing, 67 (2): 62-75.

Klemperer P. 1987. Markets with consumer switching costs[J]. The Quarterly Journal of Economics, 102: 375-394.

Levav J, Reinholtz N, Lin C. 2012. The effect of ordering decisions by choice-set size on consumer search[J]. Journal of Consumer Research, 39 (3): 585-599.

Li Y L, Dhwaj K, Wong C H, et al. 2018. A novel fully synthesizable all-digital RF transmitter for IoT applications[J]. IEEE Transactions on Computer-Aided Design of Integrated Circuits and Systems, 37 (1): 146-158.

Liberman V, Boehm J K, Lyubomirsky S, et al. 2009. Happiness and memory: affective significance of endowment and contrast[J]. Emotion, 9 (5): 666-680.

Lu J Y, Xie X F, Xu J Z. 2013. Desirability or feasibility: self-other decision-making differences[J]. Personality & Social Psychology Bulletin, 39 (2): 144-155.

Luan M, Li H. 2017. Maximization paradox: result of believing in an objective best[J]. Personality & Social Psychology Bulletin, 43 (5): 652-661.

Ma J J, Roese N J. 2014. The maximizing mind-set[J]. Journal of Consumer Research, 41 (1): 71-92.

Maglio S J, Trope Y. 2012. Disembodiment: abstract construal attenuates the influence of contextual bodily state in judgment[J]. Journal of Experimental Psychology General, 141 (2): 211-216.

Meyer R J. 1997. The effect of set composition on stopping behavior in a finite search among assortments[J]. Marketing Letters, 8 (1): 131-143.

Murray K B, Häubl G. 2007. Explaining cognitive lock-in: the role of skill-based habits of use in consumer choice[J]. Journal of Consumer Research, 34 (1): 77-88.

Oliver R L. 1999. Whence consumer loyalty? [J]. Journal of Marketing, 63: 33-44.

Pookulangara S, Shephard A, Mestres J. 2011. University community's perception of sweatshops: a mixed method data collection[J]. International Journal of Consumer Studies, 35 (4): 476-483.

Preacher K J, Rucker D D, Hayes A F. 2007. Addressing moderated mediation hypotheses: theory, methods, and prescriptions[J]. Multivariate Behavioral Research, 42 (1): 185-227.

Schwartz B. 2004. The tyranny of choice[J]. Scientific American, 290 (4): 70-75.

Schwartz B, Ward A, Monterosso J, et al. 2002. Maximizing versus satisficing: happiness is a matter of choice[J]. Journal of Personality and Social Psychology, 83 (5): 1178-1197.

Shapiro C, Varian H R. 1998. Information Rules: A Strategic Guide to the Network Economy[M]. Harvard: Harvard Business School Press.

Simon H A. 1978. Rationality as process and as product of thought[J]. The American Economic Review, 68 (2): 1-16.

Steinfield C, Bouwman H, Adelaar T. 2002. The dynamics of click-and-mortar electronic commerce: opportunities and management strategies[J]. International Journal of Electronic Commerce, 7 (1): 93-119.

Taylor K. 1997. A regret theory approach to assessing consumer satisfaction[J]. Marketing Letters,

8（2）：229-238.

Thomas J S，Sullivan U Y. 2005. Managing marketing communications with multichannel customers[J]. Journal of Marketing，69（4）：239-251.

Todorov A，Goren A，Trope Y. 2007. Probability as a psychological distance：construal and preferences[J]. Journal of Experimental Social Psychology，43（3）：473-482.

Trope Y，Liberman N. 2010. Construal-level theory of psychological distance[J]. Psychological Review，117（2）：440-463.

第8章 目标精确性和产品知识精确性对消费者线上渠道选择的影响研究

8.1 研 究 背 景

随着电子商务规模的快速增长，在线电子商务已成为必不可少的商业市场（Lee and Chen，2011），并取代了传统的线下市场，成为消费者购物新的增长点（Chou et al.，2016）。2015 年，全球 B2C 电子商务销售额超过 2.9 万亿美元，中国以 6170 亿美元的总额成为全球最大的 B2C 电子商务市场（UNCTAD，2017）。2018 年，中国网络消费者人数达到 5.69 亿（CNNIC，2018）。越来越多的消费者选择线上渠道，如在线商店、社交媒体等进行购买活动。因此，了解哪些因素会影响消费者的线上渠道选择至关重要。

过去几十年的研究探究了消费者线上渠道选择的各种影响因素，如渠道属性（Gensler et al.，2017；Verhoef et al.，2007）、消费者特征（Chou et al.，2016；Lu et al.，2011）、产品类别（Heitz-Spahn，2013）和客户渠道体验（Chiu et al.，2011）。当前关于消费者线上渠道选择的影响因素研究取得了长足的进步，主要集中在消费者长期的线上渠道偏好方面。但是，对于消费者在特定购物环境中的即时购物目标如何影响他们的线上渠道选择却知之甚少。

以往关于目标-手段关联的研究表明，激活目标相关知识的直接目标会影响消费者的消费选择和偏好（Kopetz et al.，2012；Markman et al.，2007）。因此，特定的即时购物目标和目标相关知识可能会在消费者的线上渠道选择中发挥越来越重要的作用。为了推进这一研究方向的进展，我们尝试通过研究目标精确性和产品知识精确性的影响来研究消费者线上渠道选择的前因。

具体而言，本章借鉴目标-手段关联框架，通过回答以下研究问题，试图揭示消费者对特定目标-手段配置的反应：①当目标精确性和产品知识精确性平衡时，两者如何影响线上渠道选择？②当目标精确性和产品知识规格不平衡时，两者如何影响线上渠道选择？针对上述问题，我们收集了 221 个消费者的数据，并采用多项式回归分析法对概念模型进行了检验。所有假设均得到支持。

目前的研究在两个方面对消费者线上渠道选择研究的现有文献做出了贡献。首先，尽管之前的研究已经探讨了消费者特征、渠道属性和产品类别如何影响消费者的线上渠道选择（Gensler et al.，2017；Heitz-Spahn，2013；Lu et al.，2011），但本章并不局限于此。以往关于目标-手段关联的研究表明，激活目标相关知识的直接目标会影响消费者的消费选择和偏好（Kopetz et al.，2012；Markman et al.，2007）。因此，特定的即时购物目标和目标相关知识可能会在消费者的线上渠道选择中发挥越来越重要的作用。但从消费者的目标-手段关联角度研究消费者线上渠道选择的研究确实很少。据我们所知，本章是首个探讨目标精确性与产品知识精确性的结合与平衡如何影响消费者网购意向的研究。因此，本章丰富了关于线上渠道选择的相关文献（Chocarro et al.，2013；Melis et al.，2015；Park and Lee，2017）。

本章为目标-手段关联提供了新的见解。以往有关目标-手段关联的研究主要集中在消费者的消费偏好和选择上（Fishbach and Dhar，2005；Kopetz et al.，2012；Markman et al.，2007）。很少有研究采用目标-均值关联来解释消费者的线上渠道选择。本章通过考虑目标精确性和产品知识规格对消费者线上渠道选择的影响，对目标-手段关联进行了扩展。

8.2　目标-手段关联理论

目标-手段关联理论认为，目标激活需要激活实现目标的不同手段（Kopetz et al.，2012）。目标激活后，与目标相关的知识变得更容易获取，并可用于选择手段，包括各种行为、计划和物品（Markman et al.，2007）。这些手段有助于个体识别满足目标的机会。因此，个体将依赖于特定的目标-手段关联来追求其目标。通过选择在过去被证明有效的手段，这种独特的关联可以最大限度地实现目标（Kopetz et al.，2012）。

本章将重点研究消费者线上渠道选择的目标-手段关联。在网上购物中，消费者购物目标的专用性程度各不相同。专用性是指目标的精确度或具体性，随着目标的详细程度和精确度的增加而增加（Palomares，2013）。高专用性的购物目标表明消费者明确知道要购买什么产品，应该获取哪些信息（Tam and Ho，2006）。相反，低专用性的购物目标表明，消费者对购买什么产品、获取什么信息的了解是模糊或不明确的（Wallace and Etkin，2018）。此外，消费者的产品知识水平也不尽相同。产品知识精确性高意味着消费者对产品类别、属性和产品性能有广泛和普遍的了解（Mitchell and Dacin，1996）。产品知识精确性低的消费者对产品类别知之甚少（Cowley and Mitchell，2003）。根据目标-手段关联理论，如果消费者有特定的目标，那么在特定目标激活之后，与特定目标相关的产品类别或属性知识就会变得更容易获取，更容易用于在网上购买该产品以满足该目标。这种"目标-手段"关联使消费者选择网络购物渠道作为手段，从而最大限度地实现其目标。

因此，本章探讨目标精确性和产品知识精确性对消费者网络渠道态度和网络渠道使用意向的影响。

8.3　目标精确性和产品知识精确性的作用

目标和知识高度具体化的消费者更有可能对线上渠道持积极态度。有资料表明，线上渠道提供了更多的产品选择（Ma，2016）和大量的信息，包括产品属性和可用性、价格比较、整体价值主张以及不同来源的在线推荐（Cheema and Papatla，2010；Li，2017）。

根据目标与手段关联理论，消费者的购物目标被激活后，消费者会寻求与目标相关的知识，从而选择合适的渠道来实现其目标。高度明确的目标会缩小所需知识的范围（Markman et al.，2007），而目标的实现会带来与追求目标相关的知识（Kopetz et al.，2012）。有了高度明确的知识，消费者就能够轻松地处理和获取信息（Karimi et al.，2015）。因此，拥有高专用性知识的消费者能够处理网络渠道提供的丰富信息，并迅速决定购买何种产品。因此，我们提出如下假设。

H8-1：消费者对线上渠道的态度会随着目标精确性和产品知识精确性的同时增加而增加。

目标精确性较低而知识专用性较高的消费者不太可能对线上渠道持更积极的态度。从目标-手段关联的角度来看，消费者的购物目标可以激活相关知识（Kopetz et al.，2012）。然而，如果消费者的目标不那么具体，他们的目标也不那么精确，那么他们在网络渠道中搜索的对象范围就会更广（Wallace and Etkin，2018）。虽然具有高专用性知识的消费者有能力完成信息搜索任务（Karimi et al.，2015），但网上提供的更多产品选择可能会影响消费者的线上渠道选择。因为大量的选择增加了选择的难度，这会使消费者对线上渠道的态度变得不那么积极（Shin and Ariely，2004）。

目标精确性较高而知识专用性较低的消费者也不太可能对线上渠道持更积极的态度。目标高度明确的消费者知道要购买什么产品和收集什么信息（Tam and Ho，2006）。根据目标-手段关联理论，一旦目标被激活和采纳，与目标追求相关的知识也会被激活（Kopetz et al.，2012）。然而，特定知识较少的消费者对产品类别的了解普遍很少（Cowley and Mitchell，2003）。他们收集和吸收产品相关信息以评估产品选项的能力有限（Karimi et al.，2015）。因此，网络渠道中大量的内容存储和产品选项会导致信息过载，并降低他们对网络渠道的态度（Li，2017；Ma，2016）。我们提出如下假设。

H8-2：消费者对线上渠道的态度会随着目标精确性和产品知识精确性之间不平衡的增加而降低。

消费者对线上渠道的态度被定义为其对通过线上渠道进行购物的倾向程度。

根据再行动理论，个人的行为意向是由个人的态度决定的（Davis et al.，1989）。因此，我们预计对线上渠道持良好态度的消费者将更有可能通过线上渠道进行购买。总之，鉴于目标精确性和产品知识精确性对线上渠道态度的假设影响（H8-1和 H8-2），以及对线上渠道的态度是使用线上渠道意向的前因，我们认为消费者对线上渠道的态度将把目标精确性和产品知识精确性的影响传递给消费者使用线上渠道的意向。因此，我们提出如下假设。

H8-3：对线上渠道的态度在目标精确性和产品知识精确性与使用线上渠道的意向之间起中介作用。

8.4　研　究　结　果

8.4.1　数据收集和样本

我们通过 Qualtrics 在全国开展了一项在线调查来收集数据。有网购经验的受访者可以参与我们的调查。最终，我们获得了 221 份有效答卷。其中，男性 105人，女性 116 人。84.16%的受访者年龄在 21～40 岁。在教育程度方面，69.23%的受访者拥有学士及以上学位。

所有测量题项均改编自以往的研究，并采用利克特 7 级量表进行测量。目标精确性由 Tam 和 Ho（2006）的三个题项组成。三个题项改编自 Heilman 等（1997）与 Tam 和 Ho（2006）的研究，用于测量产品知识精确性。四个题项改编自 Taylor和 Todd（1995），用于测量对线上渠道的态度。另外三个题项改编自 Baker 等（1992）、Chiang 和 Dholakia（2003），用于测量使用线上渠道的意向。最后，采用单项题项来测量控制变量，包括性别、年龄、教育程度和个人收入。

为了评估变量的信度和效度，我们进行了验证性因子分析。结果表明，我们的模型与数据拟合良好（$\chi^2 = 117.56$，df = 59，CFI = 0.983，TLI = 0.978，RMSEA = 0.067，SRMR = 0.024）。如表 8-1 所示，Cronbach's α 和综合信度的得分均高于临界值 0.7，表明所有变量的信度良好（Fornell and Larcker，1981）。AVE值高于 0.5，表明有足够的收敛效度（Bagozzi and Yi，1988）。每个变量的 AVE值的平方根都大于其与其他变量的相关系数（表 8-2），这表明了变量具有良好的判别效度（Fornell and Larcker，1981）。

表 8-1　变量的信度和效度分析

测量题项	因子载荷
目标精确性：Cronbach's α = 0.949，CR = 0.950，AVE = 0.864	
1. 在购买产品之前，我知道我应该怎么访问	0.911

续表

测量题项	因子载荷
2. 在购买产品之前，我知道我的目标产品类别是什么	0.930
3. 在购买产品之前，我已经想好了应该寻找什么类别的产品	0.947
产品知识精确性：Cronbach's α = 0.954，CR = 0.954，AVE = 0.874	
1. 产品信息对我来说足够清晰	0.944
2. 我很清楚产品的性能（属性）	0.931
3. 我很清楚产品是什么	0.930
对线上渠道的态度：Cronbach's α = 0.976，CR = 0.977，AVE = 0.913	
1. 使用线上渠道是一个（坏/好）主意	0.948
2. 使用线上渠道是一个（愚蠢/明智的）想法	0.953
3. 我（不喜欢/喜欢）使用线上渠道	0.972
4. 使用线上渠道会（不愉快/令人愉快）	0.948
使用线上渠道的意向：Cronbach's α = 0.890，CR = 0.892，AVE = 0.734	
1. 我在网上购买该产品的可能性很高	0.904
2. 我愿意在网上购买该产品	0.877
3. 我愿意推荐我的朋友在网上购买该产品	0.785

表 8-2　相关系数、平均值和标准差

变量	1	2	3	4	5	6	7	8
1. 性别	NA							
2. 年龄	0.241**	NA						
3. 收入	0.024	0.241**	NA					
4. 教育程度	−0.047	0.011	0.582**	NA				
5. 目标精确性	−0.169*	−0.016	0.271**	0.406**	0.930			
6. 产品知识精确性	−0.079	0.067	0.221**	0.052	0.218**	0.935		
7. 对线上渠道的态度	−0.235**	−0.055	0.256**	0.390**	0.634**	0.361**	0.956	
8. 使用线上渠道的意向	−0.276**	−0.096	0.270**	0.313**	0.599**	0.451**	0.689**	0.857
平均值	0.480	31.180	4.570	2.850	4.983	5.383	5.442	4.989
SD	0.501	7.170	1.722	1.018	1.303	1.337	1.379	1.524

注：NA表示不适用

**表示 $p < 0.01$

此外，我们采用了 Lindell 和 Whitney（2001）推荐的方法来评估共同方法偏差。在我们的数据中，最低的变量间相关系数为 0.011。我们计算了一个新的相关矩阵，并对这一最低相关系数进行了调整。结果表明，以前的变量之间的显著相关性与调整后的变量间相关性在统计上没有显著差异。这表明在我们的研究中，共同方法偏差并不是一个严重的问题。

8.4.2　数据分析技术

（1）多项式回归法。我们采用多项式回归和响应面分析来检验我们提出的假设（Edwards and Parry，1993）。它允许研究人员探究两个前置变量的不同组合与因变量之间的关联程度，并为详细分析两个预测变量的不同组合的性质提供了一个视角。具体而言，在本章中采用多项式回归方法可以考虑目标精确性与产品知识精确性之间的相互作用，同时考虑直接和间接的非线性影响。本章采用的多项式回归模型为

$$Y = \beta_0 + \beta_1 X + \beta_2 Z + \beta_3 X^2 + \beta_4 XZ + \beta_5 Z^2 + e$$

其中，Y 表示对线上渠道的态度；X 表示目标精确性；Z 表示产品知识精确性；e 表示残差。为了减少潜在的多重共线性，我们在计算二阶项之前，先将 X 和 Z 放入模型中，然后再重新计算。

目标精确性和产品知识精确性与线上渠道态度假设（H8-1）提出，随着目标精确性和产品知识精确性的同时增加，对线上渠道的态度也会变得更加积极。这一假设可以通过检验 $\beta_1 + \beta_2$ 来验证，β_1 应为正且显著，而 $\beta_3 + \beta_4 + \beta_5$ 的估计值应为不显著。

目标精确性和产品知识精确性不平衡与线上渠道态度假说（H8-2）认为，目标精确性和产品知识精确性之间的不平衡会对消费者的线上渠道态度产生负面影响。这一假设可以通过确定 $\beta_3 - \beta_4 + \beta_5$ 的估计值为负且显著来验证。

（2）块变量法。线上渠道态度中介假设（H8-3）提出，对线上渠道的态度会中介目标精确性和产品知识精确性对使用线上渠道的意向的影响。为了检验这一假设，我们使用了 Edwards 和 Cable（2009）推荐的块变量法。具体来说，为了创建一个代表五个多项式项（X、Z、X^2、XZ、Z^2）共同影响的单一系数，我们将通过估计的多项式回归系数与原始数据相乘，将五个项合并为一个块变量。然后，我们将对线上渠道的态度与该组变量进行回归，得到该组变量的系数，用于计算间接影响。目标精确性与产品知识精确性之间的交互作用通过网络渠道的态度对网络渠道使用意向的间接影响，可以计算为在控制回归中的五个多项式和控制变量的影响时块变量对网络渠道态度的系数与通过网络渠道态度预测网络渠道使用

意向的系数的乘积。之后，我们通过自抽样 10 000 个样本并使用偏差矫正的置信区间来检验这个间接效应的显著性。

8.4.3　研究结果

如表 8-3 所示，模型 1 的结果表明，$\beta_1 + \beta_2$ 的系数为正且显著（$\beta_1 + \beta_2 = 0.486$，$p < 0.001$），但 $\beta_3 + \beta_4 + \beta_5$ 的系数不显著（$\beta_3 + \beta_4 + \beta_5 = 0.090$，$p > 0.05$）。这表明目标精确性、产品知识精确性与线上渠道关系假设（H8-1）得到了验证。$\beta_3 - \beta_4 + \beta_5$ 的系数为负且显著（$\beta_3 - \beta_4 + \beta_5 = -0.416$，$p < 0.001$），因此目标精确性、产品知识精确性不平衡与线上渠道关系的假设（H8-2）得到了验证。

表 8-3　多项式回归结果

变量	对线上渠道的态度	使用线上渠道的意向	
	模型 1	模型 2	模型 3
常数	4.509***	4.353***	2.578***
性别	−0.064	−0.404**	−0.378**
年龄	−0.002	−0.010	−0.009
收入	0.042	0.101	0.084
教育	0.127	0.009	−0.041
β_1（目标精确性）	0.355***	0.565***	0.426***
β_2（产品知识精确性）	0.131*	0.266***	0.215***
β_3（目标精确性^2）	−0.091***	−0.176***	−0.140***
β_4（目标精确性×产品知识精确性）	0.253***	0.108***	0.008
β_5（产品知识精确性^2）	−0.072**	−0.001	0.028
对线上渠道的态度			0.394***
$\beta_1 + \beta_2$	0.486***	0.831***	0.641***
$\beta_3 + \beta_4 + \beta_5$	0.090	−0.069	−0.104
$\beta_1 - \beta_2$	0.224**	0.299**	0.211*
$\beta_3 - \beta_4 + \beta_5$	−0.416***	−0.285***	−0.120*
R^2	0.652	0.580	0.624

*表示 $p < 0.05$，**表示 $p < 0.01$，***表示 $p < 0.001$

为了检验线上渠道态度的中介作用，我们计算了中介效应检验的 α 和 β 系数（表 8-4）。在表 8-3 的模型 1 中，我们使用了五个多项式来预测消费者对线上渠道的态度。根据估计的多项式回归系数，我们得到了一个块变量，并计算了它对线上渠道态度的影响系数。然后，我们再考虑了分块变量和控制变量后计算了线上渠道态度对线上渠道使用意向的回归系数。表 8-4 列出了多项式块变量与线上渠道态度之间的标准化回归系数。结果表明，目标精确性与产品知识精确性之间的交互作用对线上渠道使用意向的间接影响为 0.266，偏差校正后的 95%置信区间为 [0.158, 0.391]，并不包括 0，这支持了线上渠道态度中介作用的假设（H8-3）。

表 8-4　中介效应的检验结果

变量	对线上渠道的态度	使用线上渠道的意向
块变量的影响系数（α）	0.747***	0.452***
控制块变量后的线上渠道态度的影响系数（β）		0.356***
间接影响（$\alpha \times \beta$）		0.266
自抽样 95%的偏差校正后的置信区间		[0.158, 0.391]

***表示 $p < 0.001$

8.5　讨　　论

本章探讨了目标精确性和产品知识精确性对消费者线上渠道选择的交互作用。借鉴目标-手段关联理论，我们发现消费者对线上渠道的态度会随着目标精确性和产品知识精确性的同时增加而增加。当目标精确性和产品知识精确性之间在任一方向产生不平衡时，消费者对线上渠道的态度就会下降。此外，消费者对线上渠道的态度在目标精确性和产品知识精确性与线上渠道使用意向之间起中介作用。

本章具有多个理论贡献。首先，本章通过系统研究目标精确性和产品知识精确性之间的平衡（不平衡）如何影响消费者的即时线上渠道选择，为有关消费者线上渠道选择驱动因素的研究做出了贡献。以往研究已经发现消费者特征、渠道属性、产品类别变量和消费者渠道经验等有助于解释消费者的渠道选择（Chiu et al.，2011；Chou et al.，2016；Gensler et al.，2017；Heitz-Spahn，2013；Lu et al.，2011；Verhoef et al.，2007）。这些研究大多强调影响消费者线上渠道选择的前因，从而解释消费者的长期渠道偏好。但很少有人探讨在特定购物环境中，是什么因素影响了消费者的即时线上渠道选择。本章通过考虑购物目标的专用性和产品知识的专用性之间的相互作用，从理论和方法上拓展了我们对消费者在特定购物情境中进行线上渠道选择的前因的理解，有助于丰富这些研究。

其次，本章还丰富了目标-手段关联相关研究。在目标-手段关联研究中，迄今为止主要关注的是消费者的消费偏好和选择，很少有人考虑目标-手段组合如何影响消费者的线上渠道选择。我们的研究结果扩展了之前的研究，采用目标-手段关联视角来研究消费者的线上渠道选择，而不是消费选择和偏好。本章将目标精确性和产品知识精确性及其对消费者线上渠道选择的影响结合起来，这一重要探索为消费者的线上渠道选择提供了一个新的视角，消费者的线上渠道选择可能因目标精确性和产品知识精确性之间的平衡（或不平衡）而发生改变。

　　本章的结论还具有重要的管理和实践意义。具体来说，本章表明，消费者线上渠道选择可能会因目标精确性和产品知识精确性之间的平衡程度而变化。从事网络营销的营销人员在确定消费者的目标精确性和产品知识精确性之间的平衡时应谨慎，因为不平衡可能会降低消费者的网络购物意向。因此，营销人员可以利用这两个指标来判断消费者使用线上渠道的可能性。为了洞察消费者的目标精确性，营销人员可以从消费者购物篮中是否存在相关产品来衡量消费者的目标精确性。为了洞察消费者的产品知识精确性，营销人员可以从产品描述中或与客户服务的产品问题中搜索词的准确性来衡量消费者的产品知识精确性。

　　如果营销人员想要提高消费者的线上渠道意向，他们可以同时考虑目标精确性和产品知识精确性之间的不平衡。营销人员应该通过促进消费者将所选产品放入购物篮来提高目标精确性，或者通过在社交媒体渠道设计高质量的产品使用照片、演示视频、推荐或功能说明来提高产品知识精确性。此外，正如之前的文献所指出的，网络渠道提供了更多的产品信息和冗余信息（Ma，2016），营销人员应挖掘产品的独特卖点，从而帮助消费者增加对产品具体知识的了解。为了获得有价值的客户洞察，营销人员需要搜集原有的一揽子数据来预测消费者线上渠道选择，并寻求目标精确性和产品知识精确性之间的平衡，以增加消费者的线上渠道选择。

参 考 文 献

Bagozzi R P，Yi Y. 1988. On the evaluation of structural equation models[J]. Journal of the Academy of Marketing Science，16（1）：74-94.

Baker J，Levy M，Grewal D. 1992. An experimental approach to making retail store environmental decisions[J]. Journal of Retailing，68（4）：445-460.

Biggs C，Chande A，Matthews E，et al. 2017. What China reveals about the future of shopping[R]. The Boston Consulting Group.

Cheema A，Papatla P. 2010. Relative importance of online versus offline information for internet purchases：product category and internet experience effects[J]. Journal of Business Research，63（9/10）：979-985.

Chiang K P，Dholakia R R. 2003. Factors driving consumer intention to shop online：an empirical investigation[J]. Journal of Consumer Psychology，13（1/2）：177-183.

Chiu H C，Hsieh Y C，Roan J，et al. 2011. The challenge for multichannel services：cross-channel free-riding behavior[J]. Electronic Commerce Research and Applications，10（2）：268-277.

Chocarro R，Cortiñas M，Villanueva M L. 2013. Situational variables in online versus offline channel choice[J]. Electronic Commerce Research and Applications，12（5）：347-361.

Chou S Y，Shen G C，Chiu H C，et al. 2016. Multichannel service providers' strategy：understanding customers' switching and free-riding behavior[J]. Journal of Business Research，69（6）：2226-2232.

CNNIC. 2018. Statistical report on internet development in China[EB/OL]. https://www.cnnic.com.cn/ IDR/Report Downloads/201911/P020191112538212107066.pdf[2024-05-01].

Cowley E，Mitchell A A. 2003. The moderating effect of product knowledge on the learning and organization of product information[J]. Journal of Consumer Research，30（3）：443-454.

Davis F D，Bagozzi R P，Warshaw P R. 1989. User acceptance of computer technology：a comparison of two theoretical models[J]. Management Science，35（8）：982-1003.

Edwards J R，Cable D M. 2009. The value of value congruence[J]. Journal of Applied Psychology，94（3）：654-677.

Edwards J R，Parry M E. 1993. On the use of polynomial regression equations as an alternative to difference scores in organizational research[J]. Academy of Management Journal，36（6）：1577-1613.

Fishbach A，Dhar R. 2005. Goals as excuses or guides：the liberating effect of perceived goal progress on choice[J]. Journal of Consumer Research，32（3）：370-377.

Fornell C，Larcker D F. 1981. Evaluating structural equation models with unobservable variables and measurement error[J]. Journal of Marketing Research，18（1）：39-50.

Gensler S，Neslin S A，Verhoef P C. 2017. The showrooming phenomenon：it's more than just about price[J]. Journal of Interactive Marketing，38：29-43.

Heilman M E，Block C J，Stathatos P. 1997. The affirmative action stigma of incompetence：effects of performance information ambiguity[J]. Academy of Management Journal，40（3）：603-625.

Heitz-Spahn S. 2013. Cross-channel free-riding consumer behavior in a multichannel environment：an investigation of shopping motives，sociodemographics and product categories[J]. Journal of Retailing and Consumer Services，20（6）：570-578.

Karimi S，Papamichail K N，Holland C P. 2015. The effect of prior knowledge and decision-making style on the online purchase decision-making process：a typology of consumer shopping behaviour[J]. Decision Support Systems，77：137-147.

Kopetz C E，Kruglanski A W，Arens Z G，et al. 2012. The dynamics of consumer behavior：a goal systemic perspective[J]. Journal of Consumer Psychology，22（2）：208-223.

Lee Y，Chen A N K. 2011. Usability design and psychological ownership of a virtual world[J]. Journal of Management Information Systems，28（3）：269-308.

Li C Y. 2017. Why do online consumers experience information overload? An extension of communication theory[J]. Journal of Information Science，43（6）：835-851.

Lindell M K，Whitney D J. 2001. Accounting for common method variance in cross-sectional research designs[J]. The Journal of Applied Psychology，86（1）：114-121.

Lu Y B，Cao Y Z，Wang B，et al. 2011. A study on factors that affect users' behavioral intention to transfer usage from the offline to the online channel[J]. Computers in Human Behavior，27（1）：355-364.

Ma J Z. 2016. Does greater online assortment pay? An empirical study using matched online and catalog shoppers[J]. Journal of Retailing，92（3）：373-382.

Markman A B，Bendl C M，Kim K. 2007. Preference and the specificity of goals[J]. Emotion，7（3）：680-684.

Melis K，Campo K，Breugelmans E，et al. 2015. The impact of the multi-channel retail mix on online store choice：does online experience matter? [J]. Journal of Retailing，91（2）：272-288.

Mitchell A A，Dacin P A. 1996. The assessment of alternative measures of consumer expertise[J]. Journal of Consumer Research，23（3）：219-239.

Palomares N A. 2013. When and how goals are contagious in social interaction[J]. Human Communication Research，39（1）：74-100.

Park S，Lee D. 2017. An empirical study on consumer online shopping channel choice behavior in omni-channel environment[J]. Telematics and Informatics，34（8）：1398-1407.

Shin J，Ariely D. 2004. Keeping doors open：the effect of unavailability on incentives to keep options viable[J]. Management Science，50（5）：575-586.

Tam K Y，Ho S Y. 2006. Understanding the impact of web personalization on user information processing and decision outcomes[J]. MIS Quarterly，30（4）：865-890.

Taylor S，Todd P A. 1995. Understanding information technology usage：a test of competing models[J]. Information Systems Research，6（2）：144-176.

UNCTAD. 2017. Intergovernmental group of experts on E-commerce and the digital economy，first session[EB/OL]. https://unctad.org/meeting/intergovernmental-group-experts-e-commerce-and-digital-economy-first-session[2024-05-01].

Verhoef P C，Neslin S A，Vroomen B. 2007. Multichannel customer management：understanding the research-shopper phenomenon[J]. International Journal of Research in Marketing，24（2）：129-148.

Wallace S G，Etkin J. 2018. How goal specificity shapes motivation：a reference points perspective[J]. Journal of Consumer Research，44（5）：1033-1051.

第 9 章　消费者数据隐私敏感性对渠道迁徙意愿的影响研究

9.1　研　究　背　景

消费者渠道迁徙行为指的是消费者从线上（线下）渠道向线下（线上）渠道的转移过程，也包括信息搜索和购买渠道之间的迁徙（涂红伟和周星，2011）。消费者根据自身在不同决策阶段的需求，自如地穿梭于渠道之间，如有的消费者使用线上渠道进行信息搜索，但在线下渠道进行购买，或者在线下渠道进行体验后，转向线上渠道进行购买。在这一过程中，消费者极易流失，且消费者从线上渠道搜索转移到线下渠道购买的过程中，往往倾向于更换零售商，产生搭便车行为，导致原线上零售商的盈利受损（Heitz-Spahn，2013）。Flavián 等（2016）提出，从线上渠道搜索后转移到线下购买，是最受消费者欢迎的渠道迁徙行为。由此，探索消费者从线上渠道搜索转线下购买这一渠道迁徙行为的影响因素及其影响机理，对于引导消费者渠道迁徙行为具有重要意义（Verhoef et al.，2007）。

目前，关于信息搜索渠道和购买渠道之间迁徙意愿影响因素的研究较少，大部分学者仅针对搜索渠道或者购买渠道进行研究，如 Ratchford 等（2003）重点研究了影响消费者线上渠道搜索决策的决定性因素。也有一部分学者考虑到搜索和购买两阶段的渠道迁徙行为，如 Balasubramanian 等（2005）研究了消费者目标、自我肯定、购物努力和消费者角色对渠道迁徙的影响。Verhoef 等（2007）研究了渠道属性、渠道锁定和渠道整合对渠道迁徙的影响。Heitz-spahn（2013）认为，渠道的便利性、灵活性、可比较性会影响消费者的渠道搭便车行为。Chou 等（2016）指出渠道吸引力对这种渠道迁徙行为具备影响。但是，在企业和商家频繁获取和使用消费者数据的大数据时代背景下，对一些关键变量的研究还比较少，如对消费者心理特征变量——消费者数据隐私敏感性的影响研究尚未成熟。

为了掌握消费者渠道迁徙规律，增强消费者在既定渠道进行消费的渠道黏性，或者引导消费者从其他渠道迁徙到企业自身的渠道，企业对消费者数据进行了大量搜集和分析，认为收集和使用消费者数据能帮助改善营销回报率（Schumann et al.，2014）。比如，当下热门的个性化推荐技术，就是商家利用消费者过往的消费历史记录和偏好、消费者决策前的浏览和点击行为、消费者购买后的评分、消费者个人相关人口统计信息等，通过一定的算法和模型，对消费者的行为和喜好进行预测，再在首页或搜索页面为不同消费者提供不同类型的产品推荐和形成个性化的推荐排序（孙鲁平等，2016）。一方面，企业有效利用消费者数据，可以帮助自身获取更多利益，也可以提升消费者的购物体验；但另一方面，平台个性化营销者应当对用户隐私披露/不披露行为的组态效应予以足够重视（王烨娣等，2021），因为消费者会感知到自身数据隐私被侵犯。消费者数据隐私敏感性指的是消费者对其个人数据被他人或组织以各种方式使用（如数据泄露或身份盗用）可能造成的伤害的感知（Martin et al.，2017）。同时，消费者的数据隐私敏感性具有差异，数据隐私敏感性高的消费者在线上购物时，感知到自己的隐私信息被不恰当地利用，担心隐私泄露问题，感知线上渠道购买的风险增加，不愿意在线上渠道进一步暴露更多信息，在购买阶段迁徙到隐私暴露少的线下渠道进行购买。当然，这种影响也不一定一直存在，从成本-收益角度来看，当消费者认为"牺牲"数据隐私换来的线上渠道产品效益达到一定程度，继续在线上完成购买过程更加有利时，向线下渠道迁徙的意愿有可能降低。

基于此，本章拟从过往研究较少涉及的消费者心理特征——数据隐私敏感性出发，探究其对消费者线上搜索转线下购买的渠道迁徙意愿的影响；挖掘数据隐私敏感性对渠道迁徙意愿影响的中介机理，即感知风险的中介作用；挖掘消费者数据隐私敏感性对渠道迁徙意愿影响的边界条件，即感知线上渠道产品效益对这种关系的调节作用；进一步地，检验感知线上渠道产品效益调节感知风险在数据隐私敏感性和线上搜索转线下购买意愿之间的中介效应。本章采用问卷调查的研究方法，力求丰富渠道迁徙的研究内容，为企业更好地整合和利用多渠道进行营销，避免消费者出现搭便车的渠道迁徙行为提供指导建议。

9.2 数据隐私敏感性和线上搜索转线下购买意愿

关于隐私的定义和研究，最早出现在 1890 年，隐私被 Warren 和 Brandeis（1890）定义为保持个人独处的权利，随后也有不少学者分别从不同的角度出发，但因研究目的和角度不同，并未形成统一的认知。在电子商务中，网络隐私的直接表现形式都是个人信息（或数据）（Laudon，1996）。近年来，关于消费者数据隐私保护的需求越来越迫切，各国也出台相应法律扩大对消费者的保护。例如，美国加利福尼亚州在 2018 年通过了加利福尼亚州消费者隐私法案，将消费者数据隐私定义为"直接或间接地识别、涉及、描述、能够被关联至或者可合理地联系到特定消费者或家庭的信息"，不仅包括法律监管的个人信息如社保号，也包括 IP、采购记录、搜索记录等。

即便同处于个人信息被企业广泛获取、分析和应用的大数据时代，消费者的数据隐私敏感性却因人而异，从而可能产生不同的渠道迁徙行为。之前已有学者提出，如果零售商发布数据泄露的通告，对隐私更加关注的消费者会担心自己的数据遭到侵害，之后会发生渠道选择方面和产品或服务消费量方面的改变（Janakiraman et al.，2018）。从行为反应上来看，消费者对数据隐私的敏感性或者关注性，直接导致的行为就是信息披露意愿降低（Bansal et al.，2010）以及发生隐私保护行为（Lwin et al.，2016）。数据隐私敏感性越高的消费者，在信息的成本较低且方便快捷的线上渠道搜索了产品信息之后（Chou et al.，2016），担心自己的线上购买行为数据会被电商平台和线上商家获取和利用，导致数据遭到泄露和侵害，从而对自己造成伤害（Martin et al.，2017），就越可能在购买阶段迁徙到线下渠道。由此，提出以下假设。

H9-1：消费者数据隐私敏感性正向影响线上搜索转线下购买意愿。即消费者数据隐私敏感性越高，线上搜索转线下购买意愿越强。

9.3　感知风险和感知线上渠道产品效益的作用

线上购买感知风险指消费者感知到的在线上渠道购买产品或服务可能产生的潜在消极结果的不确定性（Park and Jun，2003）。前人提出了不同的线上购买感知风险的分类方式，如 Arshad 等（2015）提出，线上购买感知风险可分为财务风险感知、安全风险感知、时间和便利风险感知及心理风险感知四种。Pappas（2016）提出，线上购买感知风险分为感知到的产品风险和感知到的安全风险。由于线上购买的风险主要源于无法直接接触或测试产品以及支付安全，因此，本章中的线上购买感知风险分为感知到的产品风险和安全风险。此外，Singh 和 Jang（2020）认为，由于消费者在决定在何种渠道上购买产品或服务时，会综合各渠道的收益和成本进行权衡，当消费者决定是否在线上渠道购买产品或服务时，不仅会考虑线上渠道给自身带来选择多样性、搜索即时性和购买便利性等利益，还会考虑在线上渠道购买可能带来的成本。线上购买感知风险作为线上渠道购买成本的重要构成之一，一直备受研究者关注。

电商平台和线上商家为了提高营销效益而大量收集和使用消费者的数据，这使得数据隐私敏感性不同的消费者的线上购买感知风险不同（Balasubramanian et al.，2005）。比如，泄露消费者隐私的定向广告会使得对数据隐私泄露敏感的消费者增加对其隐私安全的担忧，广告的有效性也会降低（蒋玉石等，2015）。这是因为从认知反应来看，数据隐私敏感性水平提高，会提升消费者的风险信念（Miltgen et al.，2016）。随着消费者的数据隐私敏感性的增加，消费者会认为，电商平台和线上商家以各种方式使用自己的个人数据，会给自身带来更大的伤害，从而感知到在线上购买会给自己带来更大的风险。由此，提出以下假设。

H9-2a：消费者数据隐私敏感性正向影响感知风险。

感知风险对线上购物的消费者具有至关重要的影响（Arora and Sahney，2017），线上购买风险感知是影响消费者是否在线上渠道购买的关键因素（Jing，2018）。前人研究发现，消费者在线上渠道购买的可能性，会随着其感知到的线上产品风险的增加而降低（Jiang et al.，2008），消费者在线上渠道是从他们认为提供的产品和服务的质量风险较低的可信任的商家处购买产品或服务（Gandy，1993）。也有学者直接指出，消费者对线上购买的感知风险会影响渠道迁徙行为（蒋玉石等，2015），在线环境下的感知风险显著影响离线购买意愿，进而显著影响离线购买行为，商家需要针对不同风险感知水平的消费者制定渠道策略（王国才等，2010）。总之，当消费者感知到的在线上购买的风险较高时，消费者会倾向于仅在线上渠道搜索产品信息，转向可以感知到产品质量、没有个人数据泄露及被利用的隐私与安全风险的线下购买。由此，提出以下假设。

H9-2b：感知风险正向影响线上搜索转线下购买意愿。

近年来，已有研究对"数据隐私-渠道迁徙"的逻辑进行了初步研究，但是感知风险的中介作用尚未得到充分论述和验证。本章基于前人相关研究结果提出：随着消费者的数据隐私敏感性的增加，消费者在信息的搜索成本较低且方便快捷的线上渠道搜索了产品信息后，认为电商平台和线上商家以各种方式使用自己的个人数据可能会给自身带来更大的伤害，从而感知到在线上购买会给自己带来更大的风险，接着会转到线下进行购买。由此，提出以下假设。

H9-2c：感知风险在消费者数据隐私敏感性和线上搜索转线下购买意愿的关系中起中介作用。即消费者数据隐私敏感性越高，感知风险越高，线上搜索转线下购买意愿就越强。

感知线上渠道产品效益指消费者在线上渠道所感知到的产品的质量、数量和可获取性，与产品的搜索和购买效益有关（Park and Jun，2003）。如果消费者在线上渠道感知到的产品效益高，如消费者可以准确、快速地搜索和购买到自己想要的产品，则消费者对于渠道的评价会有所提升，也更可能在线上进行购买（Baker et al.，2002）。有学者指出，这些利益会促使消费者在个性化和隐私关注之间进行权衡。由此可见，感知线上渠道产品效益会使得数据隐私敏感性对渠道迁徙的影响发生变化。其实在电子商务发展初期，一项早年的研究就表明，一大部分消费者都意识到，如果他们想要参与电子商务，那么放弃一部分的个人隐私是必要的。这是因为电子商务提供的便利性和价值，在一定程度上帮助他们克服了对隐私安全的担忧。只有一小部分消费者认为，商家或平台的任何信息请求都会侵犯他们的隐私；在特定情况下，大部分消费者都愿意提供一定数量的隐私请求（Singh and Jang，2022）。本章推测：当消费者的感知线上渠道产品效益高时，消费者数据隐私敏感性所带来的渠道迁徙偏好可能会减弱，消费者转向线下购买的意愿会降低，更有可能继续在线上渠道完成购买。由此，提出以下假设。

H9-3：消费者数据隐私敏感性与其线上搜索转线下购买意愿的关系，受到感知线上渠道产品效益的负向调节作用。

根据以上论述可知，感知风险不仅会在消费者数据隐私敏感性和线上搜索转线下购买意愿之间起到中介作用，且该中介作用的大小也会受到感知线上渠道产品效益水平的影响。数据隐私敏感性更高的消费者，在信息更为丰富、搜索更为便利的线上渠道搜索完产品信息后，担心自己的数据隐私被商家侵害，感知的线上渠道购买风险更高，由此转向线下渠道购买。但如果线上渠道产品效益很高，那么消费者有可能克服对数据隐私受到侵害的担忧和感知的线上渠道风险，线上搜索转线下购买意愿则会降低。换言之，感知线上渠道产品效益在"数据隐私敏感性—感知风险—线上搜索转线下购买意愿"的作用路径中，起到负向调节作用。由此，提出以下假设。

H9-4：感知线上渠道产品效益越高，数据隐私敏感性通过感知风险对线上搜索转线下购买意愿的影响越弱。

综上，主要研究框架见图 9-1。

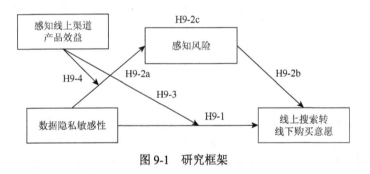

图 9-1　研究框架

9.4　实证结果

为了保证问卷质量，本章通过一家付费问卷平台，在网上向被试者发放问卷进行调查，在剔除了被试无网上购物经历的无效问卷后，得到有效问卷 303 份，被试平均年龄约 33 岁，其中女性被试者占 53%，男性占 47%。

本章主要采用问卷调查的研究方法验证假设，问卷内容的制定主要是基于前人研究所用量表，再结合专家访谈予以修订。首先，通过问题"您是否在网上购物过？"来挑选出具备线上购物经历的被试；其次，指示消费者回忆上一次有线上搜索的购买经历，并选择购买的品类；再使用利克特 7 级量表，对消费者进行进一步测试，具体如下。

数据隐私敏感性参考 Martin 等（2017）的问卷，共计 5 个题项："线上渠道拥有我的个人信息使我感觉不安全""线上渠道拥有我的个人信息使我感觉被暴露""线上渠道拥有我的个人信息使我感觉受威胁""线上渠道拥有我的个人信息使我感觉脆弱""线上渠道拥有我的个人信息使我感觉敏感"。

感知线上渠道产品效益参考 Baker 等（2002）的量表，共计 5 个题项："在线上我可以找到大量的产品""我可以在线上购买最新的产品""在线上我可以找到流行的产品品牌和种类""我可以在线上买到高质量的产品""我可以在线上找到符合我需求的产品"。

感知风险参考 Park 和 Jun（2003）的量表，共计 3 个题项："我在线上购物时买到的产品与我想购买的产品不一样""在线上很难判断产品的质量""在线上错误支付的可能性很大"。

线上搜索转线下渠道购买意愿参考 Chiang 和 Dholakia（2003）的问卷，共计 3 个题项："线上搜索后，我在线下购买该产品的可能性很高""线上搜索后，我愿意在线下购买该产品""线上搜索后，我愿意推荐我的朋友去线下购买该产品"。

消费者的人口统计变量以及购物历史过往研究表明，消费者的人口统计信息（如性别、年龄、学历、收入）均会影响其消费行为，消费者的网购经验、网购频率也会影响其购物行为，因此本章将消费者的网购经验、网购频率、性别、年龄、学历和收入作为控制变量。

9.4.1　共同方法偏差检验

共同方法偏差指的是因为同样的数据来源或评分者、同样的测量环境、项目语境以及项目本身特征所造成的预测变量与效标变量之间人为的共变，在采用问卷法的研究里常出现。本章采用单因子验证性因子分析方法检验共同方法偏差，得出如下结果：$\chi^2/df = 11.203 > 3$，RMSEA $= 0.184 > 0.1$，NFI $= 0.642 < 0.9$，CFI $= 0.661 < 0.9$，IFI $= 0.663 < 0.9$，TLI $= 0.609 < 0.9$。模型拟合效果很差，说明所有的测项并不应该同属于一个因子，研究数据通过共同方法偏差检验，数据无共同方法偏差问题。

9.4.2　信度与效度检验

信度检验结果见表 9-1，使用 Cronbach's α 系数值进行信度分析，得出消费者数据隐私敏感性、感知线上渠道产品效益、感知风险、线上搜索转线下购买意愿这四个变量的 α 值分别为 0.914、0.863、0.813、0.865，均高于 0.8，说明信度好。

表 9-1　因子分析（$N = 303$）

变量	最小因子载荷	Cronbach's α
数据隐私敏感性	0.783	0.914
感知线上渠道产品效益	0.667	0.863
感知风险	0.743	0.813
线上搜索转线下购买意愿	0.787	0.865

变量间的相关系数及描述性分析结果见表 9-2。在内容效度检验方面，本章问卷所采用的题项均是基于前人文献，已被多次使用，因此可以认定内容效度比较好。在收敛效度检验方面，数据隐私敏感性、感知线上渠道产品效益、感知风险、线上搜索转线下购买意愿的 CR 分别为 0.915、0.862、0.819、0.866，AVE 分别为 0.684、0.557、0.602、0.683，CR 大于 0.7 且 AVE 大于 0.5，说明量表具备较好的收敛效度。在区分效度方面，四个变量的 AVE 平方根值分别为 0.827、0.746、0.776、0.826，均大于它们与其他构念的相关系数，说明区分效度好。在验证性因子分析中，整体模型拟合效度也较好，基本达到标准要求，$\chi^2/\text{df} = 3.295$，RMSEA $= 0.087$，NFI $= 0.901$，CFI $= 0.928$，IFI $= 0.929$，TLI $= 0.912$。

表 9-2　变量相关系数和描述性分析（$N = 303$）

类别	1	2	3	4	5	6	7	8	9	10
1. 数据隐私敏感性	0.827									
2. 感知线上渠道产品效益	−0.020	0.746								
3. 感知风险	0.772***	−0.038	0.776							
4. 线上搜索转线下购买意愿	0.671***	−0.086	0.704***	0.826						
5. 网购经验	−0.083	0.056	−0.187**	−0.205***	NA					
6. 网购频率	0.057	0.099+	−0.068	−0.055	0.420***	NA				
7. 性别	−0.112+	0.120*	−0.027	−0.044	−0.069	0.000	NA			
8. 年龄	−0.045	−0.042	−0.089	−0.095+	0.276***	0.040	−0.182**	NA		
9. 学历	−0.005	0.138*	−0.171**	−0.195**	0.466***	0.275***	−0.081	0.191***	NA	
10. 收入	−0.050	0.215***	−0.197**	−0.208***	0.558***	0.351***	−0.045	0.138*	0.595***	NA
均值	4.215	5.254	4.065	3.987	7.172	1.733	1.531	32.990	2.898	4.650
SD	1.513	1.166	1.491	1.536	3.791	0.753	0.500	8.007	1.019	1.710
AVE	0.684	0.557	0.602	0.683						
CR	0.915	0.862	0.819	0.866						

注：对角线上的数值为测量构念 AVE 的平方根；NA 表示不适用

+ 表示 $p < 0.1$，* 表示 $p < 0.05$，** 表示 $p < 0.01$，*** 表示 $p < 0.001$

9.4.3　数据分析与结果讨论

消费者数据隐私敏感性和线上搜索转线下购买意愿之间关系的检验结果如下所示。变量回归分析结果见表 9-3。由表 9-3 可知，模型 2 以消费者的线上搜索转线下购买意愿为因变量，数据隐私敏感性为自变量，同时加入控制变量网购经验、网购频率、性别、年龄、学历和收入，采用回归分析的方法对数据进行处理。结果显示，数据隐私敏感性显著正向影响消费者线上搜索转线下购买意愿（$\beta = 0.674$，$t = 15.772$，$p < 0.001$）。故 H9-1 得到验证。

（1）感知风险的中介作用。以线上搜索转线下购买意愿为因变量，数据隐私敏感性为自变量，感知风险为中介变量，网购经验、网购频率、性别、年龄、学历和收入为控制变量，依照中介检验 3 步法：①检验自变量数据隐私敏感性对因变量渠道迁徙意愿（线上搜索转线下购买意愿）的影响是否显著，由模型 2 可知，数据隐私敏感性显著正向影响渠道迁徙意愿（$\beta = 0.674$，$t = 15.772$，$p < 0.001$）；②检验自变量数据隐私敏感性对中介变量感知风险的影响是否显著，由回归结果可知，数据隐私敏感性显著影响感知风险（$\beta = 0.764$，$t = 21.657$，$p < 0.001$）；③将因变量渠道迁徙意愿对自变量数据隐私敏感性和中介变量感知风险进行回归，由模型 3 可知，感知风险对渠道迁徙意愿的影响依旧显著（$\beta = 0.412$，$t = 6.208$，$p < 0.001$），数据隐私敏感性对渠道迁徙意愿的影响也依旧显著（$\beta = 0.359$，$t = 5.542$，$p < 0.001$），但回归系数减小（$0.359 < 0.674$），说明感知风险在数据隐私敏感性和渠道迁徙意愿之间扮演着部分中介的角色。故 H9-2a 和 H9-2c 得到验证。

（2）感知线上渠道产品效益的负向调节作用。对自变量数据隐私敏感性和调节变量感知线上渠道产品效益做中心化处理。由表 9-3 中模型 4 可知，数据隐私敏感性和感知线上渠道产品效益的交乘项显著负向影响消费者线上搜索转线下购买意愿（$\beta = -0.093$，$t = -2.609$，$p < 0.01$），数据隐私敏感性显著正向影响线上搜索转线下购买意愿（$\beta = 0.700$，$t = 16.098$，$p < 0.001$）。故 H9-3 得以验证。感知风险引入交互效应模型后，数据隐私敏感性依旧显著正向影响线上搜索转线下购买意愿（$\beta = 0.703$，$t = 3.370$，$p < 0.001$），数据隐私敏感性和感知线上渠道产品效益的交乘项负向影响线上搜索转线下购买意愿（$\beta = -0.060$，$t = -1.738$，$p < 0.1$），但交乘项对感知风险的负向影响是显著的（$\beta = -0.085$，$t = -2.893$，$p < 0.01$），而感知风险显著正向影响线上搜索转线下购买意愿（$\beta = 0.394$，$t = 5.868$，$p < 0.001$）。故 H9-4 得以验证。

表 9-3　变量回归分析结果（$N = 303$）

类别	线上搜索转线下渠道购买意愿					感知风险	
	模型 1	模型 2	模型 3	模型 4	模型 5	模型 6	模型 7
数据隐私敏感性		0.674***	0.359***	0.700***	0.703***	0.764***	1.235***
感知线上渠道产品效益				−0.026	0.211		0.396**
数据隐私敏感性×感知线上渠道产品效益				−0.093**	−0.060+		−0.085**
感知风险			0.412***		0.394***		
网购经验	−0.050+	−0.017	−0.016	−0.030	−0.025	−0.002	−0.012
网购频率	0.123	−0.033	0.013	−0.027	0.017	−0.113	−0.111
性别	−0.224	0.034	−0.022	0.062	−0.005	0.135	0.144
年龄	−0.009	−0.003	−0.002	−0.005	0.003	−0.002	−0.003
学历	−0.134	−0.183*	−0.122	−0.135+	−0.093	−0.147*	−0.107
收入	−0.094	−0.064***	−0.038	−0.060	−0.033	−0.071	−0.069
截距项	5.586***	2.209***	1.531**	4.981***	0.315	1.645***	−0.531
R^2	0.069	0.495	0.553	0.508	0.560	0.635	0.645

+ 表示 $p < 0.1$，*表示 $p < 0.05$，**表示 $p < 0.01$，***表示 $p < 0.001$

（3）简单斜率分析。为进一步探讨数据隐私敏感性与感知线上渠道产品效益对线上搜索转线下购买意愿的具体作用，本章对交互作用进行分解，探究感知线上渠道产品效益在不同水平时的影响（表 9-4）。由表 9-4 可知，当消费者感知线上渠道产品效益水平低时，与低数据隐私敏感性的消费者相比，数据隐私敏感性高的消费者的线上搜索转线下购买意愿更高（$\beta = 0.808$，$t = 12.136$，$p < 0.001$）；当消费者感知线上渠道产品效益水平高时，与数据隐私敏感性低的消费者相比，数据隐私敏感性高的消费者的线上搜索转线下购买意愿更高（$\beta = 0.591$，$t = 11.140$，$p < 0.001$），但是该效应要低于感知线上渠道产品效益低时的效应。由此，当感知线上渠道产品效益水平不同时，数据隐私敏感性对消费者线上搜索转线下购买意愿的影响程度不同，换言之，感知线上渠道产品效益在数据隐私敏感性对消费者的线上搜索转线下购买意愿的影响中起调节作用。

表 9-4　简单斜率分析（$N = 303$）

调节变量水平	β	标准误	t	p	95%置信区间
平均值	0.700	0.043	16.098	0.000	[0.614, 0.785]
高水平（+1SD）	0.591	0.053	11.140	0.000	[0.487, 0.695]
低水平（−1SD）	0.808	0.067	12.136	0.000	[0.678, 0.939]

9.5　讨　　论

本章通过问卷调研方式，采用回归分析方法，主要得出以下结论：①消费者数据隐私敏感性正向影响其线上搜索转线下购买意愿；②感知风险在数据隐私敏感性对线上搜索转线下购买意愿的影响中起中介作用；③感知线上渠道产品效益负向调节数据隐私敏感性和线上搜索转线下购买意愿的关系；④感知线上渠道产品效益调节感知风险在数据隐私敏感性和线上搜索转线下购买意愿之间的中介效应。

在理论贡献方面，本章主要有以下创新：①发现消费者的数据隐私敏感性会影响其从线上渠道搜索后转移到线下渠道购买的渠道迁徙意愿，对渠道迁徙的前因研究进行了拓展，另外，将数据隐私敏感性的影响从企业绩效领域扩展到消费者渠道迁徙行为领域；②研究了感知线上渠道产品效益在数据隐私敏感性影响线上搜索转线下购买意愿关系的调节作用，揭示了感知线上渠道产品效益的边界条件，是对当前研究的扩充；③研究了数据隐私敏感性—感知风险—线上搜索转线下购买意愿间的作用机制。

在实践方面，主要有以下管理启示：①设置合理透明的隐私安全保护政策，针对数据隐私敏感程度不同的消费者采取不同的个性化推荐营销方式，降低消费者对于其隐私被不当滥用的担忧；②通过增加线上渠道产品效益来吸引消费者通过线上渠道购买产品，如采取优化搜索功能、提供更加丰富的产品种类、提供最新的产品、提高产品质量等措施。

参 考 文 献

蒋玉石，张红宇，贾佳，等. 2015. 大数据背景下行为定向广告（OBA）与消费者隐私关注问题的研究[J]. 管理世界，（8）：182-183.

孙鲁平，张丽君，汪平. 2016. 网上个性化推荐研究述评与展望[J].外国经济与管理，38（6）：82-99.

涂红伟，周星. 2011. 消费者渠道迁徙行为研究评介与展望[J]. 外国经济与管理，33（6）：42-49.

王国才，王希凤，许景. 2010. 消费者风险感知、营销努力与复合渠道协调研究[J]. 管理学报，7（5）：692-695.

王烨娣，周雪，蒋玉石. 2021. 推力和拉力因素组态效应对互联网用户隐私披露行为的影响[J]. 管理学报，18（3）：426-433.

Arora S，Sahney S. 2017. Webrooming behaviour: a conceptual framework[J]. International Journal of Retail & Distribution Management，45（7/8）：762-781.

Arshad A，Zafar M，Fatima I，et al. 2015. The impact of perceived risk on online buying behavior[J]. International Journal of New Technology and Research，1（8）：13-18.

Baker J，Parasuraman A，Grewal D，et al. 2002. The influence of multiple store environment cues on perceived merchandise value and patronage intentions[J]. Journal of Marketing, 66(2): 120-141.

Balasubramanian S, Raghunathan R, Mahajan V. 2005. Consumers in a multichannel environment: product utility, process utility, and channel choice[J]. Journal of Interactive Marketing, 19 (2): 12-30.

Bansal G, Zahedi F M, Gefen D. 2010. The impact of personal dispositions on information sensitivity, privacy concern and trust in disclosing health information online[J]. Decision Support Systems, 49 (2): 138-150.

Chiang K P, Dholakia R R. 2003. Factors driving consumer intention to shop online: an empirical investigation[J]. Journal of Consumer Psychology, 13 (1/2): 177-183.

Chou S Y, Shen G C, Chiu H C, et al. 2016. Multichannel service providers' strategy: understanding customers' switching and free-riding behavior[J]. Journal of Business Research, 69 (6): 2226-2232.

Flavián C, Gurrea R, Orús C. 2016. Choice confidence in the webrooming purchase process: the impact of online positive reviews and the motivation to touch[J]. Journal of Consumer Behaviour, 15 (5): 459-476.

Gandy O H, Jr. 1993. Toward a political economy of personal information[J]. Critical Studies in Mass Communication, 10 (1): 70-97.

Gross R, Acquisti A. 2005. Information revelation and privacy in online social networks[R]. New York: ACM, 71-80.

Heitz-Spahn S. 2013. Cross-channel free-riding consumer behavior in a multichannel environment: an investigation of shopping motives, sociodemographics and product categories[J]. Journal of Retailing and Consumer Services, 20 (6): 570-578.

Janakiraman R, Lim J H, Rishika R. 2018. The effect of a data breach announcement on customer behavior: evidence from a multichannel retailer[J]. Journal of Marketing, 82 (2): 85-105.

Jiang P J, Jones D B, Javie S. 2008. How third-party certification programs relate to consumer trust in online transactions: an exploratory study[J]. Psychology & Marketing, 25 (9): 839-858.

Jing B. 2018. Showrooming and webrooming: information externalities between online and offline sellers[J]. Marketing Science, 37 (3): 469-483.

Laudon K C. 1996. Markets and privacy[J]. Communications of the ACM, 39 (9): 92-104.

Lwin M O, Wirtz J, Stanaland A J S. 2016. The privacy dyad: antecedents of promotion-and prevention-focused online privacy behaviors and the mediating role of trust and privacy concern[J]. Internet Research, 26 (4): 919-941.

Martin K D, Borah A, Palmatier R W. 2017. Data privacy: effects on customer and firm performance[J]. Journal of Marketing, 81 (1): 36-58.

Miltgen C L, Henseler J, Gelhard C, et al. 2016. Introducing new products that affect consumer privacy: a mediation model[J]. Journal of Business Research, 69 (10): 4659-4666.

Pappas N. 2016. Marketing strategies, perceived risks, and consumer trust in online buying behaviour[J]. Journal of Retailing and Consumer Services, 29: 92-103.

Park C，Jun J K. 2003. A cross-cultural comparison of Internet buying behavior[J]. International Marketing Review，20（5）：534-553.

Ratchford B T，Lee M S，Talukdar D. 2003. The impact of the internet on information search for automobiles[J]. Journal of Marketing Research，40（2）：193-209.

Schumann J H，von Wangenheim F，Groene N. 2014. Targeted online advertising：using reciprocity appeals to increase acceptance among users of free web services[J]. Journal of Marketing，78（1）：59-75.

Singh S，Jang S. 2022. Search，purchase，and satisfaction in a multiple-channel environment：how have mobile devices changed consumer behaviors?[J]. Journal of Retailing and Consumer Services，65：102200.

Verhoef P C，Neslin S A，Vroomen B. 2007. Multichannel customer management：understanding the research-shopper phenomenon[J]. International Journal of Research in Marketing，24（2）：129-148.

Warren S D，Brandeis L D. 1890. The right to privacy[J]. Harvard Law Review，4（5）：193-220.

第10章　线上线下渠道转换意愿的影响机制研究
——基于消费者目标精确性与数据隐私敏感性

10.1　研　究　背　景

当前，以价格和品类为支点的线上渠道、以实时和社交为支点的移动渠道和以体验与场景为支点的线下渠道的多种消费渠道并存的市场格局正在逐步形成。在多渠道并存的市场格局下，消费者时常会从一种渠道转换到另一种渠道，这一跨渠道选择的行为被称为消费者渠道转换行为。消费者跨渠道转换行为发生的频率日渐提高，促使企业重塑一个更为灵敏、弹性和多元的渠道结构来捕捉消费日益短促的跨渠道选择行为窗口。在今天中国移动互联网大环境飞速变化的情况下，消费者跨渠道选择行为发生的速率越来越快，频次越来越高。在跨渠道转换过程中，每时每刻都有可能因为消费者内心的欲望被触发，或者被满足，而快速做出消费决策。因此今天的企业所面临的竞争，关键在于是否能把握住或创造出让消费者产生购买决策的几个关键时间窗口。对于企业来说，要赢得市场竞争只有两种选择：一种是能跟随每一次至少是大部分消费者的跨渠道选择行为，在这个过程中等待或刺激消费者的关键时间窗口产生；另一种更为激进，需要企业能具备对消费者强大的影响力，让消费者沿着自己预先设定的跨渠道选择链路来行动，这样更有可能激励消费者产生关键时间窗口。无论是撒网型的跟随，还是引导型的激励，企业都需要做到的是把握住甚至创造出消费者三阶段不同关键时间窗口都需要的更加灵敏、弹性和多元的渠道结构。

鉴于此，企业除了要能掌握消费者产生跨渠道转换行为的前因要素之外，更要能了解消费者层面的哪些心理变化会产生跨渠道转换意愿，以及产品层面哪些属性会影响跨渠道选择的判断标准，在渠道层面哪些渠道特征会决定跨渠道选择的方向，而尤为关键的是"人—货—场"，即消费者、产品和渠道等影响要素之间是如何相互作用并最终促使消费者形成跨渠道转换行为。从未来的趋势来看，双线全渠道模式更具备竞争优势，即线上渠道是战略，线下渠道是决胜关键。通过梳理消费者跨渠道转换行为的规律和路径，重构"消费者—产品—渠道"（人—货—场）三者之间的关系，消费者由原先单纯的消费者，转变为"消费者及合作生产者"；产品由商品转化为全方位的消费及体验过程；渠道由原来的线上线下固定零售终端转变为泛零售、多元化的消费场景。

　　总之，消费者跨渠道转换行为日趋多变且日益快捷化和复杂化。多渠道的消费环境，在很大程度上打破了以往市场上渠道两端企业和消费者信息不对称的态势，从而让消费者能获取的信息更为丰富和完整。而更为重要的是，消费者通过不同渠道选择产品的主动权越来越大。无论是在价格层面还是在产品的基本属性、社会属性上都可以随意挑选最能满足自己需求的渠道来进行搜索、购买以及分享。随着新零售时代的到来，线上红利消失，部分消费者会从线上转向线下渠道，这一现象值得我们去进一步探索和研究。

　　从信息搜索过程看，当目标不太明确时，消费者有可能会先在线下渠道构建判断标准并缩窄选择的产品范围后再选择购买标的，当目标明确时，消费者有可能借助电商的数据比较体系选择购买标的；但是对数据隐私敏感的消费者在目标明确或模糊时，可能渠道转换行为会发生变化。由此可见，消费者的跨渠道转换行为仅仅在购前阶段的信息搜索过程中，就会因为消费者目标不同、消费者对数据隐私敏感性不同以及渠道不同而产生多样的跨渠道转换。移动互联网时代的消费者主动权和行为模式与传统市场相比，已经发生了巨大的变化。消费者对消费过程满意度最大化的追求，推动消费者跨渠道转换行为日趋复杂化。以往研究着重在厂商活动、消费者特征、产品属性和渠道特征对消费渠道转换的影响上。从消费者特征研究的视角看，主要关注个体长期特征差异对渠道转换的影响，较少研究单次购物情境下消费者目标精确性和数据隐私敏感性对渠道转换的交互影响。因此，只有研究识别在购买决策过程中单次购物情境下消费者进行跨渠道转换行为的前因，才能在今天移动互联网风云变幻的时代把握消费者的选择规律。本章主要通过问卷调查探讨目标精确性和数据隐私敏感性对线上线下渠道转换行为的交互影响机理，并挖掘这种影响关系的中介机理。

10.2　消费者跨渠道转换行为效应的研究

　　消费者跨渠道转换行为是指多渠道零售环境下，消费者在购买决策过程的不同阶段选择不同渠道的行为。在跨渠道购买的过程中，消费者的决策过程一般可以分为购前、购中和购后三个不同的阶段。消费者每天除了通过线下渠道（超市、大卖场、传统杂货店、专卖店、百货公司、便利店等），还通过线上渠道（网页、移动渠道——垂直类 APP）等全渠道进行购买，这些跨渠道的选择行为对消费者的日常生活产生了巨大的影响。因此，消费者跨渠道转换行为引起了众多国内外

学者的关注。这些研究大致可以分为两大类：一类是针对跨渠道转换行为效应的
研究；另一类是针对消费者跨渠道转换的前因研究。

10.2.1　跨渠道转换行为效应的研究

在这类研究中，因为可以较容易地直接从网络中挖取客观的消费者跨渠道转
换行为数据，研究者们多采用量化分析的研究方法。这些数据通常包括了消费者
的多渠道选择行为、渠道特征、购买频率、产品特征等，它们影响了消费者利润
和企业绩效。一些学者在研究中采取一种或多种测量尺度对跨渠道选择进行量化，
并发现这些行为对企业绩效（产品销量、产品销售额）有不同方向的影响。一类
是线上线下渠道蚕食效应，即企业增加线上渠道导致线下渠道销量受到负面影响。
企业引入线上渠道后，线上渠道具有便利性、低成本等特征，导致顾客转向线上
渠道选择，进而对原有渠道产生负面影响。还有一类研究线上线下渠道整合效应，
即线上和线下渠道之间的相互支持以及可切换性。渠道整合能够带来消费者态度
和行为的积极变化，从而带来企业绩效的提升。Steinfield 等（2002）关于线上渠
道和实体商店整合问题的相关研究发现，线上线下渠道整合能为商家带来四种
渠道间的协同作用：差异化的降低、成本结构的改善、市场份额的增长、客户
感知信任的提高。同时，Bendoly 等（2005）的研究成果表明，线上线下渠道整
合会减弱线上商店的不可接触性对顾客造成的负面影响，而且该整合能降低顾
客对线上商店的风险感知，并提高顾客对零售商线上商店的服务质量感知，进
而增加顾客的感知价值。Cao 和 Li（2015）通过实证发现，跨渠道整合能刺激
销量的增长，而且，在进行渠道整合营销活动后，消费者对商家的忠诚度有了
明显提升。

10.2.2　跨渠道转换行为的前因研究

现有的关于消费者购买决策过程跨渠道转换行为的研究较为丰富，研究所涉
及的内容包含了产品、渠道和消费者等多种层面的要素，包括产品分类（搜索品
或经验品）和购买频率对消费者在线上线下渠道间搭便车行为的影响，渠道服务
质量、信息可获得性和购买风险等渠道特征对消费者研究型购物行为（线上搜索，
线下购买）的影响。Chiu 等（2011）运用推-拉-锚定理论，研究了消费者的间接
经验、渠道间的转换成本和感知风险等特征对消费者在线上线下渠道间搭便车意
愿的影响。近些年，Chou 等（2016）还关注了消费者的多样性需求、渠道的感知
风险等特征对消费者在线上线下渠道间搭便车行为的影响，Chang 等（2017）则

将研究范围拓展到移动渠道，研究了感知服务质量、价格和移动渠道特征等要素如何影响消费者从线下迁徙到移动渠道的意愿。

综上所述，以往文献侧重于研究厂商营销活动、渠道特征与渠道整合、消费者个体特征差异、产品特征和社会影响，以及情境特征影响消费者渠道选择的因素，认为有一定长期特征的消费者对于特定的渠道会有内在的偏好。消费者特征主要是指心理特征，如创新性、忠诚、从众的动机、享乐性、时间压力、价格敏感等，以及人口统计特征变量包括性别、年龄等，不同特征的消费者可以自由地选择渠道。但是单次购物情境中，有些场景下，消费者可能明确购物目标，即消费者明确知道产品和种类信息；而有些场景下，漫无目的地闲逛或者仅知道需求，不清楚产品种类或者名称，目标比较模糊。因此目标精确性会影响跨渠道转化行为，但是较少有研究涉及消费者目标精确性对渠道转换行为的影响路径和影响机理。

10.3 目标精确性与数据隐私敏感性对线上线下渠道转换意愿的联合作用

高目标精确性比低目标精确性更需要可达的信息去决策，因为高目标精确性的消费者明确想买的产品种类或品牌，需要更容易获得的信息去对比，而低目标精确性的消费者因为不太确定需要的产品，对产品具体种类也不太清楚，因此需要多看更多的信息种类。线上信息提供了更高的可达性，其准确度高于线下。在线上购物情境中，目标越明确，消费者搜索信息越容易获得，越精准，越能降低信息泄露的概率，同时线上渠道能帮助消费者迅速进行产品分析和决策，因此高目标精确性的消费者使用线上渠道的态度更好，更不愿意从线上渠道转换为线下渠道。

数据隐私敏感性是指消费者对他人使用个人数据受到伤害的敏感性，如果个人数据被企业或者第三方使用，增加了数据泄露的潜在伤害，那么，消费者能够感知到数据隐私被泄露、被侵犯而受到伤害，则其数据隐私敏感性会增强。随着技术的发展，消费者信息搜索和产品购买行为越来越多，在这个过程中厂商通过各种工具，如 Cookie、客流分析探头（摄像头）、Wi-Fi 探针、蓝牙及 POS（point of sale，销售终端）获取大量消费者数据，其中不正当的消费者数据使用会泄露消费者隐私、带来潜在伤害。消费者越来越考虑到隐私侵犯及相应的伤害。因此，在数据隐私敏感性高时，消费者对保护隐私更敏感，高目标精确性相比低目标精确性更需要可达的信息做决策，基于数据隐私敏感性考虑，更倾向于线上渠道，更不愿意从线上渠道转换到线下渠道；而低目标精确性时，进行决策需要大量的信息，即仅仅线上渠道不能满足信息需求，会减弱数据隐私敏感性带来的渠道偏

好，因此与高目标精确性相比，低目标精确性消费者线上渠道转换线下渠道的意
愿更高。因此，高数据隐私敏感性条件下，主效应不变，但是高低目标精确性都
增加了风险考虑，因此都比低数据隐私敏感性条件下的转换意愿高。

　　低数据隐私敏感性条件下，即没有数据隐私顾虑，此时不管消费者目标精确
性高还是低，都不太考虑信息被泄露的风险。不管高或低目标精确性个体都会选
择信息更丰富的渠道来帮助决策，而线上渠道和线下渠道在消费者进行信息风险
判断上无显著差异，因此消费者在目标精确性高和低时，线上渠道使用态度无差
异，线上及线下渠道选择无差异，线上向线下渠道转换意愿无差异，且都低于高
数据隐私敏感性情形。

　　基于以上分析提出如下研究假设。

　　H10-1：目标精确性与数据隐私敏感性交互影响线上向线下渠道转换意愿。

　　H10-1a：在数据隐私敏感性高时，消费者目标精确性越高，线上向线下渠道
转换意愿越低。

　　H10-1b：在数据隐私敏感性低时，消费者目标精确性高和低时线上向线下渠
道转换意愿无差异。

　　H10-2：线上渠道使用态度在目标精确性与数据隐私敏感性交互影响线上向线
下渠道转换意愿的关系中起中介作用。

10.4　实　证　结　果

　　本章通过一家公司市场部对消费者做网络问卷调研，首先通过"您是否有过
线上购物经历"过滤出有效问卷。通过过滤问题，去掉无线上购物经历人群，共
回收有效问卷 253 份。其中男性占 47.0%；年龄平均值为 32.84 岁。接着请消费者
回忆最近一次出于私人用途的线上购物经历，并据此回答问卷。目标精确性
（$\alpha = 0.826$）包括"我知道我需要哪些信息""我知道我要购买的产品品类""我
知道我要找的产品"等 3 个题项。数据隐私敏感性（$\alpha = 0.935$）题项为"线上渠
道拥有我的个人信息使我感觉：不安全、被暴露、受威胁、脆弱、敏感"。线上
渠道使用态度（$\alpha = 0.920$）包括"使用线上渠道是一个好主意""使用线上渠道
是一个明智的主意""我喜欢使用线上渠道这个主意""使用线上渠道是愉悦
的"等 4 个题项。线上向线下渠道转换意愿（$\alpha = 0.940$）包括"我将从线上转换
到线下以满足我的购物需求""我希望从线上转换到线下来应对我未来的购物需
求""我正在考虑从线上转换到线下""我从线上转换到线下的概率很高""我
决定使用全渠道"等题项。此外，还调研了消费者的性别、年龄等人口统计变量
以及网购次数、风险倾向和购买便利性等控制变量。所有题项的测量均采用利克
特 7 级量表。

10.4.1　变量相关系数与描述性统计

为了评价变量的效度和信度，本章数据分析采用了验证性因子分析。Cronbach's α 和组合效度都大于 0.79，说明所有的构念信度高。调研数据与验证性因子分析模型的拟合度较好：$\chi^2/df = 2.544$，RMSEA = 0.078，IFI = 0.958，TLI = 0.947，CFI = 0.958。各构念的 CR 均超过 0.79，AVE 大于 0.556，表明所用量表具有较好的收敛效度。每一潜变量 AVE 的平方根均大于该变量与其他变量之间的相关系数，表明各变量间存在着较显著的区别效度。各变量相关系数和描述性分析如表 10-1 所示。

表 10-1　各变量相关系数和描述性分析

项目	1	2	3	4	5	6	7	8	9
1. 目标精确性	0.791								
2. 数据隐私敏感性	−0.120	0.861							
3. 线上渠道使用态度	0.825**	−0.126*	0.853						
4. 线上向线下渠道转换意愿	−0.324**	0.582**	−0.377**	0.850					
5. 性别	−0.134	−0.061	0.117	−0.041	NA				
6. 年龄	−0.002	0.000	−0.010	−0.141*	−0.243**	NA			
7. 网购次数	0.116	0.117	0.233**	−0.148*	−0.001	0.142*	NA		
8. 风险倾向	−0.077	0.584**	−0.055	0.441*	−0.023	−0.081	0.103	NA	
9. 购买便利性	0.735**	−0.195**	0.724**	−0.320**	0.146*	−0.046	0.130*	−0.118	NA
均值	5.474	4.044	5.734	3.360	1.57	32.74	1.74	4.176	5.190
SD	1.246	1.568	1.370	1.520	0.497	7.041	0.780	1.482	1.234
AVE	0.626	0.743	0.727	0.724					
CR	0.834	0.935	0.914	0.887					

注：NA表示不适用

*表示 $p < 0.05$，**表示 $p < 0.01$

10.4.2　数据分析与结果讨论

首先，以消费者的目标精确性作为自变量，线上向线下渠道转换意愿为因变量，自变量均经过中心化处理，性别、年龄、网购次数、风险倾向、购买便利性为控制变量,采用回归的方法对数据进行分析。结果显示目标精确性显著负向影响线上向线下渠道转换意愿($\beta = -0.231$,$t = -2.434$,$p = 0.016$)。

以线上渠道使用态度作为中介变量,性别、年龄、网购次数、风险倾向、购买便利性为控制变量,采用 Process 软件,对自变量和中介变量做中心化处理,结果显示:①目标精确性显著正向影响线上渠道使用态度($\beta = 0.695$,$t = 12.811$,$p < 0.001$);②线上渠道使用态度引入主效应模型后,目标精确性不再影响线上向线下渠道转换意愿($\beta = -0.002$,$t = -0.014$,$p = 0.989$),而线上渠道使用态度显著负向影响线上向线下渠道转换意愿($\beta = -0.330$,$t = -3.007$,$p = 0.003$),置信区间为[-0.547, -0.114]。

其次,消费者目标精确性与数据隐私敏感性的交互作用显著负向影响线上向线下渠道转换意愿($\beta = -0.107$,$t = -2.511$,$p = 0.013$),数据隐私敏感性显著正向影响线上向线下渠道转换意愿($\beta = 0.516$,$t = 8.708$,$p < 0.001$),目标精确性显著负向影响线上向线下渠道转换意愿($\beta = -0.190$,$t = -2.187$,$p = 0.030$)。H10-1得以验证。目标精确性与数据隐私敏感性的交互作用显著正向影响线上渠道使用态度($\beta = 0.110$,$t = 4.086$,$p = 0.001$),线上渠道使用态度引入交互效应模型后,目标精确性与数据隐私敏感性的交互作用不显著影响线上向线下渠道转换意愿($\beta = 0.081$,$t = -1.845$,$p = 0.066$),而线上渠道使用态度则显著负向影响线上向线下渠道转换意愿($\beta = -0.241$,$t = -2.401$,$p = 0.017$),置信区间为[-0.439, -0.043],H10-2得以验证。各结果如表 10-2 所示,H10-2 得以验证。

表 10-2　各变量回归分析结果($N = 253$)

变量	线上向线下渠道转换意愿				
	模型一	模型二	模型三	模型四	模型五
截距项	4.504***	4.779***	4.858***	4.356***	5.310***
自变量					
目标精确性		−0.231*	−0.002	−0.190*	−0.037
数据隐私敏感性				0.516***	0.497***
目标精确性×数据隐私敏感性				−0.107*	0.081
中介变量					
线上渠道使用态度			−0.330**		−0.241*
控制变量					
性别	−0.060	−0.039	−0.045	0.027	0.015
年龄	−0.022	−0.021	−0.022*	−0.025*	−0.025*

续表

变量	线上向线下渠道转换意愿				
	模型一	模型二	模型三	模型四	模型五
网购次数	−0.279**	−0.273*	−0.198	−0.342***	−0.286**
风险倾向	0.428***	0.430***	0.432***	0.110	0.126*
购买便利性	−0.313***	−0.142	−0.053	−0.021	0.037
检验结果					
R^2	0.302	0.318	0.342	0.480	0.492

*表示 $p<0.05$，**表示 $p<0.01$，***表示 $p<0.001$

　　本章对目标精确性与数据隐私敏感性的交互作用进行进一步分解，观察两条回归线的斜率。结果显示，数据隐私敏感性低时（低于产品信息强度均值一个标准差），低目标精确性（低于目标精确性均值一个标准差）和高目标精确性（高于目标精确性均值一个标准差）消费者线上向线下渠道转换意愿无差异（$\beta=-0.022$，$t=-0.179$，$p=0.858$）；数据隐私敏感性高时，与低目标精确性相比，目标精确性越高的消费者，其线上向线下渠道转换意愿越低（$\beta=-0.358$，$t=-3.828$，$p<0.001$）。各组结果如图 10-1 所示。由此可知，数据隐私敏感性在消费者目标精确性与线上向线下渠道转换意愿之间起到调节作用。

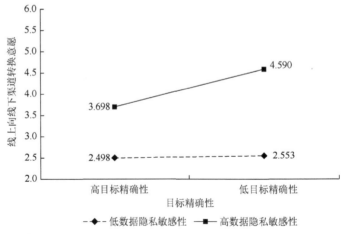

图 10-1　目标精确性与数据隐私敏感性的交互作用

　　基于单次购物情境，本章发现，目标精确性与数据隐私敏感性交互影响线上向线下渠道转换意愿，即在数据隐私敏感性高时，消费者目标精确性越高，线上向线下渠道转换意愿越低；在数据隐私敏感度低时，消费者目标精确性高或低，

其线上向线下渠道转换意愿并无差异。线上渠道使用态度在数据隐私敏感性调节
目标精确性与线上向线下渠道转换意愿的关系中起中介作用。

10.5　讨　　论

10.5.1　理论贡献

　　本章通过问卷调研，首先研究了消费者目标精确性与数据隐私敏感性对渠道
转换意愿影响的交互效应。有别于以往多从消费者长期心理特征视角出发，本章
基于单次购物情境，探讨了消费者目标精确性和数据隐私敏感性对渠道转换意愿
的交互影响。

　　其次，在本章的数据分析中，不仅控制了性别、年龄等人口统计变量，还控
制了网购次数、风险倾向和购买便利性，消除了以往研究一直所认为的长期特征，
特别是风险倾向对渠道转换的影响。从数据中可以看到，即使风险倾向对渠道转
换有显著的影响，目标精确性与数据隐私敏感性对渠道转换意愿的交互影响依然
显著。

　　最后，本章系统探索了线上渠道使用态度在数据隐私敏感性调节消费者目标
精确性与线上向线下渠道转换意愿关系中的中介机理。从消费者数据隐私敏感性
差异的角度，阐释了当消费者对保护隐私更敏感时，相对于低目标精确性，在线
上购物情境中，消费者目标越明确，越需要更可达的信息决策，从而使其更倾向
于使用线上渠道，而不愿意从线上转换到线下渠道。

10.5.2　管理启示

　　从本章的研究发现，首先，消费者的目标精确性显著正向影响线上渠道使用
态度。因此，对于电商企业或是其他希望增加消费者使用其线上渠道的商家来说，
需要通过合理的产品布局、合适的梯次及定价、高度的信息对比便利性，使消费
者的目标更明确，最终提升消费者对其线上渠道的喜好、使用频次及黏性。

　　其次，数据隐私敏感性高时，消费者的目标精确性越高，线上向线下渠道转
换的意愿就越低，而数据隐私敏感性低时，消费者目标精确性高或低对线上向线
下渠道转换意愿无差异。因此，商家应结合自身的产品特性以及消费者的数据隐
私敏感性来设计不同的渠道策略，以迎合不同敏感性的消费者，而且对于不同产
品的重点销售渠道，也应有所侧重和倾斜。在数据隐私敏感性高的条件下，消费
者目标精确性高时，商家必须重点研究和发展线上渠道，并通过对消费者的线上

行为进行分析甄别，如在消费者单次购物情境中，线上可通过分析其购物车、搜索词等方式来实时判断消费者目标的精确性高低，从而进行针对性的营销，以期提升渠道表现。

最后，消费者的购物目标精确性会与消费者数据隐私敏感性交互影响消费者渠道转换意愿，而线上渠道使用态度在其中起中介作用。线上渠道使用态度显著负向影响线上向线下渠道转换意愿。因此，对于意图重点发展线上渠道，而线下渠道薄弱或无竞争优势的商家而言，应该通过提升线上渠道的用户友好度，改善线上购物体验，提升消费者对其线上渠道的黏性，避免由于渠道转换带来损失。

10.5.3　研究局限性与展望

首先，本章研究控制了网购次数、风险倾向和购买便利性，而其他消费者长期特征也会影响渠道转换意愿，因此在今后的问卷调研设计中，还要考虑产品特征、渠道特征和消费者长期特征。其次，样本采用问卷调研设计，存在一定局限性，以后研究中可以采用推演的方式从而提高研究的因果性。最后，本章着重研究了新零售情境下单一的线上向线下渠道转换的意愿，未来可以深入研究线下向线上渠道转换的影响因素，以及全渠道使用的影响因素。

参 考 文 献

郭燕，周梅华. 2014. 消费者跨渠道购买行为研究评述与展望[J]. 技术经济与管理研究，12（8）：55-68.

卢亭宇，庄贵军，丰超，等. 2017. O2O 情境下的渠道迁徙路径与在线信息分享[J]. 西安交通大学学报（社会科学版），37（5）：40-48.

Ackermann S，von Wangenheim F. 2014. Behavioral consequences of customer-initiated channel migration[J]. Journal of Service Research，17（3）：262-277.

Ansari A，Mela C F，Neslin S A. 2008. Customer channel migration[J]. Journal of Marketing Research，45（1）：60-76.

Avery J，Steenburgh T J，Deighton J，et al. 2012. Adding bricks to clicks: predicting the patterns of cross-channel elasticities over time[J]. Journal of Marketing，76（3）：96-111.

Bakos J Y. 1997. Reducing buyer search costs: implications for electronic marketplaces[J]. Management Science，43（12）：1676-1692.

Balasubramanian S，Raghunathan R，Mahajan V. 2005. Consumers in a multichannel environment: product utility，process utility，and channel choice[J]. Journal of Interactive Marketing，19（2）：12-30.

Bendoly E，Blocher J D，Bretthauer K M，et al. 2005. Online/in-store integration and customer retention[J]. Journal of Service Research, 7（4）: 313-327.

Black N J, Lockett A, Ennew C, et al. 2002. Modelling consumer choice of distribution channels: an illustration from financial services[J]. International Journal of Bank Marketing, 20（4）: 161-173.

Brynjolfsson E, Smith M D. 2000. Frictionless commerce? A comparison of Internet and conventional retailers[J]. Management Science, 46（4）: 563-585.

Cao L L, Li L. 2015. The impact of cross-channel integration on retailers' sales growth[J]. Journal of Retailing, 91（2）: 198-216.

Chang H H, Wong K H, Li S Y. 2017. Applying push-pull-mooring to investigate channel switching behaviors: m-shopping self-efficacy and switching costs as moderators[J]. Electronic Commerce Research and Applications, 24（6）: 50-67.

Chiu H C, Hsieh Y C, Roan J, et al. 2011. The challenge for multichannel services: cross-channel free-riding behavior[J]. Electronic Commerce Research and Applications, 10（2）: 268-277.

Chou S Y, Shen G C, Chiu H C, et al. 2016. Multichannel service providers' strategy: understanding customers' switching and free-riding behavior[J]. Journal of Business Research, 69（6）: 2226-2232.

Steinfield C, Bouwman H, Adelaar T. 2002. The dynamics of click-and-mortar electronic commerce: opportunities and management strategies[J]. International Journal of Electronic Commerce, 7（1）: 93-119.

第11章 全渠道购物体验与品牌忠诚、品牌资产关系研究

11.1 引 言

随着技术发展与数字化潮流的推进，越来越多的企业采用全渠道营销模式，通过建立线下渠道、线上渠道、移动渠道与消费者进行互动（Shen et al.，2018）。有76%的企业认为全渠道营销是企业目前最为关注的问题（Melero et al.，2016）。而大量的消费者也习惯于通过企业提供的不同渠道来购买商品（Huré et al.，2017；Rodríguez-Torrico et al.，2017；Barwitz and Maas，2018）。在中国，已经有85%的消费者成为全渠道消费者（Wang et al.，2017）。因此，在全渠道环境中，消费者在企业所有渠道中的整体购物体验成为影响消费者以及企业品牌的重要因素。

尽管以往研究已经证实使消费者拥有良好的购物体验是企业与品牌获得成功的关键（Lemon and Verhoef，2016；Verhoef et al.，2009；Zolkiewski et al.，2017；郭红丽，2006；崔笔盛等，2011）。但是，却较少有研究关注在全渠道环境中消费者购物体验的作用。品牌资产作为一种重要的无形资产是企业保持竞争优势的重要资源（Ding and Tseng，2015；Augusto and Torres，2018；井淼和周颖，2013）。不少研究探讨了影响企业品牌资产形成的因素，如服务质量（Jamal and Anastasiadou，2009）、整合营销沟通（Delgado-Ballester et al.，2012）、品牌体验（Ding and Tseng，2015）等。但是，鲜有研究关注在全渠道环境中企业应该如何提升品牌资产。另外，品牌忠诚作为营销学中的重要变量，在企业竞争优势的形成过程中扮演着关键角色（Chaudhuri and Holbrook，2001；马向阳等，2015）。然而，较少有研究关注品牌忠诚在全渠道购物体验提升品牌资产过程中发挥的作用。因此，为了弥补以往的研究空白，本章提出如图11-1所示的概念模型。本章将探讨全渠道购物体验是如何影响企业品牌资产的形成，并分析品牌忠诚的中介作用。同时，我们还将关注全渠道购物体验发挥作用的边界条件，探讨全渠道一致性和无缝性的调节作用。本章通过对全渠道购物体验作用的探讨，扩展了全渠道营销与购物体验的理论研究，并为企业进行全渠道营销实践提供了策略建议。

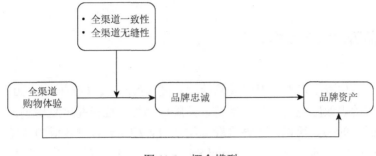

图 11-1　概念模型

11.2　全渠道购物体验的作用

11.2.1　全渠道购物体验与品牌资产

品牌资产反映了品牌赋予产品的总价值（Yoo et al.，2000）。企业建立品牌资产需要满足消费者的期望（Jones，2005），使消费者感知到品牌在产品或服务上区别于竞争者（Lai et al.，2010）。当消费者在品牌的全渠道购物拥有较好的体验时，消费者对品牌的满意度更高、与品牌的关系更紧密（Lin，2015），也更愿意再次购买该品牌的产品（Ha and Perks，2005），所以品牌价值也会相应提升。此外，Biedenbach 和 Marell（2010）发现消费者体验会促进品牌资产的提升。Lin（2015）的研究也证实提高品牌体验是建立品牌资产的重要途径。因此，本章提出如下假设。

H11-1：全渠道购物体验正向影响品牌资产。

11.2.2　全渠道购物体验与品牌忠诚

全渠道购物体验反映了消费者对在企业不同渠道购物经历的总体评价。当消费者在全渠道中的购物体验较好时，说明消费者对企业提供的产品和服务都比较满意（Lemke et al.，2011），所以消费者更愿意忠诚于该品牌。根据社会交换理论，当全渠道购物体验较高时，消费者也更可能对企业产生互惠行为（Kim and Choi，2016），如忠诚于该品牌或重复购买该品牌的产品。另外，一些相关研究也发现购物体验正向影响购买意愿（Picot-Coupey et al.，2016）、使用频率（McLean et al.，2018）、顾客忠诚（Brynjolfsson et al.，2013）、满意（Rose et al.，2011）等。因此，本章提出如下假设。

H11-2：全渠道购物体验正向影响品牌忠诚。

11.2.3　品牌忠诚与品牌资产

品牌忠诚代表了消费者对于某品牌的态度（Pappu and Quester，2016）。消费者对某品牌的忠诚度越高就越可能将该品牌作为第一选择并重复购买该品牌的产品（Oliver，1999）。所以，忠诚度较高的消费者相比忠诚度较低的消费者更有可能对品牌产生积极的回应（Grover and Srinivasan，1992）。品牌忠诚促使消费者经常购买同一品牌的产品，同时降低消费者选择竞争品牌的可能性（Yoo et al.，2000）。因此，消费者对于某品牌的忠诚度越高，企业的品牌资产也越高。所以，本章提出如下假设。

H11-3：品牌忠诚正向影响品牌资产。

结合前文的假设 H11-1～H11-3，我们认为品牌忠诚在全渠道购物体验与品牌资产的关系中发挥部分中介的作用。因此，本章提出如下假设。

H11-4：品牌忠诚在全渠道购物体验与品牌资产之间起到部分中介作用。

11.3　全渠道一致性和无缝性的调节作用

在全渠道环境中，当各个渠道之间保持较高的一致性时，每个渠道都能为消费者提供相同的产品、服务、信息等（Huré et al.，2017；Picot-Coupey et al.，2016）。在这种保持高度一致性的全渠道环境中，消费者在任何一个渠道都可以拥有同样的购物体验，如买到同样的产品、享受同样的服务，所以消费者就会对该品牌产生更高的忠诚度（Picot-Coupey et al.，2016）。相反，如果各个渠道之间的一致性较低时，消费者在不同渠道的购物体验就会出现差异，渠道之间的协同效应减弱（Shen et al.，2018），这会导致消费者对整个品牌的满意度下降。因此，本章提出如下假设。

H11-5：一致性正向调节全渠道购物体验与品牌忠诚之间的关系。

在全渠道环境中，较高的无缝性表明各个渠道之间的障碍较少，消费者在不同渠道之间可以顺畅地进行转换（Brynjolfsson et al.，2013）。在这种全渠道系统中，消费者可以根据自己的偏好自由地选择在不同的渠道购物（Huré et al.，2017）。这使消费者在全渠道中的购物体验保持一种流畅性，所以消费者更愿意与该品牌保持一种长期的关系。因此，本章提出如下假设。

H11-6：无缝性正向调节全渠道购物体验与品牌忠诚之间的关系。

11.4　数　据　分　析

11.4.1　数据收集

本章通过在线问卷的形式收集数据。首先，我们在问卷的开始阶段设置了筛选问题，询问消费者是否在同一个品牌的全渠道（线下、线上、移动）都有购物经历，没有相关购物经历的消费者将会结束问卷调查。其次，我们邀请拥有全渠道购物经历的消费者选择一个品牌，并根据自己在该品牌的全渠道购物经历回答接下来的问题。最后，我们获得了 276 份有效问卷，其中女性占比 52.2%，21 岁至 30 岁的消费者占比 73.5%。

11.4.2　问卷测量

本章所有的测量题项均来自现有文献，并根据研究情境进行适当修改（表 11-1）。全渠道购物体验来源于 Kim 和 Choi（2016）的研究。品牌忠诚和品牌资产来源于 Yoo 等（2000）的研究。全渠道一致性和无缝性来源于 Huré 等（2017）的研究。所有的题项均采用利克特 7 级量表。此外，本章把消费者的性别、年龄和月收入作为控制变量加入模型分析中。

表 11-1　测量题项

测量题项	因子载荷
全渠道购物体验（Cronbach's α = 0.883，CR = 0.884，AVE = 0.718）	
1. 我想说该品牌提供的购物体验非常好	0.888
2. 我相信在该品牌的不同渠道购物时候获得了很好的体验	0.837
3. 我认为在该品牌的整体购物体验很棒	0.816
品牌忠诚（Cronbach's α = 0.912，CR = 0.913，AVE = 0.778）	
1. 我认为自己忠诚于该品牌	0.887
2. 该品牌会是我的第一选择	0.857
3. 如果可以选择该品牌，我不会购买其他品牌	0.901
一致性（Cronbach's α = 0.882，CR = 0.823，AVE = 0.654）	
1. 该品牌的产品价格在不同渠道没有差异	0.727
2. 该品牌在每个渠道提供的产品是一样的	0.804
3. 该品牌在每个渠道提供的信息是一样的	0.825

续表

测量题项	因子载荷
4. 该品牌在不同渠道销售的产品种类是一致的	0.872
无缝性（Cronbach's α = 0.856，CR = 0.856，AVE = 0.664）	
1. 在该品牌的不同渠道之间转换很容易	0.797
2. 在该品牌的不同渠道之间转换很流畅	0.845
3. 在该品牌的不同渠道之间转换没有障碍	0.802
品牌资产（Cronbach's α = 0.881，CR = 0.883，AVE = 0.653）	
1. 购买该品牌而不是其他品牌是明智的选择，即便它们是相同的	0.785
2. 即使其他品牌与该品牌拥有同样的特征与属性，我仍然更喜欢该品牌	0.866
3. 如果另一个品牌和该品牌一样好，我还是会选择该品牌	0.817
4. 如果另一个品牌与该品牌之间没有差异，我仍然会购买该品牌	0.761

11.4.3　信度效度检验

首先，我们进行了验证性因子分析，模型拟合指数为 χ^2 = 200.107，df = 109，RMSEA = 0.055，CFI = 0.972，TLI = 0.965，SRMR = 0.037，这说明我们的数据与模型的拟合效果较好。接下来，我们对信度效度进行检验。如表 11-1 所示，所有变量的 Cronbach's α 值和 CR 值均大于 0.7，说明变量的信度较好（Fornell and Larcker，1981）。对于效度而言，所有题项的因子载荷均大于 0.7，且变量的 AVE 值均大于 0.5，这表明变量具有较好的聚合效度（Fornell and Larcker，1981）。同时，如表 11-2 所示，AVE 值的平方根大于所有变量之间的相关系数，说明变量之间具有较好的判别效度。此外，我们通过 Harman 单因子法检验共同方法偏差，发现并没有析出一个因子可以解释大部分方差，因此共同方法偏差对本章的影响较小（Podsakoff et al.，2003）。

表 11-2　相关系数

变量	1	2	3	4	5	6	7	8
1. 性别								
2. 年龄	−0.106							
3. 月收入	−0.202**	0.135*						
4. 全渠道购物体验	0.115	−0.027	−0.001	0.847				
5. 品牌忠诚	0.160*	0.020	0.114	0.685**	0.882			

续表

变量	1	2	3	4	5	6	7	8
6. 一致性	0.033	0.018	0.182**	0.546**	0.666**	0.809		
7. 无缝性	0.025	0.110	0.261**	0.303**	0.417**	0.443**	0.815	
8. 品牌资产	0.120*	0.052	0.085	0.332**	0.361**	0.428**	0.659**	0.808
均值	0.522	26.591	2.610	4.400	3.711	4.303	5.358	5.318
方差	0.500	5.091	1.047	1.442	1.723	1.465	0.841	0.769

注：对角线数值为 AVE 值的平方根

*表示 $p<0.05$，**表示 $p<0.01$

11.4.4　假设检验

本章运用线性回归对研究假设进行检验。如表 11-3 所示，全渠道购物体验正向影响品牌资产（$\beta=0.171$，$p<0.001$），H11-1 得到验证。同时，全渠道购物体验正向影响品牌忠诚（$\beta=0.804$，$p<0.001$），H11-2 也得到验证。品牌忠诚正向影响品牌资产（$\beta=0.098$，$p<0.01$），H11-3 得到验证。另外，我们采用 Bootstrapping 法检验品牌忠诚在全渠道购物体验与品牌资产之间的中介作用。通过 10 000 次重复抽样，计算得到品牌忠诚中介作用的大小为 0.079，同时 95% 的偏差校正置信区间为[0.023, 0.145]不包含零，所以品牌忠诚的中介作用显著。同时，在模型 3 中全渠道购物体验对品牌资产的直接作用依旧显著为正（$\beta=0.093$，$p<0.05$）。因此，品牌忠诚在全渠道购物体验与品牌资产起到部分中介的作用，H11-4 得到验证。

表 11-3　中介作用检验结果

项目		品牌忠诚	品牌资产	
		模型 1	模型 2	模型 3
控制变量	常数项	−0.892	4.049***	4.136***
	性别	0.390*	0.168	0.130
	年龄	0.011	0.009	0.008
	月收入	0.220**	0.073	0.051
自变量	全渠道购物体验	0.804***	0.171***	0.093*
中介变量	品牌忠诚			0.098**
R^2		0.495	0.131	0.156
中介作用大小		0.079		
95%偏差校正置信区间		[0.023, 0.145]		

*表示 $p<0.05$，**表示 $p<0.01$，***表示 $p<0.001$

如表 11-4 所示，一致性的调节作用显著为正（$\beta = 0.209$，$p < 0.001$），所以 H11-5 得到验证。类似地，无缝性的调节作用也显著为正（$\beta = 0.211$，$p < 0.01$），H11-6 也得到验证。

表 11-4　调节作用检验结果

项目		品牌忠诚		
控制变量	常数项	3.279***	3.211***	3.281***
	性别	0.224	0.234	0.169
	年龄	−0.001	0.003	−0.002
	月收入	0.023	0.068	0.031
自变量	全渠道购物体验	0.431***	0.479***	0.417***
	调节变量			
	一致性	0.522***	0.368***	0.469***
	无缝性	0.077	0.321***	0.164
交互项	全渠道购物体验×一致性	0.248***		0.209***
	全渠道购物体验×无缝性		0.345***	0.211**
	R^2	0.690	0.656	0.705

表示 $p < 0.01$，*表示 $p < 0.001$

11.5　讨　　论

11.5.1　理论意义

本章主要有以下几个方面的理论意义。首先，本章从全渠道的视角探讨了购物体验对品牌资产形成的作用。以往的研究主要关注了某一个渠道环境中购物体验的影响，较少探究购物体验在全渠道环境中的作用。因此，本章弥补了以往的研究空白，扩展了购物体验的理论研究。

其次，本章通过分析品牌忠诚的中介作用，厘清了全渠道购物体验对品牌资产的作用机制，进一步丰富了对购物体验作用的探讨。同时，深入地解释了全渠道购物体验、品牌忠诚、品牌资产之间的关系，为发挥全渠道购物体验的作用提供了理论依据。

最后，本章将全渠道一致性与无缝性纳入研究框架，分析了一致性与无缝性对全渠道购物体验作用的调节影响。这是对全渠道营销理论研究的有益补充，扩充了全渠道购物体验作用边界的研究，同时也响应了学者们对加强全渠道营销研究的号召（Chen et al.，2018）。

总的来说，本章弥补了对全渠道购物体验与品牌资产之间关系研究的空白，推动了购物体验与全渠道营销理论研究的发展。

11.5.2　实践意义

本章的实践意义主要体现在以下几个方面。第一，本章发现全渠道购物体验可以通过提升品牌忠诚进而促进品牌资产的形成。因此，企业在实施全渠道战略时应该提升消费者在整个全渠道中的购物体验。例如，提高线下渠道服务质量、丰富线下渠道的产品种类、增强线上渠道与移动渠道的安全性、提升购物网站或购物 APP 的设计、增加与消费者在线上渠道与移动渠道的互动等。

第二，本章发现一致性正向调节全渠道购物体验与品牌忠诚之间的关系。因此，企业应该保持全渠道系统中不同渠道之间的一致性。具体来说，企业应该让消费者在线下渠道、线上渠道以及移动渠道都能享受到同样规格的服务、购买到相同的产品，同时尽量降低不同渠道之间的价格差异。

第三，本章还发现无缝性也能加强全渠道购物体验对品牌忠诚的正向作用。所以，企业应该提高全渠道系统的无缝性，着力降低不同渠道之间的转换障碍，使全渠道消费者可以在不同渠道之间流畅、快速、轻松地进行渠道转换。

参 考 文 献

崔笔盛，饶培伦，陈娜，等. 2011. 北京、东京、首尔连锁快餐店的顾客体验管理研究[J]. 工业工程与管理，16（6）：139-143.

郭红丽. 2006. 顾客体验管理的概念、实施框架与策略[J]. 工业工程与管理，11（3）：119-123.

井淼，周颖. 2013. 产品伤害危机中危机反应策略对品牌资产的影响：基于企业社会责任的视角[J]. 工业工程与管理，18（2）：122-130.

马向阳，王宇龙，汪波，等. 2015. 信息交流障碍对虚拟品牌社区中"社区互动与品牌忠诚"关系的调节作用：以小米社区为例[J]. 工业工程与管理，20（6）：152-160，166.

Augusto M，Torres P. 2018. Effects of brand attitude and eWOM on consumers' willingness to pay in the banking industry: mediating role of consumer-brand identification and brand equity[J]. Journal of Retailing and Consumer Services，42：1-10.

Barwitz N，Maas P. 2018. Understanding the omnichannel customer journey: determinants of interaction choice[J]. Journal of Interactive Marketing，43：116-133.

Biedenbach G，Marell A. 2010. The impact of customer experience on brand equity in a business-to-business services setting[J]. Journal of Brand Management，17（6）：446-458.

Brynjolfsson E，Hu Y J，Rahman M S. 2013. Competing in the age of omnichannel retailing[J]. MIT Sloan Management Review，54（4）：23-29.

Chaudhuri A，Holbrook M B. 2001. The chain of effects from brand trust and brand affect to brand performance: the role of brand loyalty[J]. Journal of Marketing, 65 (2): 81-93.

Chen Y, Cheung C M K, Tan C W. 2018. Omnichannel business research: opportunities and challenges[J]. Decision Support Systems, 109: 1-4.

Delgado-Ballester E, Navarro A, Sicilia M. 2012. Revitalising brands through communication messages: the role of brand familiarity[J]. European Journal of Marketing, 46 (1/2): 31-51.

Ding C G, Tseng T H. 2015. On the relationships among brand experience, hedonic emotions, and brand equity[J]. European Journal of Marketing, 49 (7/8): 994-1015.

Fornell C, Larcker D F. 1981. Evaluating structural equation models with unobservable variables and measurement error[J]. Journal of Marketing Research, 18 (1): 39-50.

Grover R, Srinivasan V. 1992. Evaluating the multiple effects of retail promotions on brand loyal and brand switching segments[J]. Journal of Marketing Research, 29 (1): 76-89.

Ha H Y, Perks H. 2005. Effects of consumer perceptions of brand experience on the web: brand familiarity, satisfaction and brand trust[J]. Journal of Consumer Behaviour, 4 (6): 438-452.

Hao Suan Samuel L, Balaji M S, Kok Wei K. 2015. An investigation of online shopping experience on trust and behavioral intentions[J]. Journal of Internet Commerce, 14 (2): 233-254.

Huré E, Picot-Coupey K, Ackermann C L. 2017. Understanding omni-channel shopping value: a mixed-method study[J]. Journal of Retailing and Consumer Services, 39: 314-330.

Jamal A, Anastasiadou K. 2009. Investigating the effects of service quality dimensions and expertise on loyalty[J]. European Journal of Marketing, 43 (3/4): 398-420.

Jones R. 2005. Finding sources of brand value: developing a stakeholder model of brand equity[J]. Journal of Brand Management, 13 (1): 10-32.

Kim H S, Choi B. 2013. The influence of customer experience quality on customers' behavioral intentions[J]. Services Marketing Quarterly, 34 (4): 322-338.

Kim H S, Choi B. 2016. The effects of three customer-to-customer interaction quality types on customer experience quality and citizenship behavior in mass service settings[J]. Journal of Services Marketing, 30 (4): 384-397.

Lai C S, Chiu C J, Yang C F, et al. 2010. The effects of corporate social responsibility on brand performance: the mediating effect of industrial brand equity and corporate reputation[J]. Journal of Business Ethics, 95 (3): 457-469.

Lemke F, Clark M, Wilson H. 2011. Customer experience quality: an exploration in business and consumer contexts using repertory grid technique[J]. Journal of the Academy of Marketing Science, 39 (6): 846-869.

Lemon K N, Verhoef P C. 2016. Understanding customer experience throughout the customer journey[J]. Journal of Marketing, 80 (6): 69-96.

Lin Y H. 2015. Innovative brand experience's influence on brand equity and brand satisfaction[J]. Journal of Business Research, 68 (11): 2254-2259.

McLean G, Al-Nabhani K, Wilson A. 2018. Developing a mobile applications customer experience model(MACE)-implications for retailers[J]. Journal of Business Research, 85: 325-336.

Melero I，Sese F J，Verhoef P C. 2016. Recasting the customer experience in today's omni-channel environment[J]. Universia Business Review，（50）：18-37.

Oliver R L. 1999. Whence consumer loyalty? [J]. Journal of Marketing，63：33-44.

Pappu R，Quester P G. 2016. How does brand innovativeness affect brand loyalty？[J]. European Journal of Marketing，50（1/2）：2-28.

Picot-Coupey K，Huré E，Piveteau L. 2016. Channel design to enrich customers' shopping experiences：synchronizing clicks with bricks in an omni-channel perspective-the direct optic case[J]. International Journal of Retail & Distribution Management，44（3）：336-368.

Podsakoff P M，MacKenzie S B，Lee J Y，et al. 2003. Common method biases in behavioral research：a critical review of the literature and recommended remedies[J]. The Journal of Applied Psychology，88（5）：879-903.

Rodríguez-Torrico P，Cabezudo R S J，San-Martín S. 2017. Tell me what they are like and I will tell you where they buy. An analysis of omnichannel consumer behavior[J]. Computers in Human Behavior，68：465-471.

Rose S，Hair N，Clark M. 2011. Online customer experience：a review of the business-to-consumer online purchase context[J]. International Journal of Management Reviews，13（1）：24-39.

Shen X L，Li Y J，Sun Y Q，et al. 2018. Channel integration quality，perceived fluency and omnichannel service usage：the moderating roles of internal and external usage experience[J]. Decision Support Systems，109：61-73.

Verhoef P C，Lemon K N，Parasuraman A，et al. 2009. Customer experience creation：determinants，dynamics and management strategies[J]. Journal of Retailing，85（1）：31-41.

Wang K W，Woetzel L，Seong J，et al. 2017. Digital China：powering the economy to global competitiveness[R/OL]. https://www.mckinsey.com/featured-insights/china/digital-china-powering-the-economy-to-global-competitiveness[2024-03-15].

Yoo B，Donthu N，Lee S. 2000. An examination of selected marketing mix elements and brand equity[J]. Journal of the Academy of Marketing Science，28（2）：195-211.

Zolkiewski J，Story V，Burton J，et al. 2017. Strategic B2B customer experience management：the importance of outcomes-based measures[J]. Journal of Services Marketing，31（2）：172-184.

第12章 网络购物中临场感与买家忠诚：基于社会资本理论的研究

12.1 引　　言

随着网络购物的快速发展与流行，在线卖家之间的竞争变得越来越激烈（Chen et al.，2009）。虽然有许多因素可能影响在线卖家是否取得成功，但是买家与卖家之间的社会关系是一个被得到一致认可的重要因素（Gefen et al.，2003），尤其是在中国的C2C网络购物情境中（Chen et al.，2007）。中国的消费者在网络购物时会更多地考虑与卖家的社会关系（Ou et al.，2014），买家与卖家的关系对买家的购买行为有重要影响（Chen et al.，2007）。同时，相关理论研究也发现社会资本可以提高满意度（Huang et al.，2017）、主观幸福感（Chang and Hsu，2016）和依恋程度（Kim et al.，2016）等。虽然社会资本作为嵌入在人与人之间社会关系中的一种重要资源，其重要性已经得到普遍的认可（Nahapiet and Ghoshal，1998），但是较少有研究关注C2C网络购物情境中的社会资本（Huang et al.，2017），特别是如何促进买家社会资本的形成。

在网络购物时，虽然买家无法见到真实的店铺和商品，但是基于互联网与计算机技术的虚拟购物环境可以让买家有一种真实的临场体验，这种临场体验被称为临场感（Khalifa and Shen，2004）。临场感可以拉近相隔千里之外的买家与卖家的"物理距离"与"心理距离"，促进双方关系的提升（Ou et al.，2014）。因此，本章认为临场感会对买家社会资本的形成产生重要影响。然而，过往的研究却缺乏临场感对社会资本影响的相关探讨。根据以上的论述，本章将主要关注以下问题：①买家感知的临场感如何影响买家与卖家之间社会资本的形成？②社会资本如何影响买家对卖家的忠诚？本章主要的贡献包括：第一，通过引入社会资本，本章推动了C2C网络购物的相关研究；第二，本章扩展了在C2C网络购物情境中社会资本的前因探究；第三，本章丰富了临场感的相关研究。

12.2 临场感与社会资本

12.2.1 临场感理论

临场感是个体对媒介环境的一种感官体验（Biocca and Levy，1995；Lombard

and Ditton，1997）。关于临场感的研究最早兴起于通信、远程教育以及人机互动领域（戴鑫和卢虹，2015）。而随着现代通信技术以及互联网的快速发展，临场感受到越来越多的关注，营销和电子商务领域的学者也开始对临场感展开研究。临场感一般分为远程临场感（telepresence）与社会临场感（social presence）两个维度（Ou et al.，2014）。远程临场感是指人们在虚拟环境中产生的一种"身临其境"的感受（Steuer，1992）。当远程临场感较高时，人们感觉自己沉浸在由媒介所创造的环境之中（Biocca，1997；Nowak and Biocca，2003）。在网络购物情境中，远程临场感是指买家对卖家的店铺产生的一种"身临其境"的感受（Ou et al.，2014），也就是说买家在网络购物时的体验就如同在真实的商城购物一样（Shih，1998），买家与卖家之间的"物理距离"被网站营造的购物环境缩短（Ou et al.，2014）。社会临场感最初是指人与人之间通过沟通媒介互动与联系的程度（Short et al.，1978），它反映了一种"与他人同在"的感受（Ou et al.，2014）。在网络购物情境中，社会临场感是指买家感受到与卖家之间的亲密程度（Animesh et al.，2011；Choi，2016）。从心理学的角度来看，社会临场感拉近了网络购物时卖家与买家之间的"心理距离"，提升了双方的关系质量（Lu et al.，2016）。

随着临场感理论的不断发展与网络购物的快速普及，一些学者也开始探究临场感在虚拟的电子市场中的作用。Klein（2003）的研究发现远程临场感会正面影响消费者对产品的态度（Klein，2003）。随后的研究进一步发现远程临场感是通过消费者感知的功能价值与享乐价值影响其对产品的购买意愿（Fiore et al.，2005）。相比远程临场感，一些学者更多地探究了社会临场感的作用，许多研究都发现社会临场感可以提高消费者对网站或对在线卖家的信任水平（Gefen and Straub，2004；赵宏霞等，2015）。此外，社会临场感也会提升消费者感知的愉悦感（Choi，2016）。总的来看，现有研究已经证明临场感在网络购物中扮演着十分重要的作用，对于提升买卖双方的关系十分关键。但是，现有研究主要从信任、愉悦感等方面探究临场感的作用机制，较少有研究从社会资本的视角探究临场感的影响。而且现有研究一般都是关注某一种临场感，较少有研究同时关注远程临场感与社会临场感的作用机制。

12.2.2　社会资本理论

社会资本是指个体或组织嵌入到社会关系网络中所获得的实际和潜在的资源总和（Putnam，1995；Wasko and Faraj，2005）。社会资本理论的核心思想是社会关系可以成为有用的资源（Coleman，1988；Chiu et al.，2006），其关注的是人与人之间通过互动而从社会网络中所获得的收益（Lawson et al.，2008；Sun et al.，

2012）。这种收益可以来自个体层面（Coleman，1988），也可以来自群体层面（Putnam，1993）。鉴于买家与卖家在个体层面上的互动，本章将关注买家在个体层面上的社会资本。社会资本包含认知资本、结构资本和关系资本三个维度（Nahapiet and Ghoshal，1998）。认知资本是指人们共享的语言、规则以及陈述方式（Sun et al.，2012；Robert et al.，2008）。共享的语言是一种重要的认知资本，是指人们在沟通过程中使用的术语、沟通方式以及叙事形式等（Sun et al.，2012）。结构资本是指人与人之间联系的结构与模式（Nahapiet and Ghoshal，1998；Wasko and Faraj，2005），它反映了人与人之间的社会互动联结（Nahapiet and Ghoshal，1998；Hsu and Chang，2014）。关系资本是指通过人们之间的互动而在社会关系中形成的资源，如信任、互惠、尊重等（Nahapiet and Ghoshal，1998；Sun et al.，2012）。总的来说，认知资本表现为一种共同的语言，结构资本是指社会网络的联结，关系资本则包括互信、互惠以及相互尊重（Sun et al.，2012）。

以往有一些学者认为在互联网环境下社会资本难以形成，因为社会资本更有可能在结构相对紧密的群体中形成，如互动频繁、相互依赖性较高的人群（Wasko and Faraj，2005）。但是，有研究显示在互联网环境中也会形成社会资本，因为人们通过互联网媒介的互动可以替代或弥补人与人之间面对面的互动（Ellison et al.，2007）。随着网络社区、社交媒体的蓬勃发展，人们通过互联网的互动越来越多，一些学者也开始探究互联网环境中的社会资本（Kim et al.，2016；Hau and Kang，2016；Hsiao and Chiou，2012；Wang and Chiang，2009）。过往的相关研究主要关注社会资本对个体在互联网环境中行为的影响。Ganley 和 Lampe（2009）发现社会资本能够提升人们对网络社区参与程度。Hau 和 Kang（2016）的研究发现网络社区用户的社会资本会促进用户分享与创新相关的知识。Yoon（2014）的研究指出社会资本会通过影响主观幸福感来促进个体对社交网络的使用。Pan 等（2015）从社会资本理论的角度探究了在虚拟社区中社交网络的支持对知识分享的影响。从这些研究来看，虽然社会资本在互联网环境中的作用已经得到关注，但是较少有学者探究在网络购物环境中社会资本是如何形成的。因此，鉴于社会资本的重要作用，本章将从临场感的视角关注网络购物环境中买家社会资本的形成机理。

12.3　概念模型与研究假设

通过对临场感理论与社会资本理论的回顾，本章提出了如图 12-1 所示的概念模型。本章将探究远程临场感与社会临场感对买家认知资本、结构资本、关系资本以及买家忠诚的影响。

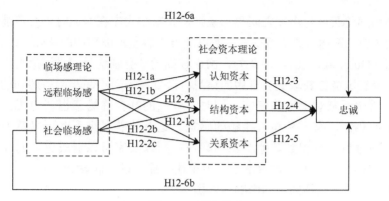

图 12-1　概念模型

12.3.1　远程临场感与社会资本

远程临场感是一种在线购物的体验，它反映了买家在网络购物时就如同在实体店购物的感受（Song et al.，2007）。当远程临场感较高时，买家感知到的网络购物的空间限制就较少，买家的购物体验更加接近真实店铺中的购物体验（Steuer，1992）。所以，较高的远程临场感使买家可以通过购物网站营造的环境更为真切地感知产品的属性，不仅可以减少买家搜集和处理信息过程中的认知负担，帮助其更好地实现购买目标，而且还能使买家感受到在线购物所带来的愉悦感，使买家在情感方面得到满足（Song et al.，2007）。此外，远程临场感拉近了买家与卖家的"物理距离"，进而使买卖双方的社会联结更为紧密（Ou et al.，2014）。另外，较高的远程临场感使买家能够对产品信息拥有更充分的了解，这使得买家更加信任卖家。同时，由于这种逼真的虚拟购物体验可以使买家摆脱现实世界中的烦恼与不悦情绪，沉浸在一种快乐的状态中，这也使得买家对卖家更为满意与信任，双方的社会联结更为紧密（Song et al.，2007）。所以，本章基于以上论述，提出如下假设。

H12-1a：远程临场感正向影响认知资本。

H12-1b：远程临场感正向影响结构资本。

H12-1c：远程临场感正向影响关系资本。

12.3.2　社会临场感与社会资本

社会临场感从热情、人际联系、社会化等方面反映买家与卖家关系的亲密程度（Ou et al.，2014）。较高的社会临场感说明买家与卖家的"心理距离"更近，彼此之间更为了解，因此买家与卖家之间更容易形成相互信任的关系。同时，由于社会临场感使买家与卖家之间更为亲近，买家与卖家在沟通时更有可能使用彼此熟悉的语言、叙述方式进行交流，所以双方更容易形成相同的认知、达成共识、建立互信（Ou et al.，2014）。此外，由于较高的社会临场感促进买家与卖家交流与沟通，使买家能够获取更多有用的信息，降低买家对产品与服务感知的不确定性，进而增加买家对卖家的信任。同时，较高的社会临场感也表明买家能够感知到他人的热情，有一种与人接触的感觉。这意味着买家不仅可以感知到卖家的存在，同时也会意识到其他买家的存在，所以买家可以形成更多的社会联结（Lu et al.，2016）。因此，本章基于以上论述，提出以下假设。

H12-2a：社会临场感正向影响认知资本。

H12-2b：社会临场感正向影响结构资本。

H12-2c：社会临场感正向影响关系资本。

12.3.3　认知资本与忠诚

认知资本作为人与人之间交流与沟通信息的重要方式，在社会关系中扮演着重要的角色（Nahapiet and Ghoshal，1998；Sun et al.，2012）。当买家与卖家之间拥有较高的社会资本时，买家与卖家之间使用共同的沟通语言与方式，不仅有助于买家从卖家获取有用的信息（Huang et al.，2017），同时也使买家与卖家在沟通过程中更易形成相似的价值观与认知（Chiu et al.，2006）。当买家与卖家的观念、想法与认知高度相似时，买家会感觉自己与卖家属于同一类人（Sun et al.，2012），因此买家会更加青睐于从该卖家购买商品，也更愿意与该卖家长期维持这段关系（DiMaggio and Louch，1998；Jones and Taylor，2012）。简而言之，买家与卖家之间的认知资本促进彼此之间关于产品与服务进行有效的沟通并形成共识，从而提高买家对卖家的忠诚度。因此，本章提出如下假设。

H12-3：认知资本正向影响买家对卖家的忠诚。

12.3.4　结构资本与忠诚

社会资本理论指出社会互动联结作为结构资本的重要组成部分不仅将人们联系起来，同时也提供了信息与资源流通的渠道（Nahapiet and Ghoshal，1998），使买家获得知识与信息的成本更低（Chiu et al.，2006）。而且将交易嵌入到社会关系中，社会互动联结可以促进交易伙伴之间保持一种公平信任的私人关系（Montazemi et al.，2008）。这种频繁与亲密的社会互动会使人们分享更多的重要信息进而增进彼此之间的了解（Chiu et al.，2006）。因此，买家与卖家通过联结不断沟通与互动会使双方日渐熟悉，买家对卖家的忠诚也在沟通的过程中逐渐形成。此外，紧密的社会联系与互动也意味着买家在与卖家的关系中投入较多时间与精力。因此在这种情况下，买家更愿意继续从该卖家处购买商品。因为买家选择离开，寻找替代卖家的转换成本相对较高。另外，以往研究已经证实互动频率是促进买家忠诚的重要影响因素（Palmatier et al.，2006）。所以，本章提出如下假设。

H12-4：结构资本正向影响买家对卖家的忠诚。

12.3.5　关系资本与忠诚

关系资本反映了买家与卖家之间的人际关系，包括互信、互惠和相互尊重（Sun et al.，2012）。互信可以增进买家与卖家之间的沟通和增加买家对在线购物的信心，因此买家也更享受与卖家的交易体验（Huang et al.，2017）。此外，信任对忠诚的促进作用也已经得到广泛的证实（Chen et al.，2009）。而互惠关系强调双方都可以从社会交换中获得利益（Lu and Yang，2011）。如果一个人能从关系中获得好处，他也会尽力回馈对方的帮助。所以在高度互惠的关系中买家能够感受到卖家的善意，为了回馈卖家，买家也会更倾向于保持与该卖家的关系，从该卖家处再次购买（Liang et al.，2011）。另外，当买家与卖家之间相互尊重的水平较高时，买家知道卖家会尊重他们的要求并尽力解决彼此之间的分歧以实现双方都满意的结果，所以买家也会更忠诚于该卖家并与其进行交易（Ou et al.，2014）。因此，本章提出如下假设。

H12-5：关系资本正向影响买家对卖家的忠诚。

12.3.6　临场感与忠诚

在网络购物时，较高的远程临场感使买家通过卖家的网站可以非常真实地感受和观察所感兴趣的商品（Steuer，1992）。这种逼真的购物体验增进了买家对商品的了解，降低了买家感知到的产品不确定性，使买家更相信卖家。所以买家更愿意保持与该卖家的关系，也更有可能再次光顾该卖家。类似地，一些研究已经发现远程临场感能够促进信任（Ou et al.，2014）、提升购物的愉悦感（Song et al.，2007）。所以，本章认为当买家感知的远程临场感较高时，其对卖家的忠诚度更高。

当买家感知的社会临场感较高时，买家与卖家之间的"心理距离"更近（Ou et al.，2014），双方的关系更为紧密，彼此之间的信息传递与沟通更为频繁（Lu et al.，2016）。所以买家对卖家更为了解，双方之间的信息更加对称，卖家的不当行为会被遏制，买家也会更加信任卖家。因此，买家也会更有可能与提供较高社会临场感的卖家保持交易关系。类似的过往研究发现社会临场感会增进信任（Ou et al.，

2014；Lu et al.，2016）与增加愉悦感（Choi，2016）。因此，本章认为买家感知的社会临场感会促进买家对卖家的忠诚。基于以上论述，本章提出如下假设。

　　H12-6a：远程临场感正向影响买家对卖家的忠诚。

　　H12-6b：社会临场感正向影响买家对卖家的忠诚。

12.4　研　究　方　法

12.4.1　变量测量

　　本章所用的量表均来自以往的研究，并根据 C2C 网络购物情境进行适当的修改与调整（表 12-1）。远程临场感与社会临场感参考 Steuer（1992）与 Khalifa 和 Shen（2004）的量表。认知资本、结构资本和关系资本参考 Sun 等（2012）的量表。买家忠诚参考 Kim 等（2016）的量表。最后，本章加入了性别、年龄、月收入和在线购物频率作为控制变量。由于本章是在中国情境下进行的，所有的量表都经过专业人员翻译，并进行互译以保持概念的一致性。除一些特殊题项之外，其他题项均采用利克特 7 级量表。1 代表"非常不同意"，7 代表"非常同意"。

表 12-1　测量量表

变量	题项	因子载荷
远程临场感 Steuer（1992）、Khalifa 和 Shen（2004）	1. 当浏览该卖家的网站时，我有一种"身临其境"的感觉	0.861
	2. 当浏览该卖家的网站时，我感觉自己沉浸在卖家的网站中	0.908
	3. 当浏览该卖家的网站时，我感觉自己在真实的商城购物	0.896
	4. 当浏览该卖家的网站时，我感觉自己更像是在现实世界中	0.867
社会临场感 Steuer（1992）、Khalifa 和 Shen（2004）	1. 在该卖家的网站上，我有一种与他人接触的感觉	0.867
	2. 在该卖家的网站上，我能感受到他人的热情	0.916
	3. 在该卖家的网站上，我能感受到他人的友善	0.902
	4. 在该卖家的网站上，我能感受到他人的个性	0.875
认知资本 Sun 等（2012）	1. 在淘宝上交流时，该卖家与我使用共同的语言（如淘宝体）	0.822
	2. 在淘宝上讨论时，卖家与我使用双方都能理解的沟通模式	0.880
	3. 在淘宝上沟通时，该卖家与我使用双方都能理解的表达方式	0.869
结构资本 Sun 等（2012）	1. 我与该卖家在淘宝上保持着紧密的社会联系	0.875
	2. 我与该卖家在淘宝上花费很多时间进行互动	0.869
	3. 我与该卖家在淘宝上经常沟通	0.886

续表

变量	题项	因子载荷
关系资本 Sun 等（2012）	1. 我与该卖家的关系是相互尊重的	0.899
	2. 我与该卖家的关系是互相信任的	0.933
	3. 我与该卖家的关系是高度互惠的	0.887
忠诚 Kim 等（2016）	1. 如果我要买同样的产品，我很可能会从该卖家购买	0.826
	2. 下一次购买时，我可能会选择该卖家	0.869
	3. 在接下来的一年里，我可能会从该卖家再次购买	0.855
	4. 我打算继续从该卖家购买	0.884
	5. 我会推荐该卖家给我的朋友	0.890

12.4.2　数据收集

　　本章选择淘宝网作为数据收集的来源主要是基于以下两个原因：第一，淘宝网是中国规模最大、知名度最高的 C2C 电子商务网站（Wang et al.，2013）。第二，在淘宝网上进行交易时，买家与卖家可以通过"旺旺"进行沟通与互动（Avgerou and Li，2013），这说明在淘宝网上买家与卖家之间的社会资本是存在的。首先，我们选择了 15 名被试进行预调研，根据反馈与意见对问卷进行了修改与调整。然后，在正式调研时，我们通过在线问卷的形式邀请在淘宝网有购买经历的买家根据他们最近一次在淘宝网的购物经历填写调查问卷。问卷收集从 2016 年 7 月持续到 9 月，我们最后总共回收 240 份有效问卷，样本的人口统计信息如表 12-2 所示。

表 12-2　人口统计信息（$N = 240$）

项目		频数	占比
性别	男	124	51.7%
	女	116	48.3%
年龄	20 岁以下	7	2.9%
	20～25 岁	108	45%
	26～30 岁	111	46.3%
	30 岁以上	14	5.8%
学历	高中及以下	37	15.4%
	本科	134	55.8%
	硕士研究生	63	26.3%
	博士研究生	6	2.5%

续表

项目		频数	占比
月收入	3000 元及以下	87	36.3%
	3000～6000 元	65	27.0%
	6000～8000 元	52	21.7%
	8000 元以上	36	15.0%
在线购物频率（每月）	1～2 次	88	36.7%
	3～4 次	89	37.1%
	5～6 次	51	21.2%
	7 次及以上	12	5.0%

12.5　数据分析

本章选择偏最小二乘法（partial least squares，PLS）来检验模型。PLS 被选为数据分析的方法主要有以下几点原因：第一，PLS 可以测量每个题项的因子载荷以及估计每个构念之间的因果关系（Fornell and Bookstein，1982）。第二，当使用 PLS 时，被解释的方差能够被最大化（Teo et al.，2003）。第三，基于 PLS 的结构方程模型（partial least square-structural equation modelling，PLS-SEM）与基于协方差的结构方程模型（covariance-based structural equation modelling，CB-SEM）相比可以提供更好的近似值估计（Gefen et al.，2011）。根据结构方程模型两步分析的步骤，本章首先检验变量的信度与效度，接下来检验变量之间的结构关系（Anderson and Gerbing，1988）。

12.5.1　信度与效度分析

在检验变量信度时，本章选择 CR 与 Cronbach's α 两个指标（Fornell and Larcker，1981）。CR 的取值范围介于 0.893 到 0.939 之间，大于 0.7 的临界值（Fornell and Larcker，1981）。Cronbach's α 的取值范围介于 0.822 到 0.916 之间，也大于 0.7 的临界值（Fornell and Larcker，1981）。以上两点均说明变量具有良好的信度水平。

然后，本章检验变量的收敛效度与判别效度。所有的题项在变量上的因子载荷都大于 0.7（表 12-1），而且所有的变量的 AVE 值均大于 0.5（表 12-3），这说明变量具有较好的收敛效度（Fornell and Larcker，1981）。另外，任意两个变量之间的相关系数均小于 AVE 值的平方根（表 12-4），这表明变量具有较好的判别效度（Fornell and Larcker，1981）。

表 12-3　信度与效度分析结果

变量	Cronbach's α	CR	AVE
远程临场感	0.906	0.934	0.780
社会临场感	0.913	0.939	0.793
认知资本	0.822	0.893	0.735
结构资本	0.850	0.909	0.768
关系资本	0.892	0.933	0.822
忠诚	0.916	0.937	0.748

表 12-4　相关系数表

变量	1	2	3	4	5	6	7	8	9	10
1. 年龄	NA									
2. 性别	−0.207**	NA								
3. 月收入	0.499**	−0.282**	NA							
4. 在线购物频率	−0.034	−0.026	−0.019	NA						
5. 远程临场感	−0.020	0.074	−0.056	0.070	0.883					
6. 社会临场感	−0.025	−0.029	0.006	0.002	0.684**	0.891				
7. 认知资本	0.089	0.031	0.078	0.031	0.356**	0.401**	0.857			
8. 结构资本	−0.015	0.060	0.022	0.018	0.510**	0.568**	0.630**	0.876		
9. 关系资本	0.042	−0.029	0.040	0.024	0.431**	0.480**	0.682**	0.621**	0.907	
10. 忠诚	0.009	−0.014	0.035	0.098	0.577**	0.617**	0.579**	0.605**	0.616**	0.865
均值	NA	NA	NA	NA	4.934	4.551	5.090	4.915	4.988	4.798
SD	NA	NA	NA	NA	1.292	1.467	1.292	1.409	1.408	1.333

注：对角线为 AVE 值的平方根，NA 代表不适用
**表示 $p < 0.01$

12.5.2　共同方法偏差

为了检验共同方法偏差问题，本章采用 Lindell 和 Whitney（2001）推荐的方法，选择一个与其他变量相关度最小的在线购物频率作为标记变量进行分析。随后，再用该标记变量与其他变量相关系数中最小的一个正数（$r = 0.002$，表 12-4）作为方法偏差的估计，对原有相关系数进行调整计算。结果发现调整后的相关系

数在显著性上并没有发生变化，原来显著的依然显著。这说明共同方法偏差在我们的样本中并不是一个严重的问题，并不会影响后面的分析结果。

12.5.3　假设检验

本章使用 SmartPLS 3.0 软件对研究假设进行检验，PLS 分析的结果如表 12-5 所示。远程临场感对认知资本的影响不显著（$\beta = 0.149$，$p > 0.05$），但是对结构资本（$\beta = 0.231$，$p < 0.01$）与关系资本（$\beta = 0.195$，$p < 0.05$）均有正向显著的作用。因此，H12-1a 被拒绝，H12-1b 和 H12-1c 均得到证实。H12-1a 未得到验证的可能原因是认知资本强调共同的语言与沟通方式，但是远程临场感并未涉及相关方面的内容，所以远程临场感对认知资本的作用并不显著。社会临场感对认知资本（$\beta = 0.309$，$p < 0.001$）、结构资本（$\beta = 0.415$，$p < 0.001$）、关系资本（$\beta = 0.350$，$p < 0.001$）都有正向显著影响。所以，H12-2a、H12-2b 和 H12-2c 均被验证。认知资本对买家忠诚有显著的正向影响（$\beta = 0.204$，$p < 0.01$），结构资本对买家忠诚的作用并不显著（$\beta = 0.104$，$p > 0.05$），关系资本对买家忠诚有显著的正向影响（$\beta = 0.209$，$p < 0.01$）。因此，H12-3 和 H12-5 被验证，H12-4 被拒绝。H12-4 被拒绝的可能原因是结构资本对买家忠诚的影响可能受到其他社会资本的影响，也就是说结构资本可能通过影响其他资本来影响买家忠诚。远程临场感对买家忠诚有显著的正向影响（$\beta = 0.196$，$p < 0.01$），社会临场感对买家忠诚也有显著的正向影响（$\beta = 0.246$，$p < 0.001$），这说明 H12-6a 与 H12-6b 均得到验证。

表 12-5　假设检验结果

假设	路径系数	t 值	结果
远程临场感→认知资本（H12-1a）	0.149	1.683	不支持
远程临场感→结构资本（H12-1b）	0.231**	3.013	支持
远程临场感→关系资本（H12-1c）	0.195*	2.372	支持
社会临场感→认知资本（H12-2a）	0.309***	3.320	支持
社会临场感→结构资本（H12-2b）	0.415***	5.254	支持
社会临场感→关系资本（H12-2c）	0.350***	4.233	支持
认知资本→忠诚（H12-3）	0.204**	2.911	支持
结构资本→忠诚（H12-4）	0.104	1.381	不支持
关系资本→忠诚（H12-5）	0.209**	2.878	支持
远程临场感→忠诚（H12-6a）	0.196**	2.953	支持
社会临场感→忠诚（H12-6b）	0.246***	3.248	支持

*表示 $p < 0.05$，**表示 $p < 0.01$，***表示 $p < 0.001$

为了更好地探索社会资本的作用，本章进一步检验了社会资本在临场感与买家忠诚之间的中介作用。通过使用 Preacher 和 Hayes（2008）推荐的 Bootstrapping 法，本章将样本重新抽样 5000 次来对社会资本的中介作用进行检验。结果如表 12-6 所示，远程临场感通过认知资本对买家忠诚的影响不显著（$\beta = 0.030$，95%置信区间为[−0.005, 0.077]，包含零点）。远程临场感通过结构资本对买家忠诚的影响不显著（$\beta = 0.024$，95%置信区间为[−0.010, 0.074]，包含零点）。远程临场感通过关系资本对买家忠诚的影响显著（$\beta = 0.041$，95%置信区间为[0.003, 0.097]，不包含零点）。社会临场感通过认知资本对买家忠诚的影响显著（$\beta = 0.063$，95%置信区间为[0.015, 0.130]，不包含零点）。社会临场感通过结构资本对买家忠诚的影响不显著（$\beta = 0.043$，95%置信区间为[−0.020, 0.110]，包含零点）。社会临场感通过关系资本对买家忠诚的影响显著（$\beta = 0.073$，95%置信区间为[0.022, 0.124]，不包含零点）。总的来说，关系资本在远程临场感与买家忠诚之间起到中介的作用，关系资本与认知资本在社会临场感与买家忠诚之间起到中介的作用。

表 12-6　中介作用检验结果

中介路径	点估计	95%置信区间	结果
远程临场感→认知资本→忠诚	0.030	[−0.005, 0.077]	不显著
远程临场感→结构资本→忠诚	0.024	[−0.010, 0.074]	不显著
远程临场感→关系资本→忠诚	0.041	[0.003, 0.097]	显著
社会临场感→认知资本→忠诚	0.063	[0.015, 0.130]	显著
社会临场感→结构资本→忠诚	0.043	[−0.020, 0.110]	不显著
社会临场感→关系资本→忠诚	0.073	[0.022, 0.124]	显著

注：置信区间不包含零点为显著，包含零点为不显著

12.6　研究结论与意义

12.6.1　研究结论

本章通过整合临场感理论与社会资本理论，探究了在 C2C 网络购物情境中社会资本的前因以及结果。本章的主要结论如下所示。

第一，远程临场感正向影响结构资本与关系资本，而社会临场感能够促进认知资本、结构资本以及关系资本的提升。这说明远程临场感与社会临场感的确都是影响买家社会资本形成的重要因素。一方面，远程临场感拉近买家与卖家的"物理距离"；另一方面，社会临场感拉近买家与卖家的"心理距离"。两种临场感都为买家带来了一种"身临其境"的网络购物体验，就如同在真实的店铺购物一样。

而这种逼真的购物体验能够促进买家与卖家之间社会资本的形成，使买家与卖家形成共同的认知与价值观、增加买家与卖家之间的社会联结、提升双方的互信与互惠。此外，从研究结果来看，远程临场感与社会临场感对不同社会资本的影响存在一定的差异，这也从侧面证明探讨不同临场感是如何促进社会资本的形成是十分有必要的。

第二，认知资本与关系资本可以显著地提高买家对卖家的忠诚，而结构资本对忠诚的影响并不显著。这说明社会资本是形成买家忠诚的重要因素，但是不同类型的社会资本对买家忠诚的影响却是不一样的。买家与卖家之间共同的认知、沟通语言与方式，以及彼此之间的互信与互惠都会促进买家对卖家忠诚水平的提高。此外，远程临场感与社会临场感也可以直接提升买家对卖家的忠诚水平。这表明"身临其境"的网络购物体验也是影响买家忠诚的重要因素。

第三，认知资本可以中介社会临场感对买家忠诚的作用，关系资本可以中介远程临场感与社会临场感对买家忠诚的影响。这不仅说明远程临场感与社会临场感可以间接通过社会资本来促成买家对卖家忠诚的形成，同时也进一步证实社会资本在网络购物情境中对提高买家忠诚的重要作用。

12.6.2　理论意义

本章在理论上主要有以下几点贡献。第一，本章进一步证明了社会资本的重要性。尽管社会资本已经被广泛研究（Hau and Kang，2016），但是较少有研究关注 C2C 网络购物情境中买家与卖家的社会资本（Huang et al.，2017）。本章通过对网络购物情境中买家与卖家社会资本的探讨，扩展了社会资本理论的应用范围。第二，以往的研究主要关注了社会资本的结果变量，如社区参与程度（Ganley and Lampe，2009）、社交网络的使用（Yoon，2014）、满意度（Huang et al.，2017）、知识分享（Hau and Kang，2016）等。但是社会资本在 C2C 网络购物情境中是如何形成的却较少关注。本章通过对社会资本形成机制的探究，弥补了现有的研究空白，强调了临场感在社会资本形成过程中的重要作用。第三，本章通过探究临场感对 C2C 网络购物情境中买家忠诚的影响，搞清楚了临场感对买家忠诚的影响机制，不仅丰富了临场感理论，也扩展了顾客忠诚的相关研究。

12.6.3　实践意义

除了理论意义之外，本章对实践也有一定的指导意义。研究结果发现卖家可以通过提升买家感知的远程临场感和社会临场感来促进买家社会资本的形成，并进而提升买家对卖家的忠诚，所以对于网络卖家而言具有以下指导意义。

首先，卖家应该提高买家所感知的远程临场感。卖家应该将购物网站设计得更加精美生动，为售卖的各种产品提供详细的说明。同时，通过高分辨率的图片、产品短视频、逼真的 3D 技术、VR（virtual reality，虚拟现实）技术等向买家更加真实地展示产品。通过这些方式可以弥补买家在网络购物时无法亲手触摸、感受产品的缺陷，提升远程临场感，进而提高买家的社会资本和忠诚水平。

其次，卖家也应该通过各种方式提高卖家所感知的社会临场感。卖家应该充分认识到人与人之间互动沟通的重要性，利用多媒体沟通工具时刻与买家保持紧密的联系，积极响应、回复买家的任何疑问。同时，卖家要创造一种轻松愉快、宽松的互动环境，如使用"淘宝体"与买家交流，建设在线虚拟社区以供买家畅所欲言。通过这些方式可以弥补双方无法面对面交流的不足，拉近双方的"心理距离"，从而提升买家的社会资本以及对卖家的忠诚水平。

最后，由于远程临场感与社会临场感都可以提升买家的忠诚水平，卖家应该协同考虑远程临场感与社会临场感的作用，而不是只关注某一种临场感。并且在实践中，远程临场感与社会临场感有可能会产生交互作用而共同影响买家。因此，卖家应该从临场感的整体视角出发，提升买家总体的临场感体验。通过采用一些先进的技术手段或流行的营销方式（如淘宝直播），提升买家的产品体验以及建立与买家的良好关系，并最终提高买家对卖家的忠诚水平。

参 考 文 献

戴鑫，卢虹. 2015. 社会临场感在多领域的发展及营销研究借鉴[J]. 管理学报，12（8）：1172-1183.

赵宏霞，王新海，周宝刚. 2015. B2C 网络购物中在线互动及临场感与消费者信任研究[J]. 管理评论，27（2）：43-54.

Anderson J C，Gerbing D W. 1988. Structural equation modeling in practice：a review and recommended two-step approach[J]. Psychological Bulletin，103（3）：411-423.

Animesh A，Pinsonneault A，Yang S B，et al. 2011. An odyssey into virtual worlds：exploring the impacts of technological and spatial environments on intention to purchase virtual products[J]. MIS Quarterly，35（3）：789-810.

Avgerou C，Li B Y. 2013. Relational and institutional embeddedness of web-enabled entrepreneurial networks：case studies of entrepreneurs in China[J]. Information Systems Journal，23（4）：329-350.

Biocca F. 1997. The cyborg's dilemma：progressive embodiment in virtual environments[J]. Journal of Computer- Mediated Communication，3（2）：12-26.

Biocca F，Levy M R. 1995. Communication in the Age of Virtual Reality[M]. Hillsdale：Lawrence Erlbaum Associates.

Chang C M，Hsu M H. 2016. Understanding the determinants of users' subjective well-being in social networking sites：an integration of social capital theory and social presence theory[J]. Behaviour

& Information Technology，（9）：720-729.

Chen J，Zhang C，Xu Y J. 2009. The role of mutual trust in building members' loyalty to a C2C platform provider[J]. International Journal of Electronic Commerce，14（1）：147-171.

Chen J，Zhang C，Yuan Y F，et al. 2007. Understanding the emerging C2C electronic market in China：an experience-seeking social marketplace[J]. Electronic Markets，17（2）：86-100.

Chiu C M，Hsu M H，Wang E T G. 2006. Understanding knowledge sharing in virtual communities：an integration of social capital and social cognitive theories[J]. Decision Support Systems，42（3）：1872-1888.

Choi S. 2016. The flipside of ubiquitous connectivity enabled by smartphone-based social networking service：social presence and privacy concern[J]. Computers in Human Behavior，65：325-333.

Coleman J S. 1988. Social capital in the creation of human capital[J]. American Journal of Sociology，94（1）：95-120.

DiMaggio P，Louch H. 1998. Socially embedded consumer transactions：for what kinds of purchases do people most often use networks？[J]. American Sociological Review，63（5）：619-637.

Ellison N B，Steinfield C，Lampe C. 2007. The benefits of Facebook "friends"：social capital and college students' use of online social network sites[J]. Journal of Computer-Mediated Communication，12（4）：1143-1168.

Fiore A M，Jin H J，Kim J. 2005. For fun and profit：Hedonic value from image interactivity and responses toward an online store[J]. Psychology & Marketing，22（8）：669-694.

Fornell C，Bookstein F L. 1982. Two structural equation models：LISREL and PLS applied to consumer exit-voice theory[J]. Journal of Marketing Research，19（4）：440-452.

Fornell C，Larcker D F. 1981. Evaluating structural equation models with unobservable variables and measurement error[J]. Journal of Marketing Research，18（1）：39-50.

Ganley D，Lampe C. 2009. The ties that bind：social network principles in online communities[J]. Decision Support Systems，47（3）：266-274.

Gefen D，Karahanna E，Straub D. 2003. Trust and TAM in online shopping：an integrated model[J]. MIS Quarterly，27（1）：51-90.

Gefen D，Rigdon E E，Straub D. 2011. Editor's comments：an update and extension to SEM guidelines for administrative and social science research. Editorial Comment[J]. MIS Quarterly，35（2）：3-14.

Gefen D，Straub D. 2004. Consumer trust in B2C e-commerce and the importance of social presence：experiments in e-Products and e-services[J]. Omega，32（6）：407-424.

Hau Y S，Kang M. 2016. Extending lead user theory to users' innovation-related knowledge sharing in the online user community：the mediating roles of social capital and perceived behavioral control[J]. International Journal of Information Management，36（4）：520-530.

Hsiao C C，Chiou J S. 2012. The effect of social capital on community loyalty in a virtual community：test of a tripartite-process model[J]. Decision Support Systems，54（1）：750-757.

Hsu M H，Chang C M. 2014. Examining interpersonal trust as a facilitator and uncertainty as an inhibitor of intra-organisational knowledge sharing[J]. Information Systems Journal，24（2）：119-142.

Huang Q，Chen X Y，Ou C X，et al. 2017. Understanding buyers' loyalty to a C2C platform: the roles of social capital，satisfaction and perceived effectiveness of e-commerce institutional mechanisms[J]. Information Systems Journal，27（1）：91-119.

Jones T，Taylor S F. 2012. Service loyalty: accounting for social capital[J]. Journal of Services Marketing，26：60-75.

Khalifa M，Shen K N. 2004. System design effects on social presence and telepresence in virtual communities[R]. International Conference on Information Systems.

Kim M J，Lee C K，Preis M W. 2016. Seniors' loyalty to social network sites: effects of social capital and attachment[J]. International Journal of Information Management，36（6）：1020-1032.

Klein L R. 2003. Creating virtual product experiences: the role of telepresence[J]. Journal of Interactive Marketing，17（1）：41-55.

Lawson B，Tyler B B，Cousins P D. 2008. Antecedents and consequences of social capital on buyer performance improvement[J]. Journal of Operations Management，26（3）：446-460.

Liang T P，Ho Y T，Li Y W，et al. 2011. What drives social commerce: the role of social support and relationship quality[J]. International Journal of Electronic Commerce，16（2）：69-90.

Lindell M K，Whitney D J. 2001. Accounting for common method variance in cross-sectional research designs[J]. Journal of Applied Psychology，86（1）：114-121.

Lombard M，Ditton T. 1997. At the heart of it all: the concept of presence[J]. Journal of Computer-Mediated Communication，3（2）：1-11.

Lu B Z，Fan W G，Zhou M. 2016. Social presence，trust，and social commerce purchase intention: an empirical research [J]. Computers in Human Behavior，56：225-237.

Lu Y，Yang D. 2011. Information exchange in virtual communities under extreme disaster conditions[J]. Decision Support Systems，50（2）：529-538.

Montazemi A R，Siam J J，Esfahanipour A. 2008. Effect of network relations on the adoption of electronic trading systems[J]. Journal of Management Information Systems，25（1）：233-266.

Nahapiet J，Ghoshal S. 1998. Social capital，intellectual capital，and the organizational advantage[J]. Academy of Management Review，23（2）：242-266.

Nowak K L，Biocca F. 2003. The effect of the agency and anthropomorphism on users' sense of telepresence，copresence，and social presence in virtual environments[J]. Presence，12（5）：481-494.

Ou C X，Pavlou P A，Davison R M. 2014. Swift Guanxi in online marketplaces: the role of computer-mediated communication technologies[J]. MIS Quarterly，38（1）：209-230.

Palmatier R W，Dant R P，Grewal D，et al. 2006. Factors influencing the effectiveness of relationship marketing: a meta-analysis [J]. Journal of Marketing，70（4）：136-153.

Pan Y G，Xu Y J，Wang X L，et al. 2015. Integrating social networking support for dyadic knowledge exchange: a study in a virtual community of practice[J]. Information & Management，52（1）：61-70.

Preacher K J，Hayes A F. 2008. Asymptotic and resampling strategies for assessing and comparing indirect effects in multiple mediator models[J]. Behavior Research Methods，40（3）：879-891.

Putnam R D. 1993. The prosperous community：social capital and public life[J]. The American Prospect，4（13）：35-42.

Putnam R D. 1995. Tuning in，tuning out：the strange disappearance of social capital in America[J]. PS：Political Science & Politics，28（4）：664-683.

Robert L P，Jr，Dennis A R，Ahuja M K. 2008. Social capital and knowledge integration in digitally enabled teams[J]. Information Systems Research，19（3）：314-334.

Shih C F E. 1998. Conceptualizing consumer experiences in cyberspace[J]. European Journal of Marketing，32（7/8）：655-663.

Short J，Williams E，Christie B. 1978. The Social Psychology of Telecommunications[M]. London：John Wiley & Sons.

Song K，Fiore A M，Park J. 2007. Telepresence and fantasy in online apparel shopping experience[J]. Journal of Fashion Marketing and Management：An International Journal，11（4）：553-570.

Steuer J. 1992. Defining virtual reality：dimensions determining telepresence[J]. Journal of Communication，42（4）：73-93.

Sun Y Q，Fang Y L，Lim K H，et al. 2012. User satisfaction with information technology services delivery：social capital perspective[J]. Information Systems Research，23（4）：1195-1211.

Teo H H，Wei K K，Benbasat I. 2003. Predicting intention to adopt interorganizational linkages：an institutional perspective[J]. MIS Quarterly，27（1）：19-49.

Wang J C，Chiang M J. 2009. Social interaction and continuance intention in online auctions：a social capital perspective[J]. Decision Support Systems，47（4）：466-476.

Wang Y W，Wang S，Fang Y L，et al. 2013. Store survival in online marketplace：an empirical investigation[J]. Decision Support Systems，56（1）：482-493.

Wasko M M L，Faraj S. 2005. Why should I share？ Examining social capital and knowledge contribution in electronic networks of practice[J]. MIS Quarterly，29（1）：35-57.

Yoon S. 2014. Does social capital affect SNS usage? A look at the roles of subjective well-being and social identity[J]. Computers in Human Behavior，41：295-303.